eye
守望者

一

到灯塔去

EL HIJO DE MÍSTER PLAYA

UNA SEMBLANZA DE ROBERTO BOLAÑO

Mónica Maristain

[阿根廷] 莫妮卡·马里斯坦 著

鹿秀川 译

波拉尼奥的肖像

口述与访谈

南京大学出版社

El hijo de Mister Playa: Una semblanza de Roberto Bolaño
Copyright © 2012 Mónica Maristain
Translation © 2021 Xiuchuan LU
Published by agreement with VF Agencia Literaria
Simplified Chinese translation copyright © 2021 by NJUP

江苏省版权局著作权合同登记　图字:10-2019-350号

图书在版编目(CIP)数据

波拉尼奥的肖像:口述与访谈 /(阿根廷)莫妮卡·马里斯坦著;鹿秀川译. —南京:南京大学出版社,2021.7
 ISBN 978-7-305-24440-7

Ⅰ.①波… Ⅱ.①莫… ②鹿… Ⅲ.①罗贝托·波拉尼奥-访问记 Ⅳ.①K837.315.6

中国版本图书馆 CIP 数据核字(2021)第 084414 号

出版发行	南京大学出版社		
社　　址	南京市汉口路 22 号	邮　编	210093
出 版 人	金鑫荣		
书　　名	**波拉尼奥的肖像:口述与访谈**		
著　　者	[阿根廷]莫妮卡·马里斯坦		
译　　者	鹿秀川		
责任编辑	章昕颖		
照　　排	南京紫藤制版印务中心		
印　　刷	江苏凤凰通达印刷有限公司		
开　　本	787mm×1092mm　1/32　印张 14.75　字数 210 千		
版　　次	2021 年 7 月第 1 版　2021 年 7 月第 1 次印刷		
ISBN 978-7-305-24440-7			
定　　价	68.00 元		

网　　址:http://www.njupco.com
官方微博:http://weibo.com/njupco
官方微信:njupress
销售咨询:(025)83594756

* 版权所有,侵权必究
* 凡购买南大版图书,如有印装质量问题,请与所购图书销售部门联系调换

目 录

致谢 / i

引言 / iii

1 父亲赠予的马儿 / 001
2 母亲的哮喘 / 007
3 沙滩先生之子 / 019
4 首任出版商 / 041
5 现实以下主义的起源 / 055
6 写手 / 111
7 两位异见人士和一个孤独的高乔人 / 137
8 帕拉真正的继承者 / 151

9 做事奇怪的罗贝托 / *161*

10 预先的热情 / *173*

11 冒牌遗嘱执行人 / *187*

12 当波拉尼奥杀了一个光头党 / *219*

13 "现在大家都能说自己曾是
波拉尼奥的朋友" *249*

14 与女性们的故事 / *269*

15 最后的日子 / *317*

16 塞壬之歌震耳欲聋 / *345*

17 小波拉尼奥们 / *357*

18 马里奥·圣地亚哥和垃圾艺术 / *391*

译名对照表 / *411*

EL HIJO DE MÍSTER PLAYA

UNA SEMBLANZA DE ROBERTO BOLAÑO

波拉尼奥的肖像

口述与访谈

致　谢

感谢马丁·索拉雷斯,感谢他的信任。

感谢吉列尔莫·吉哈斯,感谢他的信任与耐心。

感谢里卡多·奥斯,感谢他的采访与分享。

感谢梅丽娜·马里斯坦,感谢她的记录与热忱。

感谢亚历杭德罗·派斯·巴莱拉,感谢之言我们彼此心照不宣。

以最诚挚的敬意,最谦卑的姿态和最热诚的爱,
献给路易斯·阿尔维托·斯皮内达。

如一阵警钟鸣起

如一股风暴来袭

那种旧时的恐惧敲打着双鬓

挥向下腹的斧

是望向人群睁开的双目

他问我是否在桥下入眠

如流浪的人儿一般

你曾放肆的温柔

你曾令人惶惑

尤其是当你掐灭手中的香烟

冷漠与无情露显

一切早有预言

睡枕上仍有隔墙

焰硝

丝袜褪至脚踝的夏天

圆圈

是你的至爱。句号。就这样完结。冒号。

犹如你予我们的孑孓

与哑口无言

引 言

每当想起罗贝托·波拉尼奥,我脑中都会浮现一首熟悉的诗,对,总是这么恰好地出现——诗的名字是"等待死亡的意义",作者是阿根廷伟大的探戈作词人、诗人奥梅罗·曼斯:

我知道我的名字将会回荡于爱我之人的耳边,
一起浮现的还有完美的画面。
我也知道有时名字不再是个名字,
只将成为没有意义的字眼。

我尤其会经常想起的就是那句"一起浮现的还有完美的画面",在痛失波拉尼奥的这么短暂的十几年时间里,我们总感觉自己还傻傻地待在他身边,似乎一切就在昨天,他的形象如此完美地印刻在每个爱他的人儿的心里。

当然,这位改变了拉丁美洲文学方向的作家的姓名不可能"成为没有意义的字眼"。面对着这样一位随着时间的流逝却越来越有影响力的人物,曼斯的这句诗似乎不再适用。但不得不承认的是,这句诗也体现了波拉尼奥的精髓所在,尤其是一想到我们《荒野侦探》的作者将自己置于乖谬的巅峰,沉浸于荒诞的高潮之时。或许这种荒诞也正是波拉尼奥非常喜爱的作家阿尔弗雷德·雅里的特点。

唉,马里斯坦:

我还有一口气呢。但我应该活不了多久了。

吻你。

波拉尼奥

引　言

> 附言：那我们为什么不做个简单浅显轻松的访谈呢？我是非常喜欢这样的访谈的。但以我现在这样的情形，采访的内容估计得到死后才能发表出来了。

可以说这个访谈是波拉尼奥自己发起的。这也最终成了他生前的最后一次采访，网络上已经能看到其中很多内容了。实际上，这并不能算是记者们的功绩，反倒应该归功于被采访人自身。墨西哥最优秀的记者之一，同时也是让我最愉快的合作人之一，墨西哥《花花公子》的主编曼努埃尔·马丁内斯·托雷斯被予以特权，将访谈的内容在波拉尼奥逝世的那个月出版于众。

当时，想在墨西哥的杂志上发表罗贝托·波拉尼奥的长篇访谈并不是一件易事。但那个月《花花公子》的封面非常劲爆，刊登的是一位很有名的姑娘的照片，我总是会忘记她的名字，马诺洛[1]跟我说："有了这封面，我们应

---

[1] 马诺洛（Manolo）是曼努埃尔（Manuel）的变体，用于亲昵称呼。——译者注

该能卖出去很多本,可以挽救波拉尼奥的访谈了。"

生活中所发生的重大事件通常都缘于日积月累的平淡、意外抑或随意。死亡如此。访谈也不过如此。

不知道怎么回事,有段时间我在墨西哥总收到来自"罗贝托巴"的邮件,内容常常是关于幸福和爱的鼓励。比如希望我母亲一切安好,向我姐姐问候,劝我少喝点酒,快戒烟,期待有可能的话能刊登罗德里戈·弗雷桑[1]的故事,祝福我正在制作的剧作《性爱、毒品与摇滚》能大获成功,而且还提醒我不要有放弃《花花公子》的念头。

一天清晨,他又给我写道:

亲爱的马里斯坦:

现在是凌晨三点一刻,我两岁的女儿一直在咳嗽,还吐在了我身上,我不得不脱了上衣(女儿紧贴着我瘦弱的身体,这画面多么可怜),再换上干净的,

---

[1] 罗德里戈·弗雷桑,阿根廷作家、记者,1963年出生于布宜诺斯艾利斯,1992年移居西班牙巴塞罗那。2017年获得罗杰·凯洛斯奖拉美文学类终身成就奖,著有《阿根廷历史》《事物的速度》等。——译者注

引　言

然后我们似乎看到《甜蜜的生活》[1]的结局。现在，我女儿终于睡着了，而我，得以坐下来给你写信。上周我去了意大利。有天晚上我们在老城区一条街上吃饭时，我突然觉得自己好像置身于费里尼的一部电影里，当你人在意大利的时候，这种感觉总是不经意地会出现。一些移民演奏着手风琴，另一些则摆弄着你想象不到的乐器，比如随身携带的手鼓，露台上的人们聊着天、看着彼此，眼神中透露出对生活的热爱，透露出顽固而强烈的单纯，那常常是意大利人（出生或是生长在这片土地上的人）才有的眼神。最后，天开始下雨了，越下越大，倾盆袭来。作家安赫洛·莫利诺，是普伊格的朋友，同时也翻译了一本我的书，跟我讲述了有关他情人的故事。70年代的时候，他不顾一切地就跟着他到了都灵，惊叹于这里居然有同性恋面包店和同性恋超市，惊叹于都灵人民的宽容。事实上，这位快乐的乡下小伙子只是认错

---

[1] 1060年上映的意大利爱情电影，导演是费德里科·费里尼。——译者注

了字而已[1]，还以为自己生活在如天堂一般的旧金山（加利福尼亚的旧金山，与大自然和动物的保护神同名）。我重新看了我们访谈的内容。智利也有杂志想刊登它，你得告诉我《花花公子》到底什么时候能出来，免得智利独享了特权。我这里一切都好，目前大概排在第三个（接受肝脏移植名单）。最近在看些德国的侦探小说，往往读到第三页就能知道凶手是谁，等读到第十页彻底发现里面的侦探完全就是个彻彻底底的蠢货。给你一个热烈的拥抱，记得一定要照顾好自己，别喝酒、别抽烟，多花些时间给巴赫、维瓦尔第、莱奥帕尔迪和德布林。

我知道他生病了，但我还是常常忍不住责备是时间在作祟。（我是八个兄弟姊妹中最年长的——就像阿根廷的陈年老酒，时间就是用来被消耗、用来被责备的。）

---

[1] Gay 是同性恋的意思，而 Gay 或者 Gai 也是拉丁语中的一个姓氏，一般多出现在皮埃蒙特、加泰罗尼亚或是其他一些地区。——译者注

引　言

亲爱的马里斯坦：

实际上，我睡得很晚，我的作息时间更像是个年轻又健康的登山运动员，毫无疑问，一个优秀的登山运动员。同时，我也是梅琴[1]、洛夫克拉夫特、斯托克[2]的忠实读者。在另一种生活中，我很可能是一名极限运动员。我都不清楚等换了肝脏以后如何去安排自己的人生。听说到时每天得服三十多片药。这怎么能记得住？不管了，到时再说吧。你呢，一定要坚持给我写信，时不时地告诉我墨西哥那边的事情。一定要听我的，少抽烟、少喝酒。对了，还有音乐，有一位巴西摇滚乐手我特别喜欢，他叫雷尼内[3]。你认识他吗？

给你所有的吻，

波拉尼奥

---

[1] 亚瑟·梅琴(1863—1947)，威尔士作家，其作品风格主要为超自然和奇幻惊悚，被称为当代怪奇小说大师之一。著有《潘神大帝》等。——译者注

[2] 布莱姆·斯托克(1847—1912)，英国(现爱尔兰)的小说家，著有以吸血鬼为题材的小说《德古拉》。世界恐怖小说界的最高奖，即以布拉姆·斯托克的名字命名。——译者注

[3] 奥斯瓦尔多·雷尼内(1959—　)，巴西歌手、作曲家，著名的摇滚乐手，发行了12张专辑，多次获得拉丁格莱美奖。——译者注

后来我认识了雷尼内,我告诉他波拉尼奥在一封邮件中曾经跟我提过很喜欢他。雷尼内是个非常棒的摇滚人,同时又不失文雅,如果有机会相识,他一定会成为波拉尼奥非常好的朋友,他们俩肯定能相处融洽。

我和波拉尼奥还会讨论一些其他话题,比如:卢拉[1]啊,墨西哥啊,阿根廷红酒啊,智利人啊——他总是错误地认为智利人比阿根廷人好。波拉尼奥常常会用温柔的让你无法反驳的语句来总结陈词。

亲爱的马里斯坦:

你可以在我刚给你寄的那封信上随意地批注。智利人一般都不太谦逊,但我是谦逊的,甚至是谦卑的。我是一位满身伤痛的隐士,是一条眼泪汇成的河,也是一株荒漠中枯萎的树。

吻你,

罗贝托

---

[1] 巴西前总统。——译者注

引　言

我的小马里斯坦：

已经很晚了，再多的话我也不想说了，晚安了，明天我再给你写信，希望你能好眠，做个美梦，但也别太美，免得让你哭泣，真的晚安了。

波拉尼奥

那天，我先是接到一个朋友的电话。"莫妮卡，你得知了吗？"他问我。后来我才在网上看到波拉尼奥去世的消息。我的这位朋友当时正在西班牙参与佩德罗·阿莫多瓦[1]电影的拍摄工作，他趁着拍摄的空档还去了布拉内斯[2]，给我带了些沙子和海水，还有一张照片。后来这张照片被我裱好了挂在书房的墙上，熠熠生辉。

其实他带了两张照片回来。其中一张被我放在了我在墨西哥的第一张供桌上。波拉尼奥和切·格瓦拉在一

---

[1] 佩德罗·阿莫多瓦（1949—　），西班牙导演、编剧、制作人，其导演的主要作品有《关于我母亲的一切》《对她说》《不良教育》《回归》等。曾多次获得奥斯卡最佳导演、最佳外语片奖的提名，2019年获得威尼斯国际电影节终身成就金狮奖。——译者注
[2] 布拉内斯坐落于西班牙加泰罗尼亚自治区的赫罗纳省，2003年波拉尼奥在布拉内斯逝世。——译者注

起。那时,我跟姐姐梅丽娜住在科约阿坎的拉坎德拉里亚的一间漂亮的公寓里。

有一天,回到家,我们发现消防员来了,原来是供桌上的蜡烛引起了火灾,还好火势还没起来,我们保住了大部分的财产。

朋友们常常问我:"你为什么要把波拉尼奥和切·格瓦拉的照片摆在一起?"我必须要说,每年十一月份对于墨西哥人来说都是特殊的,我们要摆放供桌祭奠先人,波拉尼奥和切·格瓦拉的照片让我觉得自己既融入了这个传统又似乎将其渐渐抛却。这个梦幻国度的土著们精确却又不忠地执行着这一任务。对于一个从西班牙内战逃亡到这里来的异乡人来说,这些繁文缛节既虚伪又无用。

除了巧合和家庭丑闻,还有些东西也随着波拉尼奥的离开而逐渐烟消云散,比如我在波拉尼奥精彩而离奇人生中看到的那些微妙又难以察觉的点。

从那时起,我开始不断地问自己:他的真正的朋友,那些可以和他促膝长谈的人,那些与他分享童年、青春和人生的人到底有怎样的感受?

引　言

　　这便是我想要开始写这本书的原因。可以通过波拉尼奥生命中重要的人来了解这位伟大的作家。

　　当然,我们不可能涵盖所有内容,这也不是我们的意图。这本书里包含的许多声音足以证明我的直觉:罗贝托·波拉尼奥是一位非凡的人物,他敢于花时间写信给一位在墨西哥城的某次案件中失踪的无名记者,他敢在布拉内斯的祝词宣读仪式上,大胆地提到小城里某家音像店主,因为他们俩一起探讨过伍迪·艾伦及亚力克斯·考克斯的电影。

　　在所有的这些声音中,给我印象最深刻的是深受大家喜爱的已故智利作家罗德里戈·基哈达的话:"波拉尼奥是那类你生命中注定某一刻会认识的人,每当你想起他,内心总是充满幸福与爱意。认识他的人都会同意我的说法。他是每次聚会大家都会想起的人,尤其是当有谁开始令人无法忍受时,大家都会说:'波拉尼奥在这儿就好了'。"

　　波拉尼奥最大的悲哀,并不是他已经走了,而是他如此深刻地热爱生活。

　　波拉尼奥的悲哀是加倍的。这份悲哀不仅是他的,也是我们自己的,以及无数陌生人的。

在这个令人无法忍受的世界,我们一定会经常念叨,念叨很多很多次,"波拉尼奥在这儿就好了"。他却不在了。

莫妮卡·马里斯坦
墨西哥城,2012 年 8 月

1 父亲赠予的马儿

佩布雷酱[1]和腊肉丁的味道

奎尔皮[2]的美好世界

---

[1] Pebre,智利的一种传统蘸酱,由番茄、洋葱、大蒜、香菜、青椒等,加油盐搅拌而成。——译者注
[2] Quilpué,位于智利首都圣地亚哥西部的一个城市,被誉为"阳光之城",是瓦尔帕莱索大区马尔加-马尔加省的首府。——译者注

1 父亲赠予的马儿

20世纪50年代,智利的圣地亚哥可以说是冰冻之城。房屋里都没有暖气,庭院和街道上也没有如今绿化着首都的这些美丽的树木。当时的世界正朝着深刻的社会和政治变革方向前进,然而在圣地亚哥,时间似乎停止流淌。男士们常年穿着西装,打着领带,低沉又严肃。据联合国拉丁美洲和加勒比经济委员会(CEPAL)驻墨西哥的经济学家丹尼尔·比特兰所说,智利社会花了很多年才得以摆脱这种被禁锢的氛围。只能说,当时的圣地亚哥是一座灰色的城市。

罗贝托·波拉尼奥于1953年4月28日出生在这片混沌和灰暗中。他的父亲莱昂·波拉尼奥是一位卡车司机,同时也是一位专业拳击手,他的母亲维多利亚·阿瓦洛斯是一名小学教师。波拉尼奥出生在一家公立诊所里,那里离他祖父母家所在的雷科莱塔大街只有几步之遥。

维多利亚和莱昂的长子只在智利的首都待了很短的时间,出生后不久,他就被带到瓦尔帕莱索,在那里度过了整个童年。

"是的,我的童年和青春期几乎都活在智利如地狱般的氛围中。还有就是政变。不过我很喜欢智利美食,不知道你尝没尝过,真的是非常美味的佳肴。馅饼、玉米饼、乌米塔[1]、智利砂锅、海鲜等,都是我吃过的最好的食物。还有一种酱,智利人称之为佩布雷酱,做起来很简单,却味美至极,另外还有源自独立战争时期的一道菜——腊肉丁,他们说这是曼努埃尔·罗德里格斯[2]的最爱。"[3]

"我在圣地亚哥出生,但我从未在圣地亚哥生活过。我住过瓦尔帕莱索,之后又搬到了奎尔皮、维纳、考克内斯——酒徒和巫师遍布的地区。正如塞拉特[4]所说,比

---

[1] 一种拉丁美洲的食物,将嫩玉米磨碎,与辣椒、西红柿、糖、猪油等调和,再一起用玉米苞叶包起来煮熟,放冷之后,再在火中烤热食用。——译者注
[2] 智利著名的律师和游击战领导者,被认为是智利独立战争的发起人之一。——译者注
[3] 摘自罗贝托·波拉尼奥与阿根廷记者德米安·奥罗斯的电子邮件访谈,后发表于2001年12月26日的《国内之声报》。(本书脚注如无特殊说明,皆为原书注。)
[4] 胡安·曼努埃尔·塞拉特,西班牙音乐家、演员。——译者注

1　父亲赠予的马儿

奥比奥是我的先辈们的故乡,父亲的家族最早来到穆尔琴市,而我住在洛斯安赫莱斯市。"[1]

波拉尼奥一家先是住在洛斯普拉雷斯山上,然后去了奎尔皮,定居在一座乡间的屋子里,父亲雇佣杂工帮他种植一块辣椒地。就是在那里,七岁左右的罗贝托有了自己的马儿,他叫它庞乔·罗托,在波拉尼奥的小说《地球上最后的夜晚》里,这匹马儿备受关注。"'我的马儿从哪儿来?'B问他的父亲,而父亲却不知道他在说些什么,大为吃惊:'什么马?''就是小时候在智利你给我买的那匹啊,'继而又补充道,'是在智利的时候。''啊,你说那匹闹腾鬼啊,'父亲笑了,'那是来自奇洛埃[2]的马儿,奇洛埃的……'"

《地球上最后的夜晚》讲述了父子俩前往阿卡普尔科旅行的故事。据莱昂·波拉尼奥叙述:"我们俩在家里孤零零的,于是便找车离开。罗贝托向来不喜欢开车。故事里的车是一辆道奇,之后我又买了辆奔驰,于是我把道

---

[1] 出自智利《水星报》记者玛丽亚·特雷莎·卡德纳斯和埃尔温·迪亚斯对波拉尼奥的采访。

[2] 奇洛埃岛,智利南部太平洋上的岛屿。——译者注

奇的钥匙给了罗贝托,但他并不想要。他跟我说:'爸爸,你自己拿着钥匙吧,在印度,很多人正饱受饥饿之苦,你却想送给我辆车'……"[1]

我们这位伟大的作家在智利度过的童年时光闲适又恬静。那是他父母婚姻最初的年头,夫妻二人辛勤劳作着,每个周末都会举办家庭聚会,维多利亚·阿瓦洛斯的父亲总是过来品尝莱昂亲手做的土灶烤鸡。"一切都非常美好,太美好了。"莱昂回忆道。[2] 然而这段婚姻最终还是走向了破裂。

---

[1] 出自里卡多·奥斯为纪录片《未来的战役》对莱昂·波拉尼奥所进行的采访。

[2] 出自杂志《自杀者》记者塞萨尔·特赫达对莱昂·波拉尼奥的采访。

2 母亲的哮喘

谁人乐队[1]的一支歌

波拉尼奥满腔的沉寂

运动员父亲

讲究而不简单

---

[1] 谁人乐队,英国摇滚乐团,在世界范围内专辑销售量超过1亿张,因其极具感染力的现场表演而闻名。——译者注

2 母亲的哮喘

1968年,波拉尼奥15岁时,因为他的母亲维多利亚患了哮喘身体欠佳,他们一家来到了墨西哥。"在墨西哥一位医生的建议下,我们决定让维多利亚在墨西哥当地接受一段时间的治疗。因此我和两个孩子留在智利,她去了墨西哥,几个月后,她身体好转了些,于是回了智利。说真的,我那时满脑子都想骂人,真想大声说脏话。我们要付机票、酒店和治疗的费用,但最后一点儿作用都没有,维多利亚回来后的第二年,她的支气管毛病又复发了。一位医生朋友告诉我,如果维多利亚一直去墨西哥做康复,而我们长期留在智利,异地会导致孩子们一定意义上失去母亲。于是我变卖了家里所有的东西,决定搬到墨西哥城居住。当时罗贝托15岁。之后的几年,我们四个都住在一起,直到我和他妈妈分开。我带着罗贝托,而她则带着我们的小女儿去了西班牙。"[1]

搬到墨西哥的头几年,他们全家和维多利亚在墨西

---

[1] 出自杂志《自杀者》记者塞萨尔·特赫达对莱昂·波拉尼奥的采访。

哥城进修学习的几位朋友一起合租。之后,这几位朋友租了那不勒斯区的一栋房子,那里对还在找工作的莱昂来说,实在是"贵到离谱"。

最终,一家人租住在瓜达卢佩特佩亚克区萨穆埃尔大街 27 号的一栋三层楼的房子里。

波拉尼奥似乎对那栋房子已经没有太多的记忆。当时青春期的罗贝托几乎得了边缘性恐旷症,他的朋友、智利诗人海梅·克萨达回忆说,在墨西哥的头几年里,波拉尼奥总是宅在家里,躺在床上抽烟、写作,海梅当时受维多利亚·阿瓦洛斯的邀请与他们一家同住过一年。

罗贝托死后,克萨达写了一本书,名为《成为波拉尼奥前的波拉尼奥》,里面讲述了波拉尼奥的很多故事,其中一个,既简洁又生动地描述了我们这位成年后在世界享有盛名的作家年少时的样子:"那时,他是个十八九岁的小伙子,七三军事政变[1]之前,在他还很小的时候,就跟随父母从智利来到这里,他当时已经放弃了系统的中

---

[1] 1973 年,智利发生了一场推翻当时智利总统萨尔瓦多·阿连德的军事政变,阿连德遇害。之后,皮诺切特军事政府开始了独裁统治。——译者注

学教育,没日没夜地在家里阅读、阅读,从卡夫卡到艾略特,从普鲁斯特到乔伊斯,从博尔赫斯到帕斯,从科塔萨尔到加西亚·马尔克斯,阅读的同时,不停地抽烟、喝茶,不停地与自己或是和他人(包括我)置气,不停地与整个世界对抗,然而他的怒气与他苍白的面孔、光洁的下巴,还有智慧而早熟的眼神格格不入……从某种意义上说,罗贝托有点像雅各布·瓦瑟曼小说里的主人公卡斯帕尔·豪泽尔[1],他从不离开卧室、客厅或是餐厅,除非是为了去上厕所,或是为了大声地评论正在读的一段文章,高谈阔论时还不忘拉扯他一头浓密的头发。还有一种可能,为了耐心地陪伴着我去街角的饮料店——他这个人时而耐心,时而急躁——我会喝杯啤酒,而他呢,总是点番石榴沙冰。"

1970年代,瓜达卢佩特佩亚克是工人阶级的聚集区,当然,现在仍然如此。街边有很多卖塔可和墨西哥粽子的小店,还有些站着叫卖的集市小贩,和现如今每周二

---

[1] 德国著名神秘人物,据说小时候一直被关在封闭的地下室中。——译者注

在埃塞基埃尔街卖二手衣服的商贩很类似。

当时的墨西哥城被两派截然不同的活动所割据,一边是 1968 年血腥的学生示威抗议,另一边则是举办奥运会的欢乐氛围。波拉尼奥虽然是个书虫,却依然能看到这座世界上人口最多的城市地下涌动的肮脏的暗流。那是一番与地表日渐高耸的墨西哥城不一样的场景。想必他一定来来回回往返于卡尔萨达瓜达卢佩和德罗斯密斯特里奥斯两条大街,在这里既可以看到水豚[1]又可以目睹朝拜圣女瓜达卢佩最虔诚的圣徒,同时还能看到经过中心二街通往瓜达卢佩圣母堂[2]的行人们的鲜活人生。

1968 年发生的事件离波拉尼奥都不远:奥林匹克的大火仅仅距波拉尼奥家几个街区而已。10 月 2 日墨西哥政府对学生和平民的屠杀,也就是特拉特洛尔科事件,也发生在离他家几步之遥的地方。即便是波拉尼奥这样不羁的人,为了寻找心中最完美的词句,整日只沉迷于烟草而在家里游荡,都受到了当时的社会动荡带来的影响。

---

[1] 世界上最大的啮齿动物,原产地在南美洲。——译者注
[2] 墨西哥最大的宗教圣地。——译者注

2 母亲的哮喘

否则波拉尼奥是从哪里汲取灵感,创造了小说《护身符》里压抑不已的氛围。这本小说讲述了一位乌拉圭女诗人奥克西里奥·莱科图雷的故事,她在军事镇压期间将自己关在墨西哥国立自治大学的洗手间里,这正是当时社会错综复杂状况的写照。

如果换作一位一直住在时髦的拉孔德萨、科约阿坎或波朗科街区的外国少年,情况可能大不一样。这些地方是中上层阶级白人的聚集区,正如多米尼加作家朱诺·迪亚斯所描述的那样,"比起真正地融入这个自己所生活的城市,他们似乎更愿意称呼自己为'草莓'[1](又傲慢又有钱又肤浅)"。就算是让骆驼穿过针眼也比让一个来自这些富人区的人去趟瓜达卢佩特佩亚克区要容易,虽然地理距离上来说并没有多远。

作家卡门·博洛萨是当时墨西哥白人知识分子阶层的代表,她满腹学识,以满腔的热情帮助家庭主妇和奴隶阶级维护社会权益。她描述了在当时的环境下波拉尼奥

---

[1] 在墨西哥及拉丁美洲其他一些地区,人们用"草莓"来形容上层家庭中傲慢肤浅的年轻人。——译者注

与其他人的不同之处:"波拉尼奥给我的第一印象是年轻且充满好奇心,他是唯一一个身着平整衣物的人,其他都是些衣衫褴褛、蓬头垢面的诗人,脚上趿拉着塑料拖鞋,毫不在乎形象,似乎演绎着后嬉皮时代是怎样的光景。波拉尼奥呢,衣服是熨烫过的,长头发也梳得整整齐齐,这似乎反映出他与生俱来的不一样的叛逆精神,不过外表上来看,他也是一副学生样"。

在谈论罗贝托·波拉尼奥的社会出身时,很少有人提及他的工人阶级家庭。在拉丁美洲,工人阶级家庭并不总是意味着贫困家庭,这两个概念还是大有区别的。博洛萨提到的熨烫过的衣物就是工人阶级想要自证实力的标志;对于那些决心要奋斗要成功的家庭来说,保持整洁是属于他们的尊贵的盾牌。

为了让他的孩子们能够不缺衣少食,父亲莱昂·波拉尼奥一生都在努力奋斗。实际上,罗贝托在经济上向来是依靠着父亲的,他过了二十岁仍是这样。而他们父子间持续了近二十年的沉默也正是由波拉尼奥在欧洲还向父亲伸手导致的,"给我点钱,就当是给我的遗产吧"。

"这让我非常恼怒,什么叫'就当遗产'?我还活得好好的。"年迈的莱昂·波拉尼奥怎么也想不通儿子的这番无理的言论。

拉丁美洲中产阶级的兴衰成败通常决定了他们自己国家的政治命运。而没有经历过中产阶级种种变迁的波拉尼奥像极了一个被宠坏的孩子,一个完全不被社会规则束缚的少年。

和某些贵族家庭或者传统的上层阶级家庭情况一样,不少底层阶级家庭也认同自己的孩子应当遵守基本的道德价值观,但对他们履行一些基本社会公约方面没什么大的要求。这些家庭不在乎别人的看法。这正好也是底层阶级和上层阶级不谋而合的地方:父母们都为自己的孩子提供了自由的环境,培养并鼓励他们自小就开始追寻自己的命运。罗贝托当然也是这样的情况。

罗贝托在书中找到了自己的命运,并全身心投入其中。这听起来似乎浪漫得让人无法置信,却是不争的事实。就像他作品中反映的一样,波拉尼奥拥有了在小说中建立真实世界的巨大能力。他无须踏上华雷斯抑或蒂华纳的土地,便能描绘出墨西哥北部土地的样貌。即便在墨西哥只住了7年,而且之后再也不想回到那里,他还是将这块土地的面纱一层层揭开,示之于众。能做到这些的,除了波拉尼奥,还能有谁?自童年起,他就啃食着大量的书籍,从中汲取各种生活、写作的方法和意义,也是在书籍中,他自诩为一位文学人物,在虚构的领域徜徉,尤为喜欢以英雄的身份进入,却以牺牲者的身份离开。

波拉尼奥的父亲回忆说:"他唯一关心的就是书。到了晚上,他拾起自己东西,走到饭厅,开始打字。过了一会,他站起来转几圈,然后又回到打字机旁,对,他还抽烟。抽得特别凶!"

海梅·克萨达讲的一段故事,描绘了一位全神贯注、潜心写作的少年的生动形象,和所有年轻的读者们类似:自怜,常常盯着镜子观察自己,寻找苍白的面孔后那不被理解的灵魂和他对真实世界的狭隘看法。

罗贝托18岁时认为自己是摇滚歌曲中的角色,他跟朋友说:"这首歌就是我的写照……你看,它是关于一个男孩的。这个男孩几乎整夜无法入眠,有一次,他告诉父亲:'爸爸,我睡不着。'爸爸突然想起一张藏在桌子里的照片。于是他把它拿出来递给了儿子。照片上是一个裸体的女人。男孩反复看着这张带有性暗示的照片,非常兴奋,于是自慰了起来。之后,他很快就睡着了。第二天,他跟爸爸说:'能把照片里的女孩介绍给我吗?'父亲却说:'你要知道,她四十年前就死了!'这段摇滚故事就这样结束了。多么绝妙的摇滚啊,太真实了!"

波拉尼奥指的是《莉莉的照片》这首歌,1967年由英国谁人乐队创作,团长彼得·汤森作词。彼得在力奇·路斯比[1]的《歌词》一书中解释说:"歌词的灵感来自一张我女朋友挂在墙上的1920年的海报,海报里是老喜剧明星莉莉·贝里斯,边上不知是谁写下了一句:'这儿还有一张莉莉的照片,我希望我是唯一拥有它的人。'"

罗贝托将自己平凡的少年生活与摇滚歌词里的人物进行比较,并将自己描绘成虚构世界中的文学人物,这点我们从他给朋友们写的信中就可以看出。波拉尼奥的第一位出版商,美国人胡安·帕斯科在纪录片《未来的战役》中将这些信件描述为"文学作品,而非私人信件,实际上,波拉尼奥并不是写给我的,而是写给当时的他自

---

1 英国顶尖吉他手,编曲家。——译者注

己。他是在属于自己的舞台上创作,也是为未来在书写现在"。

"胡安,你得在家嗨起来,带着疯狂的流氓无产者[1]在家里嗨起来。'在书籍击破你的灵魂之前,记得先撕毁它们。'[2]这是矛盾的真理,也适用于赫尔曼·戈林[3]和切·格瓦拉的演讲。"

---

1 指旧社会中受反动统治阶级压迫和剥削,失去土地和职业的一部分人。大都是破产的农民和失业的手工业者,常常以不正当的活动(如偷盗、欺骗、恐吓等)谋生。——译者注
2 波拉尼奥在这里引用了17世纪西班牙炼金术师的话。
3 德意志第三帝国的一位政军领袖。——译者注

3 沙滩先生之子

你可能会说我并不那么优雅

我得管管孩子,不然我肯定会疯的

罗贝托很勇敢

"那个女人"

爸爸,我口渴

罗贝托从来都不是瘾君子

咖啡、写作、交流

父亲坏在荒路上的卡车

不假思索便下笔成文

3 沙滩先生之子

莱昂·波拉尼奥1927年出生在智利洛斯安赫莱斯的滨海城市比奥比奥。他的父母是西班牙人（具体信息显示是加泰罗尼亚人），早年间乘船抵达塔尔卡瓦诺港口。莱昂长大后成了卡车司机，同时又是拳击手，由于体型上的优势，他赢了当地的很多沙滩比赛。

他的父母生了9个孩子，只有2个活了下来，"其他的孩子都死于心脏病"，莱昂自己回忆说[1]。

莱昂·波拉尼奥被称为沙滩先生，即便是83岁高龄，仍然矫健挺拔，这些优点却没传给他的儿子。作家胡安·维尧罗说莱昂和罗贝托曾几乎三十年没见面，之后他们在巴塞罗那相遇，第二天，罗贝托就告诉自己的儿子劳塔罗："如果我老了跟我爸一样，你就给我一枪算了。"罗贝托最烦父亲的一点就是他不读书，他（或许）不像自己的母亲——当老师的维多利亚·阿瓦洛斯——一样感性，按照编辑豪尔赫·埃拉尔德的说法，维多利亚是"罗

---

[1] 84岁的莱昂·波拉尼奥于2010年12月去世。

贝托文学生涯中的伟大导师"。

"不,你可能会说我并不那么优雅。我是来自加利西亚的文盲移民的孙子,从基因上来说,跟优雅一点都不沾边,至少父亲这一系是这样的。"罗贝托这样评价自己。

然而,从手势、说话方式,以及父亲苍老的面孔与年轻儿子显现的一致特征上,我们还是能看出莱昂和罗贝托之间的相似。

比如罗贝托的冒险之心绝对是继承自他父亲。莱昂在19岁那年就离开了家,独自去瓦尔帕莱索生活,莱昂的母亲在他16岁时同样也是因心脏病发作而去世了。

莱昂曾在智利海军服役过两年,所以对服从命令感到非常厌倦。之后,他去了圣地亚哥,在那里结识了小学教师维多利亚·阿瓦洛斯。两人结了婚,有了罗贝托和玛丽亚·萨落梅。"相比玛丽亚,我更喜欢罗贝托,他是我的最爱。"[1]莱昂自己承认说。

---

[1] 出自杂志《自杀者》记者塞萨尔·特赫达对莱昂·波拉尼奥的采访。

3 沙滩先生之子

很多年后,当罗贝托和莱昂都已离开人世,玛丽亚在一场采访中被问及关于父亲的事情,露出了痛苦的表情,似乎怀恨在心。真是复杂的家庭关系。

波拉尼奥一家住在丘陵上的城市瓦尔帕莱索,父亲莱昂在一家轮胎厂做卡车司机。他们家在洛斯普拉雷斯区梅赛德斯路24号。"罗贝托很小的时候总是说:'我家住在梅特雷[1] 24号'。"莱昂回忆说。

他想起自己第一次读《地球上最后的夜晚》时的感受,眼角湿润,颇有触动,那是80年代他与儿子在阿卡普尔科的旅行游记。"当时发生的就是那些事情,和书里写的一模一样。"他喃喃道。

这本书是2001年出版的短篇小说集《杀人的婊子》里13个故事之一,基本是基于事实的自传描述,反映了父子间因为分歧而导致的疏远,这种疏远让儿子在父亲面前总是表现得迷茫又冷漠。两人甚至有长达三十年的时间不曾有过交流。相关的消息和报道也有不少。不

---

[1] 原文是 Metele,罗贝托小时候发音不清所以将 Mercedes(梅赛德斯)发成 Metele。——译者注

过,也有事实证明了莱昂和罗贝托之间的关系远比传记里写的要紧密得多。

莱昂·波拉尼奥很冷漠,但也是个好人。曾在他家留宿过一年的海梅·克萨达也这么说过。"从他的手势和表情中,你很难判断他心情好不好。不过他内心似乎总有一股非常亲切的仁慈,温柔地回报着世界,并同时拉开外界与他的距离。"[1]

"我们的关系非常好,他很爱我,我也很爱他。"莱昂提及自己的儿子时,这么回忆说。

罗贝托的母亲维多利亚先离开了墨西哥,也离开了儿子,因为她决定和丈夫分手并带着女儿玛丽亚·萨落梅去西班牙。波拉尼奥和阿瓦洛斯两人在婚姻中都个性强烈且自我,冲突不断,最终因为莱昂口中的一次"误解"而走向关系的破裂。

"那天午餐的时候,我家来了位我老婆的好友,是个哥伦比亚女孩。我叫他们吃饭,那个女孩好像挺生气的,说她不吃了,立马要走。然后她问罗贝托拿回之前送给

---

[1] 出自海梅·克萨达《成为波拉尼奥前的波拉尼奥》。

他的一本书。我确实见到她把书给了他。'你要我把你送我的书还给你?'罗贝托问她。我当时也生气了,于是让罗贝托赶紧把书还了,并答应他再给他买一本。问题是罗贝托不愿意,于是我们开始争吵,最后我把那位哥伦比亚女孩赶出了家门。我老婆也掺和进来,跟我说:'如果她走了,我也要离开。'我们就是这样分开的,就因为我站在罗贝托这边。"

那次聚会留下了不少的怨恨,至少莱昂是这么想的。智利的制片人里卡多·奥斯在莱昂于克雷塔罗的家中采访他时,他甚至用"那个女人"来指代维多利亚·阿瓦洛斯,并且指责她"花钱大手大脚,还毁了我的生活"。

罗贝托的母亲带着他的妹妹离开去了西班牙后,他和父亲两人独自留在瓜达卢佩特佩亚克的房子里。那个时候,莱昂在帕斯卡食品公司工作。80年代,经历了长时间的劳工冲突,这家公司变成了合作集团,但莱昂不想入股。他选择开始独立经商,先是向熟识的商店兜售香烟,之后开了自己的店。

当我见到他时,这位老人坐在客厅的沙发上娓娓道来。他家在卡德雷塔镇上,位于墨西哥克雷塔罗市,这里因为木工和大理石工匠而出名。镇上大部分人都从商或务农。

在镇上的一条街边,你能看到挂在街角的一家杂货店外的一块招牌,写着"智利人",这就是莱昂·波拉尼奥和他的第二任妻子伊雷内一生努力的所获。他俩有三个孩子,而罗贝托从未见过他们,尽管在生命最后的岁月里,他常常通过电话和他们沟通。

莱昂和伊雷内最早卖肥皂、香肠、鸡蛋和一些冷餐,直到 1990 年,杂货店旁英菲尼罗峡谷的中心水电站建好后,他们家才慢慢进入中产阶级。

"大坝的建设工程是我们不能错过的机会,确实我们也抓住了这个好机会。"莱昂承认道。在瓜达卢佩特佩亚克区萨穆埃尔大街 27 号,他和儿子罗贝托生活了 4 年,1977 年,儿子起身前往西班牙,再也没回过墨西哥。

"我们什么都聊。他非常想他在智利的小马。他一直记得有一次他和妹妹玛丽亚·萨落梅从马上摔下来,妹妹叫得比他大声很多。"莱昂说。

他不太喜欢回忆自己做职业拳手的过去(他的昵称

是"金拳")。"我退休是因为我想:'我得管管孩子,不然我肯定会疯的。'一个人结束拳击生涯后,总是会变得很蠢,开始说些废话。"莱昂说。他在海军服役时学会了打拳的要领,之后在洛斯安赫莱斯打了几场专业拳赛,每一场都是第一轮就把对手击倒在地。

莱昂·波拉尼奥是位敦实的中量级选手,不仅能靠打拳养家糊口,有时甚至能上当地报纸的体育版。他的长子罗贝托继承了他的勇敢。"罗贝托很有种。他从不放弃。你无法想象。您有没有看过网上关于他的采访?他对记者毫不留情,甚至叫他们'蠢蛋'。他很有个性,当然做事也很有条理。"莱昂回忆说。

关于罗贝托这种大无畏且毫不退缩的个性,莱昂和他的前妻维多利亚·阿瓦洛斯的观点达成了一致。维多利亚在2006年接受智利记者帕特里西奥·哈拉的电话采访时也肯定说:"罗贝托非常有勇气,从不会向任何事情低头。"

莱昂·波拉尼奥一直保留着他加入智利海军的证件,同时保留的还有在服役期间的种种回忆,特别是那些所谓的"勇敢"事件,比如不服从长官,甚至殴打长官等。

"我在瓦尔帕莱索住的时候,我有辆三十吨载重量的卡车,有一次旅途中,在到达拉塞雷纳之前,车的喷油泵坏了,他妈的,这可是大问题。路上只有我和儿子两人。当时罗贝托才四岁左右。我俩孤零零地待在一条荒路上。这时候,碰巧有个朋友经过,我请他帮忙去找我的修理工。他是个意大利人,每次卡车在路上遇到问题,都是他帮我解决的。我当时只有一点点水,罗贝托说:'爸爸,我口渴。'我就把水递给他。他问我:'你不喝吗?'我当然不会喝,我担心水喝完了就没了。突然,我看到远处有炊烟,是一座房子,很破的房子。我走过去,给了房子的女主人一袋四十公斤的面粉,想让她帮我们做些面包。就这样,我们吃了三天,直到修理工过来修好了车。我们再次启程。儿子在车上睡着了,突然有个东西非常快地掠过卡车。那是架陆军飞机,着陆在海边的沙滩上。他们把我们的卡车当成着陆的参照物。我害怕极了,罗贝托也大哭了起来,你能想象有一架飞机几乎和你擦身而过吗?"

在罗贝托·波拉尼奥生前最后一次采访中,他被问到拉丁美洲给予他最深刻的印象是什么,他回答道:"是

3 沙滩先生之子

我父亲坏在荒路上的卡车。"

莱昂·波拉尼奥也是个探戈爱好者,舞跳得非常好,他喜欢乌戈·德尔·加里尔[1],也很爱卡洛斯·加德尔[2]。他说,他对生命亦无所欠,在漫长的岁月里度过了美好的一生。

在罗贝托的所有女朋友和女性朋友中,莱昂记得帕洛马·迪亚斯,朋友呢,他能想起一个叫布鲁诺·蒙塔内的。"罗贝托的妻子卡罗利娜告诉我,我儿子给我写过很多的诗,也准备寄给我来着,但他最后没这么做。一个在智利的侄女跟我说,卡罗利娜·洛佩斯很可怕。我们到那儿的时候,她以为我们要从他们那儿抢走什么,所以不想接待我们。她还不准我们当天下午再回她那儿,非常霸道。"莱昂评论说。

"好吧,这跟我们看到的完全不一样,她对我们很

---

[1] 阿根廷探戈演员。——译者注
[2] 卡洛斯·加德尔,阿根廷探戈歌手、作曲家、演员,出生地和出生日期不详。在阿根廷和乌拉圭是探戈界的神话人物,2003年其声音被联合国教科文组织载入"世界记忆"名录中。——译者注

好。"伊雷内[1],波拉尼奥的第二任妻子打断说。

"有一次我的女儿玛丽亚·萨落梅和她的丈夫一起来墨西哥。他脾气很差,对我也非常粗鲁。所以我让他们离开我家,但是之后我还是会去看看女儿,偶尔他们也过来。"莱昂说道。

"我跟他妈妈就是那样结束的,我要维护我的儿子,但她居然维护一个陌生女人。罗贝托之后一直跟我生活,我们生活得很平静,没什么波澜,就是正常的生活。"

"我儿子是个好孩子。他会很真诚地和所有人打招呼。瓜达卢佩特佩亚克区当时到处都是嬉皮士,这些个

---

[1] "玛丽亚·伊雷内·门多萨是家里14个兄弟姐妹中的老大,出生在墨西哥克雷塔罗市的卡德雷塔镇,12岁那年搬到了墨西哥城定居。她住在一个开店的阿姨家。玛丽亚工作日期间学习,周六和周日看店。文秘专业毕业之前,她就开始工作了,一边兼职打工,一边周末帮阿姨看店。有一天莱昂来这家店买饮料和香烟,于是他俩相识了。'从见到莱昂第一次起,他就给我留下了非常深刻的印象。他的眼睛是绿色的,非常绿,很漂亮。那时我其实有男朋友,但我实在太喜欢莱昂了。'伊雷内回忆说。她后来决定嫁给莱昂·波拉尼奥,尽管他当时已经54岁了,而她,才刚满28。"——马格达·迪亚斯·莫拉莱斯对伊雷内的采访,刊登于《克雷塔罗报》的文化副刊《卫城》上。

混混总是想拉着他吸大麻什么的。我跟他说:'罗贝托,你别跟这些人混在一起。'他回答我:'好的,爸爸,你别担心。'罗贝托从来都不是瘾君子!他只是跟朋友们一起喝喝咖啡,写写文章,交流交流观点而已。"

阿尔西拉,是莱昂·波拉尼奥颇为怨恨的前妻维多利亚的好友。她当时去了他们瓜达卢佩特佩亚克的家,待了几天,然后消失了几个月,又回来了。

她全名叫阿尔西拉·索斯托·斯卡福,乌拉圭人,教师(不是莱昂提到的哥伦比亚朋友)。她1970年去墨西哥旅行,遇见了波拉尼奥,随后给了他灵感写出了《护身符》,那个关于军事镇压期间一个女人将自己关在墨西哥国立自治大学人文楼的故事。这个故事最早出现在《荒野侦探》里。

乌拉圭年轻的文学批评家伊格纳西奥·巴赫特尔在文化杂志《布列查》上曾发表一篇长文,确认了索斯托·斯卡福在1952年29岁时去了墨西哥,并且在那儿生活了36年。

"波拉尼奥1976年后就没再见过阿尔西拉了。他的妹妹萨落梅或许跟他聊过关于她的事。波拉尼奥在加泰罗尼亚写出了《荒野侦探》并于1988年出版;但故事主角奥克西里奥·莱科图雷的声音一直追随着他,逼着作家将这个短篇故事扩写成《护身符》的初稿:它犹如一部乐章,却只有一种乐器演奏。由此,它开启了波拉尼奥三部曲,接下来的第二部是《智利之夜》。它们是戏剧作品,只有一个声音,波动任性、反复无常,是与命运的对话。《护身符》主角的命运是放弃一切,只为迷失在诗歌和恐惧中。据说阿尔西拉常常抱怨:'那个死波拉尼奥!为什么不放过我?'而这本该由波拉尼奥来表达的拒绝,不过是那些所谓正统人士对激进主义的幻想而已:阿尔西拉只要面向虚幻的镜子,她便消失了。"巴赫特尔写道。

"她大概四十来岁,总是穿着一件嬉皮的衣服。她很聪明,在大学里工作,把很多的法语作品翻译成西班牙语,我也是这样认识她的",波拉尼奥的另一位朋友,智利人维多利亚·索托回忆说,"她似乎是《护身符》的主角,确实如此,故事里的人就像真实的她一样。波拉尼奥是用第一人称写的,阿尔西拉就是这样,是个很棒的人。"

阿尔西拉和维多利亚·索托都是罗贝托母亲的朋

3 沙滩先生之子

友,我们这位生活在瓜达卢佩特佩亚克的少年非常享受和这些有个性的女士交往,相反,在他的同龄人身上,他似乎找不到任何乐趣。

波拉尼奥与长辈们建立起良好的关系,与他们时常开开玩笑,日后他也因为开玩笑而出名。

"有一次我在街上走,准备和我的朋友聊聊天,当时我跟一个离婚的男人在一起。我转身,一颗子弹从我身边掠过,击碎了玻璃。如果当时我没转身,我就死了。罗贝托却跟我说:'你知道吗?他的前妻派人来杀你了。'他一点都不震惊,发生了这样的事,他还是满身的幽默感。他总是有很多故事可以讲,也总是能看到别人身上的优点",维多利亚·索托在里卡多·奥斯为纪录片《未来的战役》而进行的采访中说,"我最初是因为拉丁美洲大学之间的交流项目而去墨西哥的,本来是打算待一个月,我来参加一个研讨会,但是一个月太短了,没法深入了解这个非凡的国家,所以我决定留下来。钱花光之后,我没法继续只做个游客了,只能开始找工作。我在路上拦了个人问他怎样才能赚点钱,他问我是不是智利人,他说他工作的地方有好几个智利人:'经理是智利人,有几个秘书也是智利人……'于是,我第二天就开始去他那里上班,在那儿认识了维多利亚·阿瓦洛斯,她非常好,我们很快成了朋友。一开始,我们都很穷,午饭时两个人喝一瓶可乐,再买个面包凑合凑合。那是我们唯一能负担得起的东西,我们却非常开心。到现在我都记得那些美好时光。"

和阿尔西拉一样,维多利亚·索托先是和维多利亚·阿瓦洛斯,罗贝托的母亲成了朋友,之后又和比她小几岁的罗贝托也成了朋友。在办公的闲暇时间,她总是帮助罗贝托将手稿一字一句地输入打字机里。罗贝托的字写得实在不怎么样,还常常递给她一些他自己都没写完的故事,当然这无形中给维多利亚·索托带来一些压力。"他只有 16 岁,写一些小故事,通常都很有趣,关于一些奇奇怪怪的人和事,我是很喜欢读它们的。'罗贝托必须要工作。'他的父亲总是这么说,我却告诉他:'他干吗一定要工作?他的工作就是写作。'他父亲当然不明白写作这种没有报酬的活儿怎么能算是工作,因此罗贝托的父母才会经常产生争执。"

3 沙滩先生之子

索托总是说罗贝托是个很不错的年轻人,和人聊得来,对待成年人的态度好像自己比他们还成熟似的。此外,他和妹妹玛丽亚·萨落梅的关系也很好。"我第一次到他家的时候,他正和玛丽亚一起玩,我想走进屋里放我的包,他给我打开了房间门,两兄妹就在那儿。我非常迅速地进屋,罗贝托微笑着看着我,他就是这样,总是看起来有些狡猾。之后我问他们是不是维多利亚的孩子。这就是我们第一次相遇的场景。他母亲告诉我罗贝托是个聪明非凡的孩子,三岁的时候就已经会读书写字,连她自己都不知道他是如何做到的。"

青春期的罗贝托喜欢在墨西哥城的大街上漫步,喜欢和沿街叫卖的小贩们合影。他非常自我,总是戴着一副自己其实根本不需要的眼镜,摆出一副知识分子的样子。

"我没有干预过他的私人生活。他似乎什么都不想要,什么都不想聊,也不想解释任何事情,就像所有的抑郁症患者一样。是的,他得了非常严重的抑郁症,有时候,我看见他就会觉得很难过,我走进家门,而他连看都不看我,也不跟我打招呼,完全不理会我。过了一会儿,他突然会跟我说:'我们去散步吧。'他想把我介绍给他的一位朋友,也是个作家,名字叫胡安·塞维拉[1],不过最后他也没这么做。然后,又来了位工程师,他开口了:'就是这个人,你看,每次我看到他,我都觉得他特别适合你。'但是我呢,还是继续保持着单身。"维多利亚·索托回忆说。

闭上眼想想,拉丁美洲这片土地上,哪些景色会首先映入你的眼帘?

大约是1974年丽萨的嘴唇;是我父亲坏在荒路上的卡车;是考克内斯某家医院的结核病科室,在那里妈妈让我和妹妹屏住呼吸;是和丽萨、玛拉、贝拉,还有其他我不记得名字的人一起游玩的波波卡特佩特火山,我只记得丽萨的嘴唇,记得她无与伦比的微笑。

---

[1] 1933年出生于西班牙塞维利亚的诗人,1968年移民至墨西哥。"他有种古希腊狄奥尼修斯的气质,对自由有着强烈的渴望。这些年轻人教导我们要摆脱各自的牢笼,争取自由。"他在自己的第一部现实以下主义诗选《热鸟》的序言中这么写道。该书于1976年在墨西哥亚松森·桑奇斯(胡安·塞维拉的母亲)出版社出版。

3 沙滩先生之子

"他不可救药地爱上了丽萨·约翰逊,他告诉我他认识了一个非常可爱、非常美的姑娘,他们俩如胶似漆。丽萨去了罗贝托家和他同居,当时她只有16还是18岁。罗贝托的母亲重新安排了家里的格局,好让他俩住在一起[1]。维多利亚思想很开放,他儿子做什么她都会举双手赞成。"索托也回忆起罗贝托和墨西哥诗人马里奥·圣地亚哥·巴巴斯奎罗之间的深厚友谊:"圣地亚哥就像他的亲兄弟,他俩交流得特别好,总是有共同语言,也总是做一样的事情",当然"维多利亚也是个很有知识,很关心政治的女人,她非常优秀,美丽、勤劳又慷慨。有意思的

---

[1] 维多利亚·索托的故事和罗贝托继母伊雷内的叙述并不一样。伊雷内也曾在瓜达卢佩特佩亚克的家中住过两年。在一次马格达·迪亚斯·莫拉莱斯对伊雷内的采访中(刊登于《克雷塔罗报》的文化副刊《卫城》),玛丽亚·伊雷内·门多萨提道:"罗贝托曾带着他的女友丽萨·约翰逊住在那个房间。但只住了一个月零几天,丽萨的母亲就来找她,劝她离开我们年轻的作家。罗贝托很沮丧,也很伤心。有一次,我不记得为什么我提早下班,听到他隐隐的呜咽声,我敲他的房门,他没给我开,于是我自己走了进去,他躺在床上,哼哼唧唧,突然口吐白沫。"伊雷内赶紧跑到附近的医院求救,医生给他"洗了胃,因为可怜的罗贝托服了很多药。回到家之后,罗贝托和他的父亲关上门深谈了一次。'怎么能为了一个女人而自杀,天下的女人多的是。'这是莱昂后来告诉我的。"

是，我和维多利亚的友情让我与罗贝托也越走越近。我再次见到 20 多岁的罗贝托时，是在布鲁诺·蒙塔内[1]父母的家里。我非常高兴见到他。当时，我把我的宝宝带在身边，我还问他宝宝长得像谁，他告诉我这么小的宝宝根本看不出来像谁。"

"他总是很晚睡觉，还告诉我在写作、思考之前，他其实已经动笔了，这是件非常奇特的事情。他总是能不假思索就下笔成文，很奇怪。玛丽亚·萨落梅也跟我说她母亲非常相信这一点，她却不太相信，也不怎么理会罗贝托的话。"

"我和波拉尼奥的接触时间很短，在那段时间里却很频繁，大约是 70 年代初期的时候。他总是来墨西哥城的咖啡馆里，我们几个墨西哥的诗人，还有一位智利诗人海梅·克萨达会一起聚聚。波拉尼奥很安静，也很专注，总是用他尖锐的黑色幽默戳痛别人，我很快就被他吸引了。

---

[1] 布鲁诺·蒙塔内，智利诗人，1957 年出生于瓦尔帕莱索，1976 年"现实以下主义"的发起人之一，其作品主要有《斯蒂文森的手提箱》《灵感的源泉》《鼹鼠的天空》等。——译者注

3 沙滩先生之子

他比我小 7 岁,我确实把他当弟弟看待,不过就算是现在,我也不认为年龄是朋友间的鸿沟,我有些朋友才四十岁不到。我们常去哈瓦那咖啡馆,还有另外一家,现在已经没了,还会去一些小餐馆,龙舌兰和啤酒会陪我们一整个长夜。只要是聊诗歌有关的话题,波拉尼奥就是我最好的伙伴;我们聊惠特曼,也聊巴列霍,还有那些非凡的当代秘鲁诗歌与我们相伴。我跟他说起我在利马结识的零点运动的诗人朋友们,也跟激动地聊到恩里克·贝拉斯特基[1],我还借给他豪尔赫·皮门特尔[2]的书。波拉尼奥害羞,但深沉。1972 年,我彻底没了他的消息,之后再也没见过他。我想他大概默默地回智利了,而我也北上,前往美国。我就这样失去了我这位之后名声大噪的现实以下主义的朋友。真可惜啊,本来我们应该一直是能交心的朋友的。2000 年以后,我才知道他也还记得当年我们在墨西哥城咖啡馆的那些聚会,就像我记得一样。不管世界怎么发展,是好是坏,我们都还是当年的年轻人,

---

[1] 秘鲁诗人,零点运动的发起人之一。——译者注
[2] 秘鲁诗人,零点运动的发起人之一。——译者注

梦想着骑一辆黑色的摩托驰骋在马路上,梦想着能得到一份转瞬即逝却又永恒不变的爱,梦想着能将这黑暗的世界带入光明。这些也是他的作品的意义,无论是诗歌还是散文:你永远不会感到厌倦,无论是你读 600 页的小说还是读简短的诗歌,你不会厌倦,也许因为他是用身体和心灵在写作,永不停歇地写作,挑战着即将将他吞噬的世界,因为他是诗人,无论是过去,还是现在。简单又诚实,忠于感情和信仰,我看到的波拉尼奥就是这样,就像一句我听过的话:'迪亚娜喜欢皮门特尔的诗,我认识皮门特尔,也喜欢迪亚娜,迪亚娜的那些旅行,那些对话,那些阅读我都喜欢,当然,我也喜欢皮门特尔的书。'对我而言:'我喜欢波拉尼奥的安静,喜欢他的幽默,喜欢他作为荒野侦探的专注,我喜欢他的评论和他偶尔唐突的现身,我喜欢波拉尼奥,我真想再见到他,给他一个拥抱,在我们早已长大的今天。'"

迪亚娜·贝尔莱西

阿根廷当代诗人

为本书特别撰写的章节

4 首任出版商

令人痛不欲生的死亡

225份印本,225张卡片

博尔赫斯翻译的书

埃兹拉·庞德的书

4 首任出版商

"胡安·帕斯科出版了非常多的作品,他甚至为墨西哥第一批印刷工人规划了生活和工作。帕斯科敏锐地捕获到了很多新兴诗人,这无疑体现了他在暴乱时期对于知识的渴望。此外,这些作品积极地响应了计算机和互联网时代带来的新机遇,并且透露了他对于那些流传已久并仍面向未来的艺术的爱。"卡门·博洛萨在她为《宇宙报》所写的专栏中这样写道。

她所描述的是一个彻底地融入墨西哥文化的"异乡人",一个算得上是世界各地的反体制的地下诗人、艺术家和流浪者最爱的人物,是他们寻求心灵庇护的港湾,他就是胡安·帕斯科,一位诗集出版商。

胡安·帕斯科是波拉尼奥的首任出版商,这在历史上是有记录的。波拉尼奥通过帕斯科的兄弟里卡多和他的老婆——视觉艺术家卡拉·里皮认识了帕斯科。他将波拉尼奥视为自己非常珍重的好友,也许是因为"年少时期所结下的友谊是最坚不可破的"。尽管1976年之后,帕斯科就再也没见过波拉尼奥,但他们还是保持通信交流。对于帕斯科来说，2003年波拉尼奥非常意外的死亡让他一度痛不欲生。

一得知这个消息，帕斯科首先想做的就是要印刷些东西出来。对于他来讲，印刷这件事本来就意味着写作的继续和完成。他打电话给卡拉·里皮，她记得马里奥·圣地亚哥曾留给他们一首波拉尼奥所作的诗。圣地亚哥曾经常常去拜访他们，还会带来一些书籍和信件，然后，也带走另外一些——或许再也不还回来。帕斯科用波拉尼奥所写的诗歌片段做了225张卡片，他给23岁的波拉尼奥出的第一本书——诗集《再造爱情》，也是225本的印数。

这些卡片中的大部分都送到了波拉尼奥的妻子卡罗利娜·洛佩斯的手中，她却从来都不承认自己收到过，也不对此表示感谢。我们甚至不知道她是否像帕斯科所希望的那样将这些卡片交给了波拉尼奥的朋友们，还是说只是将它们丢进了垃圾桶。还有一叠卡片，胡安交给了卡门·博洛萨，让她在纽约分发一下。当然他自己也留了一些，好交给那些来他家拜访的人们，自1981年起，他就搬到了米却肯的一座大房子里，那里和塔坎巴罗完全不一样,周围全是印刷厂,都属于他的传奇公司翠鸟出版社。

帕斯科印的这首诗是《喷火器》:

> 那是告别前的一年
> 好像一只磕了药的大鸟
> 飞过停滞在时间中的
> 街区死巷。
> 好像一条乌黑尿液的河环绕墨西哥的主动脉,
> 被查普特佩克的黑老鼠谈论和游历,
> 词语之河,迷失在时间中的街区的流动之环。
> 尽管马里奥的声音和达里奥如今
> 动画片似的尖厉声音
> 使我们不幸的空气里充满热度,
> 我仍知道在那些以预先的怜悯观看我们的形象里,
> 在墨西哥受难的透明圣像里,
> 潜伏着大忠告和大宽恕,
> 那些无法命名的,梦想的片段,多年以后

> 我们将用不同的名字称之为失败。
>
> 真诗歌的失败,我们用血写成的诗歌。
>
> 也用精液和汗水,达里奥说。
>
> 也用泪水,马里奥说。
>
> 尽管我们三个人都没有哭。[1]

"三十年前,我们第一次出版了《再造爱情》,罗贝托跟我说:'有一天,你一定会因为出了这本书而感到骄傲的。'是的,我现在确实很骄傲,尽管在当时可能任何一个诗人都会跟我说相同的话。我基本上没卖几本出去,他的朋友们都很穷,与其说是从我这儿买书,不如说是抢。他到我家来问我要几本,我就给他了。两周之后,他又来要,我继续给他,接下来也一直如此。

"罗贝托时不时地会出现在出版社,那时候出版社的位置是在米斯科阿克区。他当时在一辆饮料贩卖车上工作,路上会经过莫雷洛斯的村子。那些路没有铺沥青,所

---

[1] 诗歌《喷火器》的片段,罗贝托·波拉尼奥著,收于《浪漫主义狗》中。(中文翻译选自《浪漫主义狗》,范晔译,上海人民出版社,2017年出版。——译者注)

以尘土飞扬,但年轻的罗贝托,还是喜欢坐在车顶上。

"有一天我去瓦哈卡看汉·亨德里克斯,一位住在那儿的荷兰艺术家,突然我们就聊到了罗贝托。汉问我:'罗贝托有点烦人,也有点咄咄逼人,是不是?''是的,确实如此。'我回答他。其实我从来没感受过罗贝托的咄咄逼人,但这是因为我是卡拉和里卡多的亲戚,他们和他的关系很好。而且,我有家出版社,对他来说是完美的伙伴。当然,自从我开始出版一些罗贝托不喜欢的天主教徒诗人的书后,在他眼里我也就逐渐不完美了。

"实际上,是罗贝托帮我从一堆名字中为出版社做了选择。他还介绍了埃夫拉因·韦尔塔给我认识,离开他家的时候,我胳膊下就已经夹着韦尔塔的诗集,准备拿去出版社出版了。我其实和波拉尼奥不算是非常铁,他的铁哥们只有布鲁诺·蒙塔内和马里奥·圣地亚哥,但我们之间有种奇妙的文学牵绊。他不给我写信的时候,也会让卡拉给我带口信。他也会想知道我是否恋爱了,出版社经营得怎么样,还有其他一些类似的事情。"

巴塞罗那的疯子——今天是7月1号吗?1977

年,加泰罗尼亚。

我和布鲁诺会写些诗句,两人都署上名,我们会讨论结构和语篇,这是一种娱乐。最有诗意的事其实是为了在葡萄盛产的季节去法国南部而打包行李,或者是去找马里奥,然后三人醉倒在沙滩上。这就是现实以下主义的遗迹:散居海外的一代。解放,是的,一切的解放,我们拥有的记忆的解放……愤怒的诗。蜥蜴的诗。疯狂的眼皮的诗。自由在被廉价的电影所戳痛,又在廉价的电影中重生。突然有陌生的气味和鼓掌的女孩袭来,在我们生来就又老又锈的心里,就像又老又锈的尼尔·卡萨迪所说的一样。首先,我的戏剧烂掉。(我发现我早已完成了我的戏剧,好让马里奥做主角,好让他在我的梦中出演,很美,对吧?)之后我自己,光彩照人的我。然后是我的诗。而我会在不明飞行物中复活。然后一个女孩叫醒了我,她说我已经睡着了,她讲述了爱,我说了我该说的话,她说没关系你再睡会儿吧。然后是摇滚狂热爱好者、异装癖的爱因斯坦。生活就是我们所演奏的歌曲中的时间片段……胡安,你得在家嗨起来,带着疯狂的流氓无产者在家里嗨起来。在书籍击破你的灵魂之前记得先撕毁它们。这是矛盾的真理,也适用于赫尔曼·戈林和切·格瓦拉的演讲……拥抱你[1]

"我并没有在家里制造流氓无产者的狂欢,任何形式的都没有,我怀疑他也并没有这样做。

"我仍然记得现实以下主义在蒙塔内家里被创立的那个晚上。屋子里满是人。罗贝托是领导者,他坐在桌边,非常正式的模样。讨论开始了,但我一个字也听不明白,所以走神了,盯着罗贝托吐出的烟圈的形状看。我是和卡拉、里卡多一起去的。我们乘电车到市中心,蒙塔内住在那儿。我们所有人都说:'现实以下主义运动开始了'但我不记得我们是否签了什么文件,之后大家就散了。

"没人问我是不是要加入现实以下主义的队伍。我是罗贝托的朋友,他们自然就把我算在内了。尽管实际

---

[1] 罗贝托·波拉尼奥给胡安·帕斯科写的信。

上,我似乎连个诗人都不是。我的身份确实是个问题,我对罗贝托一直鄙视的墨西哥民间音乐非常感兴趣,而且从事的是印刷行业。我是个奇怪的家伙,正如弗兰西斯科·塞戈维亚所说'大家都知道胡安·帕斯科的怪异之处'。

"他不仅抢书店的书,每次来我家的时候,他也一直盯着我的书架。我记得,有一次,我发现了一本非常珍贵的《奥兰多》,弗吉尼亚·伍尔夫的作品,1937年的第一版,豪尔赫·路易斯·博尔赫斯翻译的版本。我很高兴地展示给罗贝托看,结果他居然说:'嗯,不错,那我拿走了,有人(他也没告诉我是谁)需要读读这本书。'之后他就真的拿走了。当然,再也没还给我。不过我也得为他说句话,他后来送了我一册埃兹拉·庞德的《比萨诗章》,何塞·巴斯克斯·阿玛拉尔翻译的版本,我觉得很值。"

在保罗·索伦蒂诺导演的意大利电影《大牌明星》中,托尼·瑟维洛饰演的朱利奥·安德烈奥蒂曾7次当选为国家总理,在一次与黑手党有关的系列诉讼案中,他摔落下马,却仍然在跟同伙抱怨自己被剥夺了过去的所

4 首任出版商

有荣誉:"你知道我最讨厌什么吗?他们居然免去了我音乐界主席的职务,之后他们还会把我从西塞罗研究院除名,甚至会取消我的名誉博士学位。名誉不重要,我来自农村,也是从贫苦生活过来的人;对我来说,有修养有文化,要比做个知名的政客更重要。"

波拉尼奥短暂又漫长的一生中(取决于你怎么来看),他为改变自己的社会阶级所做的努力,似乎非常适用于上面的这段话。波拉尼奥没有贵族的头衔,没有钱,没有车,甚至不会开车,他非常自律,一心只想完成自己学业,获得更多的文学知识,就像其他作家一样,他无法被家里的传统束缚,就连学校也关不住他渴望知识的心。

这可能会被误认为是自负的骄傲,实际上只是一个人坚定地追求理想的自尊。波拉尼奥只是在寻觅文化,让自己更为博学。当然,以他自己的方式来说,这是在追求潮流,美国的喜剧演员克里斯·洛克说这是种"贫民的自命不凡"。

"即使是在我烂醉的时候,我也没有失去理智、韵律和节奏感,我仍然坚持反对剽窃,对抗平庸,拒绝沉默。"波拉尼奥对另外一些作家这么说,包括安赫莱斯·玛斯特尔塔,还有他智利的同胞伊莎贝尔·阿连德和马塞拉·塞拉诺。

波拉尼奥是个对物质几乎不感兴趣的人,当然他本身也没有什么物质生活,他似乎就为了一个使命而生,那就是自我启蒙和终身学习。

"波拉尼奥很小的时候,那会儿还在智利,他已经会写字了,也常常自己阅读很多东西。学校总是给我们打电话,因为他在课堂上反对老师的观点。老师却跟我们说我儿子是对的,但必须'告诉他别在大家面前这样做,会让老师很没面子'。"莱昂·波拉尼奥跟我们回忆他儿子在洛斯安赫莱斯上学时发生的故事。

一家人到了墨西哥之后,罗贝托进了伊达尔戈铁路的一所教会学校,但他只在那儿待了很短的一段时间。据莱昂所说,罗贝托还是一直维持着在智利学校的那种自以为无所不知的态度,最终被墨西哥学校的牧师赶了出来。

"他是个很好学的孩子。每个星期天,我们都会去吉根迪(现在叫索里亚纳)。罗贝托总是跟我说:'爸爸,你去买你要的东西,我留在这儿看会儿书。'等我购物回来的时候,他甚至可以读完四本书。"莱昂回忆说,口气里满是作为父亲的骄傲。

在父亲的眼里,罗贝托还是个不寻常的男孩。他喜欢走路,对钱一点儿都不感兴趣:"他给《至上报》和《水星报》写短篇故事,把赚的钱都给了我。有时候我会抽出 5 个比索给他,他却跟我说:'太多了,给我 2 个就够了。'在当时,坐个公交车都要花 30 分[1]。当然,我有时会帮他付钱给卖塔可的小摊。因为我出门很早,一整天都在外面,家里可能没什么吃的,所以罗贝托会去路上的塔可摊买些吃的。"

---

[1] 1 比索等于 100 分。——译者注

5 现实以下主义的起源

希望波拉尼奥能滚回圣地亚哥市,马里奥·圣地亚司也是

每个人都对我们所做的事情感到厌烦

雷哈诺先生感性又善良

争吵当然也包括动手的啊

我们去了同一个聚会,却坐在不同桌

新的启示

现实以下主义者不是真正的作家

主持现实以下主义团体的大局

他们也在场——噬尸

小狗们争斗领地

我们为会你捐献肝脏

塞尔达被资产阶级腐化了

他在讲课

你如果不站在我这边,那你就是站在了我的对立面

和布可夫斯基有些相像之处

那是嫉妒

5 现实以下主义的起源

前面提到的现实以下主义运动是 1976 年在智利诗人波拉尼奥的密友布鲁诺·蒙塔内的家中被发起的。《荒野侦探》中费利佩·穆列尔的原型就是蒙塔内,他 1957 年出生于智利的圣地业哥,是画家阿尔瓦罗·蒙塔内的弟弟。

1974 年,17 岁的布鲁诺·蒙塔内在发生军事政变后离开了智利,因为他的父亲在这场政变中失去了考古学家的工作。

蒙塔内的父母曾在墨西哥城居住过一段时间,之后就搬到了索诺拉,墨西哥北部的一个城市,至今仍住在那儿。那里也是《荒野侦探》第三部分的故事的发生地点。

布鲁诺和他的哥哥通过海梅·克萨达得知了罗贝托·波拉尼奥在墨西哥城的地址(瓜达卢佩特佩业兖区萨穆埃尔大街 27 号),由此认识了我们这位当时已经移居墨西哥 6 年的作家。

他们之间很快就迸发出了火花,开始一起发表文章。

首先是在流亡墨西哥的西班牙共和党人胡安·雷哈诺[1]的资助下，出版了一本智利年轻诗人的诗选。胡安·雷哈诺曾短暂地出现在《荒野侦探》的故事里[2]。之后他们又在同样是雷哈诺负责的《国家报》文化副刊上发表了自己最早期的诗歌。

回忆起那段时光，波拉尼奥最难忘的就是他和马里

---

[1] "我不记得是哪家报纸了，可能是《太阳报》，如果墨西哥历史上有过这份报纸的话，也有可能是《宇宙报》，我更希望是在《国家报》上，因为西班牙老诗人胡安·雷哈诺曾是其文化副刊的主编，但应该不是《国家报》，因为我在那儿工作过，从来没在编辑部看见过'小眼'席尔瓦。"《'小眼'席尔瓦》是波拉尼奥最有名的故事之一。

[2] "我在《国家报》工作的时候，有一次，大约是 1975 年，当时阿图罗·贝拉诺、乌利塞斯·利马和费利佩·穆列尔也在，他们等着见胡安·雷哈诺先生。突然出现了一位性感的金发女郎，她径直走了过来，跳过了像苍蝇一样围在雷哈诺先生身旁的诗人……而雷哈诺先生呢，惊讶得像是梦中醒过来一样，望着身边的几位，用西班牙口音问：'你们知道这个女孩是谁吗？'西班牙口音可不是好征兆（雷哈诺脾气很差，一般都会用墨西哥口音讲话，可怜的老家伙，归根结底还是挺倒霉的）。'你知道吗，阿图罗，这个女孩是谁？'阿图罗连忙回答：'我不知道啊，她看起来人很好，但是我不知道她是谁啊。''她是托洛茨基的曾孙女，'雷哈诺说道，'维罗妮卡·沃尔科，列夫·达维多维奇·托洛茨基的曾孙女……'胡安·雷哈诺先生就是如此，是个感性又善良的人，是个好人……"波拉尼奥在《荒野侦探》中这样写道。

奥·圣地亚哥之间亲密的友谊,他称马里奥·圣地亚哥是自己认识的"最杰出的诗人","有着非凡的才华"[1]。两人1975年在墨西哥城的哈瓦那咖啡馆相识,"我们都非常单纯,我们是在某些方面早已开窍,某些方面却依然无知的年轻人"[2]。

"1975年,波拉尼奥写出诗集《高飞的麻雀》,125—130页,但他一直没有将其出版。我们把诗集寄给了哈瓦那的美洲之家参加文学评奖。它在首轮预选中就脱颖而出,然而最终并没有获胜。这本诗集是由两组长诗组成。一组是罗贝托所写的《星条美国的动脉》或者叫《资本主义的色情幻想》,而我写的那组叫作《世界长桥之上》。"[3]

蒙塔内还记得当时对罗贝托来说诗人尼卡诺尔·帕拉("代表作是《大作》。"[4] 他说)代表了什么。他还记得

---

[1] 出自智利电视节目《非公开谈话》对罗贝托·波拉尼奥的采访。

[2] 出自何塞·克里斯蒂安·派斯在《水星报》上的报道。

[3] 出自里卡多·奥斯为纪录片《未来的战役》对莱昂·波拉尼奥所进行的采访。

[4] 20岁的波拉尼奥在经过漫长的陆路和海上旅行后,1973年从墨西哥回到智利,在圣地亚哥的一家书店买了《大作》。除此之外,他还在豪尔赫·特耶尔的某家书店里给自己买了恩里克·利恩的《穷人的小调》。

罗贝托读了很多科幻小说、悲剧故事,由此,波拉尼奥烧毁了自己那些杂乱的戏剧作品,因为他说"它们太糟糕,实在是太糟糕了"。

蒙塔内和波拉尼奥在流亡西班牙期间再次相遇,并在巴塞罗那出版了《贝尔特·特雷帕》杂志,以向胡里奥·科塔萨尔《跳房子》里的人物之一(钢琴家)致敬。杂志还刊登了恩里克·利恩的几首诗,罗贝托一直与他有通信往来。"我在自己状态非常不好的时候认识了利恩,当时是在赫罗纳,我住在乡下的一座大房子里,带着我的狗。当时,我和我的狗都几乎快变成原始人了,完全与世隔绝。我觉得外面的人都不敢靠近我的房子。当然不是因为怕狗,而是因为怕我。我以为自己的文学生涯已经结束了,不是因为我不再提笔,而是因为文学潮流改变了,当时我已经切断了和文学圈的来往,彻底结束了。然后,突然之间,我就和恩里克·利恩有联系,而且沟通得很不错。他在智利读了我的诗,最重要的是,他是真正地与我交流。他把我从我早已适应的井底救了出来。"[1]

---

[1] 出自智利电视节目《非公开谈话》对罗贝托·波拉尼奥的采访。

5 现实以下主义的起源

"我和马里奥·圣地亚哥一起创立了现实以下主义。我们那时候没有责任心,理论思路也不是很契合。基本上,真正困扰墨西哥文学圈的问题是,当时的我们并没有站在任何一个党派或者权势集团的一边。墨西哥文学圈一直以来都与军阀或者他们的'武士'有着紧密的联系。而我们没有。我们不站左派,无论是斯大林主义的左派、教条主义的左派,还是专制主义的左派,它们都是可怕的左派。但我们也不支持"高雅"的右派,实际上是早已过时的'高雅',甚至与高雅毫不相关。我们和先锋派也不是同一类人,他们只在乎赚钱,早已迷失在自己铺的那条所谓'先锋'之路上。每个人都对我们所做的事情感到厌烦。我记得,有个人在某刻灵感大发,大概是他唯一灵感迸发的瞬间,发表了这样一段文字:'希望波拉尼奥能滚回他的圣地亚哥市,马里奥·圣地亚哥也是。'[1]墨西哥

---

[1] "想到他,我就想到些不可思议的事情。当时有片涂鸦,上面写着:'希望波拉尼奥能滚回他的圣地亚哥市,马里奥·圣地亚哥也是。'他们想让他回智利,而他根本就不熟悉那儿。涂鸦画得太好了,有时候,我甚至想这是不是马里奥画的,然后栽赃说是我们敌人的创作。太有意思了。"出自玛丽亚·特雷莎·卡德纳斯和埃尔温·迪亚斯为智利《水星报》对波拉尼奥进行的采访。

061

已经忍不了我们了,那是一种彻底的厌恶,完全看不惯我们。而这就是我们的现实以下主义。后来我真的离开了墨西哥,去了西班牙,再也没回去过。而马里奥呢,在欧洲和中东住了一段时间,还是回到了墨西哥,他为此还付出了高昂的代价。现在,在他去世之后,很多人又从躲避已久的阴暗之处走出来,说马里奥是伟大的诗人,但他们只能等他死后才能发声。从那时起,我开始对我从事的诗歌行业感到羞愧,因为作为诗人和作家的我变了。我们那群人中曾有个杰出的诗人,马里奥·圣地亚哥绝对比我更能鼓动人心,作为诗人,我和他的距离还有很远。我的欧洲之行彻底改变了我对诗歌的看法。"[1]

这就是波拉尼奥所谈到的关于他们创立现实以下主义的经过,他谈论得不多,但在《荒野侦探》中详尽地呈现了这个概念——并最终将其推向世界。这本书里讲述的就是一群集结成"本能现实主义"团体的年轻诗人的故事。

这群人里除了上面提到的圣地亚哥和蒙塔内,还包

---

[1] 出自智利电视节目《非公开谈话》对罗贝托·波拉尼奥的采访。

5 现实以下主义的起源

括常驻美国的墨西哥诗人、教师鲁文·梅迪纳(书中的拉斐尔·巴里奥斯)。

"现实以下主义提出了一个非常重要的伦理问题,即把审美置于次要位置,而将伦理道德放在首位。这些伦理道德的关键就是诗人战略性和批判性的边缘化身份。"梅迪纳说道。对他来说,现实以下主义陪伴了波拉尼奥一生,梅迪纳用这种观点来反对很多人的立场,比如以豪尔赫·博尔皮为代表的一些拉丁美洲文学专家,他们并不将现实以下主义看作波拉尼奥作品的关键因素。

梅迪纳所说的是现实以下主义的影响,不一定仅仅是植根于波拉尼奥的文学作品中,也完全可以从其本人的生活态度和写作事业中体现出来。伊格纳西奥·埃切瓦里业也同意这个观点,2010年在马德里美洲之家举办的纪念波拉尼奥研讨会上,他曾担任主持人邀请梅迪纳做相关报告。埃切瓦里业说:"直到1990年代初期,波拉尼奥都还是个默默无闻的作家,实际上,从1996年起,他才开始进入出版市场。1980年代和1990年代初期,他过着和在墨西哥时期一样的生活,干点小活儿好维持生计,一间能遮风避雨的小屋子,吃饭,睡觉,看电影,喝啤酒;然后就是写作,写作,写作。"

"现实以下主义团体是由几位年轻人——非常年轻的诗人——通过一系列会议决定成立的。他们遵循着某些原则,有着共同的兴趣,并且乐于彼此间的沟通。现实以下主义是在试图靠近深渊,一般的作家不会这么做,它是一种探索,是诗歌的创作,也是惹怒周围人的方式。"埃切瓦里亚评论说。"我们所做的就是抵制,我们不想进行文明的对抗,比如以诗歌的方式辩论,你写一首,我写一首,再让公众和舆论来评判什么的;我们认为这种方式只是权力的再分配而已。我们真正实施的是游击战术:我们抵达,行动,然后消失。在波拉尼奥收获了些公众的认知度后,突然有些一直对现实以下主义持批判态度的人开始变得小心谨慎,因为毕竟其中的一员,出版了不可思议的作品,当时很多人都不明白他是怎么做到的。对我而言,现实以下主义运动就是一场冒险,一个让我与众不同的道德立场,尽管我们组织松散,甚至不像个团体。"梅迪纳发言道。

波拉尼奥在谈及他年轻时组织的运动时,却并不那

5 现实以下主义的起源

么激动。

"现实以下主义运动最初是由罗伯特·马塔发起的,当时布勒东将其驱逐出超现实主义圈子,整个过程持续了三年之久。在那场运动中,只有一个人参与,那就是马塔。很多年后,现实以下主义在墨西哥又被一群诗人复兴,其中包括两个智利人。当时有点像达达主义的一种形式,诗人们聚在一起组织些热闹的活动。有一阵甚至有不少人参与,大约50人,但其中真正能称得上诗人的只有两三个。我和马里奥去了欧洲之后,这场运动就结束了,因为留在墨西哥的那些人没有能力继续组织下去。实际上,现实以下主义运动就是马里奥和我,我俩的疯狂而已。它只从1975年持续到1977年。"[1]

另一方面,就梅迪纳而言,"波拉尼奥从未摆脱现实以下主义的影响。他可以说:'现实以下主义运动结束了,现实以下主义运动就是我和马里奥。'但他所有的文学作品都与边缘化相关,都体现了他的个性,都像是黑洞

---

[1] 出自玛丽亚·特雷莎·卡德纳斯和埃尔温·迪亚斯为智利《水星报》对波拉尼奥进行的采访。

般的深渊。《2666》是什么？如果不是人类的巨大黑洞，不是犯罪，不是恐怖，那它到底是什么？这种邪恶又怎么能被理解呢？罗贝托将读者带入黑洞，黑洞就是现实以下主义的概念，而现实以下主义就是罗贝托·波拉尼奥的宣言。[1]对我来说，他从未舍弃它，我们所有人都未曾舍弃过我们的伦理立场。他是位隐喻的高手。随着时间的推移，他的诗歌逐渐明朗直接，褪去了些许隐喻的色彩，变得更有叙述性，实际上，剥去虚构的特质，他的诗歌正向叙述散文过渡。"

"在他的作品中，他创造，他游戏，他欺骗读者，一边给他们线索，一边误导他们。如果哪位读者想通过罗贝托虚构作品中的某些自传性质的元素来构建作家的形象，那会是个永无止境的游戏，因为你会看见波拉尼奥许

---

[1] "抵达太阳系的边界需要四小时；到最近的恒星，需要四光年，那是一片无边无际的宇宙之海。但是我们真的确定那只是一片虚无之海吗？我们仅仅知道在这个空间里没有闪烁的星星；如果它们存在，它们能被看见吗？如果现实存在的物体都是不明不暗的，又会怎样呢？它们也许没法出现在星图上，就像地球上的地图里见不到乡村的星星一样，因为它们总被城市的星星掩盖了光芒。"——罗贝托·波拉尼奥，《现实以下主义宣言》。

许多多张不同的面孔。如果你去读那首诗,诗里的人儿是在露营地工作,在某个深夜抵达巴塞罗那,然后独自去了酒吧,思念着墨西哥:那就是波拉尼奥,他就在那儿。"梅迪纳确认。

在回忆中,罗贝托的形象在他心中愈发清晰明了。

"你去哈瓦那咖啡馆,告诉他一些事情,然后会再来五个人,我们就变成了六个人或者七个人,罗贝托会告诉他们你刚刚跟他讲的事情,但是用他一贯的虚构风格。他总是非常擅长讲述故事。我第一次见到罗贝托是在一场诗歌朗诵会上。当时的他背对着我,穿着黑色的衣服,一头长发,抽着烟,仿佛被判了无期徒刑的监狱囚犯。当我看到他的脸,我以为他比我要大十岁。之后,我才知道他只比我大两三岁而已。认识他以后,我发现他理智而成熟,阅读能力极强,阅读面也非常广。他会在记事本上清楚地写下自己想做的每一件事。他非常有趣,是个能陪在身边的好伙伴。

"我非常喜欢读罗贝托的作品,不管是他的诗歌还是他的故事,他给现实以下主义者很大的负担,因为他从文学意义上创立了现实以下主义,而我们必须也为此做点什么。他会开玩笑地说道:'加油啊,混蛋们。'这不正是在嘲笑我们的边缘化么。

"我们幻想的有关现实以下主义的乌托邦式的失败也能在波拉尼奥的作品中找到。"

"现实以下主义的三巨头[1]虽然都已离开了我们,但该运动在21世纪的第三个年头因为当初创造它的那股反叛的力量又重新被燃起,欧美两大洲的出版物,数十卷尚未出版的作品,好些国家已有的盛名,当然了,还有沉默和不屑的氛围,无一不体现了墨西哥官方文化里黑色太阳的传说对这群造反的诗人的影响。"何塞·拉蒙·门德斯·埃斯特拉达这样写道,他是已故诗人夸乌特莫克·门德斯的哥哥,也和马里奥·圣地亚哥、罗贝托·波拉尼奥、布鲁诺·蒙塔内一样,是现实以下主义运动的发起者之一。拉蒙·门德斯在《荒野侦探》中就是潘乔·罗

---

[1] 马里奥·圣地亚哥·巴巴斯奎罗,1953—1998;罗贝托·波拉尼奥,1953—2003;夸乌特莫克·门德斯,1956—2004。夸乌特莫克·门德斯就是《荒野侦探》中莫克特苏马·罗德里格斯的原型。

5 现实以下主义的起源

德里格斯。

对于门德斯而言,并非波拉尼奥推动了现实以下主义的发展,而是现实以下主义推动了波拉尼奥的成长。在他看来,波拉尼奥在墨西哥的那一段时间就是为了了解当地诗人的故事,将其写成小说,然后出名、赚钱。

门德斯是在某个醉酒的清晨认识了我们《荒野侦探》的作者,当时他喝完自己的龙舌兰,接到了马里奥·圣地亚哥的邀请。大约是在四点,他们来到了市中心靠近中国大钟和革命纪念碑的一座公寓。波拉尼奥曾在那里短暂地居住过,后来就去了西班牙。

"马里奥带我去了罗贝托的家,当时是为了喝点东西。给我们开门的是罗贝托,我当时不认识他。他看上去挺生气的,因为我们突然闯入了他正忙于写作的凌晨时光。他似乎不太欢迎我们,但还是让我们进了屋。进去后,还没开始说话,他就递过来一瓶甜葡萄酒,也许是威末酒,我也记不清到底是什么了。他应付我们似的拿起酒杯,但很快便转身给自己做咖啡去了。[1]

"过了一会儿,我们开始畅谈,谈论我们这个年代的诗歌,谈论秘鲁年轻人的诗歌,谈论披头族,也谈论我们对胡安·巴努埃洛斯[2]所做的那些事情。谈着谈着,罗贝托变得亢奋了起来,结束的时候他说他对我们的到来和谈话感到非常高兴。我们离开他家时,天才刚刚亮,告别时,他对我们说:'你们就是嬉皮士,你(马里奥·圣地亚哥)是艾伦·金斯伯格[3],你(门德斯)呢,就是格雷戈

---

[1] 咖啡是我们这位年轻的作家的又一根软肋。"他跟我说:'伊雷内总是在炉子上给我留一壶水,因为我喝咖啡。'"罗贝托习惯于深夜写作,"他常常去街上逛一圈,然后回到屋里开始写作",口吐烟圈,手捧咖啡,有时也可能是红酒相伴,罗贝托的继母玛丽亚·伊雷内·门多萨回忆时说道。出自马格达·迪亚斯·莫拉莱斯对伊雷内的采访,刊登于《克雷塔罗报》的文化副刊《卫城》上。

[2] "1974 年墨西哥国立自治大学的文化传播部门举办的诗歌工作坊发生了骚乱,一群年轻的诗人联名要求当时的工作坊主持人胡安·巴努埃洛斯下台。之后,现实以下主义运动兴起于 1975 年末和 1976 年初,在墨西哥城历史中心的阿根廷大道的一栋建筑里,布鲁诺·蒙塔内就住在那儿。现实以下主义这场运动的发起,包括这个名字都是罗贝托·波拉尼奥的主意,他被当时一些不羁的青年诗人鼓舞。胡安·巴努埃洛斯下台后,我们还经常和这些青年诗人见面交流。"出自《每日报》2004 年对拉蒙·门德斯的采访。

[3] 美国诗人。垮掉的一代的领袖人物,参与 20 世纪 60 年代的嬉皮士运动。——译者注

5 现实以下主义的起源

里·柯尔索[1]'[2]

"几个月之后,马里奥告诉我即将要发起现实以下主义运动的消息。那是罗贝托的建议。他不仅发现了可以让自己出名的方法,也找到了可以给他灵感的志同道合的诗人们。说到底,他就是喜欢把诗人写到自己的小说里,不是吗?这也是他来找我们的原因,想看看有没有他感兴趣的素材。

"为此,他每天要一大早起床,凌晨 4 点左右,写个四五页纸的样子,直到早上 8 点。也是这些清晨时分写成的作品让他最终成了名。我猜他之后应该每天不止写五页了吧。我们曾友好地相处过一段时间,直到有一次他勃然大怒,因为我称他是官僚,而非艺术家。从此我们再也没说过一句话。

"他喜欢我的诗。我曾坦诚过有一些我写的诗句是受罗贝托的话的启发,他很吃惊。在一次深夜谈话中,他

---

[1] 格雷戈里·柯尔索,美国垮掉派诗人,垮掉派文学运动的开创者之一,主要作品包括《狂奔的女神》《人类万岁》等。——译者注
[2] 山自里卡多·奥斯为纪录片《未来的战役》对拉蒙·门德斯进行的采访。

说:'孩子们生来是为了快乐的。'我后来把这句放进了我的一首诗里。'啊,我说过这话吗?'罗贝托回应说。事实证明,他根本不在意自己到底讲过什么。

"罗贝托去西班牙之前,出版了《火彩虹下的赤裸少年》,还推出了杂志《现实以下主义通讯》,我也不知道是谁为这本杂志选材,反正我的作品没在里面。但他在《天天日报》的文化副刊《智慧的公鸡》[1]里发表了些我的东西,也还算把我算作这场他发起的运动的一部分,可之后

---

[1] 该副刊是由诗人埃夫拉因·韦尔塔主编的,波拉尼奥将其视为与马里奥·圣地亚哥一样亲密的朋友。"目前,在墨西哥年轻的文学一代里,你有没有觉得和谁是有共鸣的,有没有谁对你有着重要的影响?""重要的影响,我想应该是马里奥·圣地亚哥。还有埃夫拉因·韦尔塔,我和他关系也非常好,他帮了我很多。基本就他俩:马里奥·圣地亚哥和埃夫拉因·韦尔塔。"波拉尼奥在1999年克里斯蒂安·沃肯主持的电视节目《思考之美》中这么说道。在《未知大学》里,波拉尼奥曾为埃夫拉因·韦尔塔写下这样的诗句:"我想给你写点有意思的东西。灾难和小悲伤/我们已经没到脖子。不要形象,/也许嘴唇,头发,一个小女孩/玩医药箱。我不知道,埃夫拉因,一想到你的时候我该说起什么/风景。帮过我的不仅是你的好意;还有/那种庄严的诚实,你的天真/当你靠在公寓窗边/穿着背心,观看墨西哥的/黄昏,而在你背后诗人们/喝着龙舌兰酒低声谈论。"(诗的译文采用:《未知大学》,范晔、杨玲译,上海人民出版社,2017年。——译者注)

5 现实以下主义的起源

他又否认了。

"《荒野侦探》是部好作品,很有趣,尽管结构和技术上有些瑕疵,但还是能让读者沉浸其中。当然,将罗贝托和何塞·莱萨玛·利马、科塔萨尔或者塞万提斯相提并论,无疑有些夸张。但无论如何他仍是个绝妙的故事叙述者,只是有些时候被过分地高估了。与现实紧密联系的小说肯定能得到更多的关注,这就是他成名的策略。他已经达到了自己想要的高度,他的作品甚至会永世流传。波拉尼奥是独立于官方文化的名望战略家。我没读过《2666》,我买不起这么贵的书,也找不到谁能借给我看看,不过我的一个朋友说书里有不少对学院派的批评。我不清楚波拉尼奥的教育背景是怎样的,反正他总是吹嘘自己自学成才。好在他书确实读得多,这是个事实。"

门德斯坚持将现实以下主义描述成一种态度,而不是针对某些话题的某种立场,因为他认为他们这个团体里的成员各不相同。

"我们对任何事情的看法都不一致,无论是关于女人,还是关于政治,我们唯一一致的是想要推翻官方文化的主张,因为它们一直以来都在伤害我们,并且从未停止这种伤害,我们反对的是那些所谓文人,所谓作家,一群不学习不工作不进步的蠢货,他们只会亵渎我们的语言。"

"我与波拉尼奥十几岁就认识了,那是青春最初的几年,我那时还在读中学,已经放弃了想做消防员和宇航员的梦想,转而想成为画家、诗人或是电影制片人。1976年的墨西哥城有1500万人口,但是游荡在这座城市里的诗人彼此熟识。我们会去听同一场演讲,去参加同一个聚会,关系自然就熟络起来。我应该见过罗贝托七八次,每次见面都以争吵结束,那个年代这很正常,当然,我所说的争吵也包括动手啊。"

说这话的是散文家、诗人何塞·马利亚·埃斯皮那萨[1]。他对自己和波拉尼奥之间争执的描述像极了巨蟒

---

[1] 散文家、诗人何塞·马利亚·埃斯皮那萨 1957 年 10 月 15 日出生于墨西哥城。他是杂志《无名出版物》的主编,也是墨西哥学院出版事务的负责人,同时担任《时间之家》《无宽容日报》《劳动周刊》《乐团杂志》《硝酸银》《消息报》《新时代》及《国土内外》的撰稿人。

剧团[1]电影里的场景。一边是"罗贝托躲在捍卫他的诗人的身后,而另一边则是我藏在捍卫我的诗人的背后。显然,勇气这玩意不是现实以下主义者所拥有的特质。"他说。[2]

"我通常都是在哈瓦那咖啡馆见到他,我们坐在不同桌。我认识一些当时参加墨西哥国立自治大学诗歌工作坊的年轻人,之后他们也都加入了现实以下主义运动。我们总是争执不断。我所支持的团体一直着魔般地崇拜着奥克塔维奥·帕斯。而现实以下主义者呢,也总是着魔般地与我们交战,来反对伟大的帕斯。尽管如此,我们所欣赏的墨西哥以外的作家几乎是相同的。我们都会背诵朱塞培·翁加雷蒂[3]或者海梅·吉尔·德·别德马。是他们让我们这些年轻人超越了对立,形成了某种同谋

---

[1] 巨蟒剧团(Monty Phyton),英国超现实幽默表演团体。——译者注

[2] 出自里卡多·奥斯为纪录片《未来的战役》对何塞·马利亚·埃斯皮那萨所做的采访。

[3] 朱塞培·翁加雷蒂(1888—1970),意大利现代主义诗人、新闻记者、散文家、批评家、学者,隐逸派诗歌重要代表,其翻译的莎士比亚作品也闻名于世。——译者注

关系。当然，我们也为了姑娘们而争执。为了在参与聚会的姑娘们面前成为主角，我们发起了一次又一次的争夺战。"

罗贝托和布鲁诺·蒙塔内离开墨西哥后，何塞·马利亚·埃斯皮那萨就与他们失去了联系，但他还是经常能与马里奥·圣地亚哥见面。

"罗贝托去西班牙之后，这个团体就解散了。他的光环持续了一段时间，但也渐渐消散，直到《荒野侦探》的问世，使他成了现实世界的神话。

"于我而言，真正的罗贝托就是从小说里走出来的人物。他所出版的一系列小说都讲述着完美的故事，但因为是小说，似乎没有达到原本应有的目的。当然了，我们很难针对波拉尼奥展开辩论，因为你无法离开环境来判断他的文本价值，也无法摆脱虚构来理解他的情感价值。奇怪的是，他在二十岁左右就有了这种极具魅力的特质，并且伴其一生。

"我认识青年罗贝托时，他留着长发，总是咧着嘴。但是他走后流传的一些照片里只能看到他忧郁的身影，我想当时他身边的那群朋友大体上都变得像他一般忧郁:卡拉·里皮[1]的雕塑艺术,胡安·帕斯科在编辑方面的构思(据我所知,他也是罗贝托的第一位编辑、第一位出版商),还有那些追随罗贝托坚守着现实以下主义的诗人。罗贝托俨然已成为拉丁美洲文学界一颗灿星,而他也是我年少时就相识的朋友,只不过离我越来越远。也许无意中,我曾试图区分他的这两种身份(就我而言),期待在两种情况下都能和他维持持久的情感联系。

"最初创立《文学日志》和《远征》两本杂志的时候,我们这些作家无疑都对帕斯饱含崇拜之情,当然,批判的态度也不会少。还有另外一些群体,诸如创办《前庭》[2]杂

---

[1] 墨西哥视觉艺术家。——译者注
[2] "第一期《前庭》杂志(1975—1977)于 1976 年初问世。从一开始起,这群青年诗人就释放出他们将自己喜欢的诗歌和流行诗歌混淆起来的信号。他们站在已经鲜有人关注的保守的理论和形式一派这边(主要是现代派和超现实主义派)。这些年轻的东正教诗人决定模仿自己的前辈,这还不够,他们还把杂志最好的版面留给这些派别。出版了七期之后,这群青年诗人入不敷出。除了这个年轻、新兴的临时团体的创作,他们的精神领袖和前辈们也纷纷发声,另外还有些作品来自可能姓名都被遗忘但多多少少曾有过声望的人:奥克塔维奥·帕斯、拉蒙·希劳、孔查·门德斯、豪尔赫·纪廉、何塞·埃米利奥·帕切科、阿尔瓦罗·穆蒂斯、佩德罗·加菲亚斯、埃内斯托·梅希亚·桑切斯、何塞·德拉·科利纳、胡安·

志的那群人,更是令人钦佩。此外,所有人对埃夫拉因·韦尔塔的崇拜,代表着一种坚定的信仰,即诗歌必须更加即时,必须对当下有更多的批判,必须更加直接,并且少些理性的阐释。但三十年后的今天再回头看,这些观点似乎是有问题的。

"像马里奥·圣地亚哥这样一个写出类似《从海德格尔的学生到马克思的追随者》这种诗歌的诗人,你怎么能称他是反知识分子的人呢?拜托,海德格尔才不会写即时又狂野的诗歌。

"我们这些创办《文学日志》的人,抑或是参加翠鸟出版社工作坊的人,都来自一所西班牙流亡者的学校。我们都是中产阶级家庭出生,而现实以下主义派的诗人则都来自工人阶级家庭。不过这些都无关紧要,说到底我们都是一样的,否则我们无法解释胡安·维尧罗和罗贝托这样的人怎么会成为朋友,毕竟他们来自完全不同的

加西亚·庞塞、何塞·戈罗斯蒂萨、曼努埃尔·杜兰、海梅·萨比尼斯、鲁文·博尼法斯·努尼奥、奥雷洛、阿图罗、比森特·福克斯、萨尔瓦多·埃利松多、托马斯·塞戈维亚、胡安·古斯塔沃·科沃·博尔达、乌拉勒姆·冈萨雷斯·德莱昂、里瓦尼多·达·席尔瓦、路易斯·卡多索·阿拉贡",出自《连接》杂志,1978年2月1日。

两个阶层。

"罗贝托是一个比较随性的作家,他的小说中会有很多重复之处,他从不精心设计结构,一切就这么突然地出现在高潮里,他不控制叙事的节奏,所以我更喜欢他的故事。作为'爆炸后'文学第二代的代表,他展现了强大的生命力,他对生命的渴望渗透在字里行间,因此他不能停笔。他对自己的文字从不编辑,也不重写,似乎缺乏自我审视的能力。无论如何,波拉尼奥的文学才能现在已经无须讨论了。需要讨论的是穿梭在虚构人物和现实自身的波拉尼奥与拉丁美洲的环境到底是怎样的关系,他作为作家是如何被看待的。波拉尼奥出生的时候,一些拉美的文学巨匠已经离开了人世,比如聂鲁达、帕斯、博尔赫斯等,而恰巧当时对巴尔加斯·略萨、加西亚·马尔克斯、卡洛斯·富恩特斯等作家的认可尚有争议,因为人家同意他们的一些观点,同时也反对他们的另外一些看法。罗贝托似乎给大家带来了新的启示。"

埃斯皮那萨将波拉尼奥的作品列为自己的最爱,他还对《荒野侦探》的影响力和同时期的《跳房子》进行了比较。他说:"还有哪位作家的成熟程度能够超越胡里奥·

科塔萨尔吗？你应记得自己曾多么喜欢《荒原狼》，你却再没有办法完整地读它一遍。有些文字会在生命的某个特定的时间打动我们。在罗贝托的作品里，总有种无故却又清晰的反叛，看你用什么视角去观察它。他全身心地将12年的痛苦投入狂热的写作中，似乎不想留下任何剩余的笔墨。他很聪明，我从未想过他会写些杂文评论，然而他最终也做到了。他的为数不多的杂文当然没法和他的小说或者诗歌在质量上相提并论，这也证实了他写杂文并不是为了证明自己全方位的写作能力。你不能让他'停下来想想自己在写些什么'，因为这样他就没办法继续写作了。"

埃斯皮那萨记忆中的波拉尼奥非常骄傲，在争吵中绝不会轻易认输，所以往往最后都会动手。一旦发现没法胜利，他就会痛批对方，激怒他们是他非常擅长的事情。

"毫无疑问，他确实读了很多书，但是当他发现有谁和他读了同样多的书时，他会很吃惊，毕竟他没法再以师长的身份来面对这个人。他用这些知识，用所有自己读过的东西，来在朋友面前呈现自己优越感。他的骄傲似乎体现在当年他对超现实主义革命重生的追求；20多岁的年轻人抨击着阿纳托尔·法朗士。类似的举动,包括一次在奥克塔维奥·帕斯的讲座上,他在观众席起身叫喊想要阻止活动的进行。现实以下主义者都有些幼稚,但同时也散发着无穷的魅力。

"有一次我们在拉戈之家举行读书会,当时有一名参与者叫罗贝托·比利亚里诺,是我的朋友,现在已经去世了,他常写些比较严肃的诗歌,不是说不好,只是都过于严肃。他读到了自己的一首诗:'文字赋予了事物姓名,罗贝托不是我的名字。'这时候有人从观众席向他吼道:'当然不是你的,那是我的名字。'那是波拉尼奥。当时我笑得前仰后合,那绝对是打断一首严肃诗歌的绝妙时机。当然,罗贝托·比利亚里诺也非常生气,但你能怎么办呢?"

这就像一个 20 岁的年轻人拿起吉他弹了几个和弦,不可能立马就变成约翰·列侬。在埃斯皮那萨看来,现实以下主义者都不是真正的作家。这群人里,他唯一觉得有文学才能的只有布鲁诺·蒙塔内和罗贝托·波拉尼奥。

"我也很喜欢马里奥·圣地亚哥,但我不觉得他是个好诗人。他的诗集现在已经问世了,作为他的旅行伙伴,我应该为他写些什么,但我不会给出类似'一个讲述人生的诗人'这样的评语。人们不应该被年轻人的幻象迷惑。我们所有人都期待青春永驻,期待永恒与不朽,然而一个人所谓'永恒'的时间不过三四年。你总会到了一个年纪,因为膝盖疼痛,连马路都没办法自己过。文字一样会疼痛,文学也会随着时间的流逝而变化,不是说变好还是变坏,只是会变化而已。"

墨西哥女作家卡门·博洛萨在20世纪70年代认识了罗贝托·波拉尼奥,当时所有人都想成为诗人。青年人将自己的文学生活开展在咖啡馆和公共阅读会上,去聆听奥克塔维奥·帕斯讲述胡安娜·伊内斯·德拉·克鲁斯。"我们大家都是一样的,有着相同的着装,我们是后嬉皮时代人士,是一个诗人的团体,我们所有人都很相似,却自认为分属两个群体:我们的偶像是奥克塔维奥·帕斯,我们称和我们不同的一派是'斯大林派',他们那一派崇拜的是埃夫拉因·韦尔塔。我自己是属于奥克塔维奥·帕斯一派的,我们这派认为自己优雅精致,但实际

5　现实以下主义的起源

上,生活中不过就是些穿着露趾凉拖和瓦哈卡[1]传统T恤的年轻人。'斯大林派'则认为我们是资产阶级的代表,因为我们的吃穿用度都是统一风格。也就是在那个时候,我在一次聚会上认识了波拉尼奥,当时我已经读过胡安·帕斯科帮他出版的第一本诗集,胡安也帮我出版了一本长诗集。第一次见到他时,他在一群人中间,我当时挺害怕那群人,因为他们的行为举止真的挺吓人的:他们干扰别人读诗,起哄,嘘声不断,甚至挑起骂战。20年后再见到波拉尼奥,是在维也纳,我们被邀请去聊聊流亡生活,我现在已经想不起来当时为什么要答应这个活动,实际上我也没聊流亡的事儿,而是谈了谈当今每个人都是异乡人的感悟。他也没聊流亡,只是读了一段有关小说的非常温和的文字。从那时起,我们渐渐成了好友,大概是1998年或是1999年的样子。"

如果让你闭上眼睛,你脑海里闪现的关于波拉尼奥

---

[1] 瓦哈卡州位于墨西哥南部,是受墨西哥本土文化影响最强烈的一个州。——译者注

的第一印象是什么呢?

这太难回答了,第一印象应该是年轻的波拉尼奥吧,那个充满好奇心的波拉尼奥,那个我在现实以下主义诗人的聚会上认识的波拉尼奥,那个六亲不认的波拉尼奥,那个甚至想"斩首"奥克塔维奥·帕斯,认为他阻碍了自己发展的波拉尼奥。他根本不想要一个所谓导师,他要成为自己的导师。他不是我的朋友,应该是我的敌人。这就是波拉尼奥给我的第一印象,我们这些人都是些蓬头垢面的诗人,趿着橡胶的露趾凉拖,如同后嬉皮时代人士,衣冠不整。唯独波拉尼奥,会穿着熨烫过的衬衫。和妈妈住在一起的波拉尼奥,穿着熨烫平整的衬衫,披着一头长发,叛逆的内核和学生气的打扮都是他的一部分。当然,我心底也有和我非常亲密的波拉尼奥,但那样的他,不是我第一印象中的他,这也许只能怪他自己吧,怪他太过神化自己的青春,当然,也有我的原因,我记忆里他青春时的那些年对我的影响太大,那是我不断打造自己成为作家的关键时期,整日沉浸在颤动的、诚实的、坚定的文学世界里。

5 现实以下主义的起源

所以你当时并不喜欢他?

我挺害怕他和他的朋友们的,不是不喜欢,而算是一种恐惧吧。说实话,我并非不喜欢他们的诗作。相反,我很欣赏罗贝托·波拉尼奥在胡安·帕斯科的翠鸟出版社出版的长诗。胡安·帕斯科就像是现实以下主义者和我们这些帕斯追随者中间的纽带。帕斯派总是张开双臂欢迎女性作家,而埃夫拉因·韦尔塔一派则容不下女性。待在帕斯派一边,我很舒服,而对面的人也同样安于待在他们的那一派。我曾经害怕他们,是因为当时的我年轻而脆弱。我第一次宣读自己的诗歌,是在拿萨尔瓦多·诺沃艺术奖时,当年拿奖的还有达里奥·加利西亚和维罗妮卡·沃尔科,他们都是波拉尼奥很亲密的朋友。当时我非常紧张,因为我知道这种场合往往会有现实以下主义的诗人在台下叫喊着抵制并加以干扰。但那天的情况是,我在甘地图书馆发表了讲话,他们也在场,没有起哄,也没有打断我。

那他是什么时候开始变成了你眼中可爱的波拉尼奥呢?

我是在很多年后才又遇见了罗贝托·波拉尼奥,那时候他已经出版了《荒野侦探》,而我也早已读过了这部反映我的城市和我那一代人面貌的著作。我在维也纳碰到了他,很快便一拍即合,毕竟当时我们都是作家了。我们还彻夜长谈,他跟我聊他的孩子们,聊他的老婆,他的情人,我也是。我们甚至一起流泪,那绝对是炽热的一夜。第二天,我们一起出去散步,继续着我们的聊天。之后在另一次作家的聚会上,我又看见了他。我们那时每天都互发消息,写长长的邮件,他总是写得比我更长,罗贝托无疑是很好的通信人。再然后,我去他家看他,认识了卡罗利娜。我们在马德里见过,在巴黎见过,在他去世前的三天也见过,我们是非常亲密的朋友。我们互相都知道彼此心底的一些秘密,就算把我舌头割下来,我也不会告诉别人。

从文学的角度出发,你怎么看待罗贝托·波拉尼奥现象呢?

罗贝托·波拉尼奥是独一无二的,他所属的世界在我看来非常有条理。我认为他应当能与许多大家相提并

5 现实以下主义的起源

论,比如奥克塔维奥·帕斯,比如他自己非常年轻的时候就开始读的何塞·阿古斯丁,还包括很多英语文学巨匠。罗贝托是个"贪婪"的读者。《2666》绝对是一部杰作,因为它,罗贝托有了名声,也出现了波拉尼奥现象。而这种现象在我看来也有它痛苦的一面,其实这也是文学的残酷。如果波拉尼奥没有走的话,他的这种现象并不会这么风靡。读者和评论界的人总是倾心于英年早逝的文人,或者说他们钟情于这种牺牲,这种浪漫的离世,而我对此真的很反感。我反感,是因为我很早就认识罗贝托了,是因为他于我而言是非常亲密的朋友,是因为无论如何我都不能接受他已经离开的事实,所以说实话,我对现在的这种"噬尸"文化感到不满。另外一件激怒我的事情是,很多人坚持说波拉尼奥不是拉丁美洲的作家,或是说他是拉丁美洲唯一的作家。波拉尼奥是自己的精神导师,所有自尊自重的作家都是这样,只能说波拉尼奥在文学上比他的同行更加闪耀些。所以,我不喜欢这种对死亡的礼拜,也不喜欢"去智利化"或是"去墨西哥化"的波拉尼奥。如果波拉尼奥的肝脏移植手术成功了,他可能还和我们一样,继续写着那些很棒的小说。也许他获得的掌声并不会像现在这般多、这般响。我真的不喜欢这点。我也不喜欢在他已经无法给出回复的今天,发生在他身边的所有这些事。波拉尼奥算是专业的斗士,如果他还在,肯定已经和不知道多少人争执不休,甚至自我隔离,疏远别人,他还会创造自己所需的混乱,为自己打造出可以继续写作的昏暗空间。只能说人们太快地把他变成一尊雕塑了。

你所说的波拉尼奥的拉丁美洲同行们是指谁呢？

波拉尼奥绝对是高水平的作家,他却不是像博尔赫斯那样思考问题,博尔赫斯在写作中完全不会涉及色情,而波拉尼奥则毫不避讳。所以呢,在我看来,他俩之间没什么共同点。有些英语世界的作家认为,博尔赫斯和波拉尼奥很相似,那是因为他们没读过什么拉丁美洲作家的作品。我认为波拉尼奥的作品之所以伟大,是因为他知道如何去搭建与人类或是与其他作家沟通的桥梁,而不是独立于世。他和塞萨尔·巴列霍对话,和萨尔瓦多诗人罗基·达尔顿交流：波拉尼奥的文学作品里埋藏着他对其他作家的致敬。

5 现实以下主义的起源

他的文学力量会不会只影响一代人,比如现在的年轻一代?还是说一定有更深远的影响?

我认为所有人都会读他的作品,无论在哪个年代。

你的作品中有波拉尼奥的影响吗?

我和波拉尼奥很不一样。我很尊重他,他也很尊重我,我们是一代人,都在墨西哥城成长,但我们的文学作品完全不同。

比如一些玩笑和幽默、一些讽刺,当然不至于到愤世嫉俗的地步,总有些相关性吧……

我不清楚,我之前的书里也都有讽刺啊。对我来说,我和波拉尼奥属于同一个年代,这很显而易见,读他的作品,我也很开心。我看《荒野侦探》的时候,就觉得这是本与我非常贴近的小说,应该说它属于我会涉及的领域,但我绝不会写出类似的作品。事实证明,波拉尼奥是受何塞·阿古斯丁和埃夫拉因·韦尔塔这一流派的影响,你可以说是"去文学"派,但《荒野侦探》对波拉尼奥来说是个转折点，自此他的小说似乎开始改变了派别。在我看来，他是始于"斯大林派"的作家，最终却完完全全沉迷于奥克塔维奥·帕斯的影响中。

美国人现在是如何看待波拉尼奥的呢？

我不是特别清楚。我只知道波拉尼奥现象风靡美国，我也说了，部分原因是他已经离开我们了，英年早逝的作家的牺牲带来了这种局面吧。美国很多人都崇拜他。前不久，我参加了一次致敬波拉尼奥的活动，真的来了很多人。乔纳森·勒瑟姆[1]也在，他也是美国人的偶像，他写了一篇很重要的关于波拉尼奥的文章。事实是波拉尼奥确实给英语世界带来了些很不一样的东西，毕竟他来自一种他们不了解的文化，所以人们习惯于把他和博尔赫斯进行比较。

也许《荒野侦探》改变了美国人看待拉丁美洲的方式

---

[1] 乔纳森·勒瑟姆（1964— ），美国小说家、散文家和短篇故事家，代表作品是《布鲁克林孤儿》，凭借此作，乔纳森·勒瑟姆获得1999年美国国家图书奖。——译者注

5 现实以下主义的起源

吧……

可能吧,虽然我并不完全认同这种观点。像加西亚·马尔克斯这类创作了纷繁复杂的世界的作家,他向大家展示的也不是千篇一律的拉丁美洲。我也不认为美国人印象中的拉丁美洲都是千篇一律的。说实话,我不知道他们所想象的拉美是怎样的,但我觉得不可能都是同一幅画面。不过我敢肯定的是,美国人对拉美真的不了解,也有着很深的偏见。我们拉美在美国人的心里地位很低,我们只是些来自香蕉国的人而已。即便是在宣扬对波拉尼奥的爱与崇拜里,我也能感受到一丝偏见,因为他已经离开了,而且离开时太过年轻,所以他们才接受他,爱他,崇拜他。他们甚至还杜撰一些关于他的流言,比如波拉尼奥吸毒什么的,这点我真的非常生气,拜托,怎么可能……

你刚才提到了乔纳森·勒瑟姆,他写的那篇关于波拉尼奥的文章,你觉得有什么不妥吗?

这个吗,实际上,乔纳森·勒瑟姆把波拉尼奥归于他俩都很喜欢的英语作家流派中了。不过,勒瑟姆和波拉尼奥是完全不同的作家，他俩没什么共同点，流淌着不同的血液，有着不同基因。即便他们有一丝丝相似，那也是勒瑟姆夸张地制造出来的，因为他完全不了解波拉尼奥的背景，将他归类于"垮掉的一代"的作家，而他并不是。波拉尼奥是什么？他其实只是一只精通文学的动物。

对于像加西亚·马尔克斯或者卡洛斯·富恩特斯这样的已经成名的拉丁美洲作家来说，波拉尼奥的存在是不是也挺烦人的？

我想在波拉尼奥试图为自己创造空间的时候，他是非常想把这些作家从他的地图上驱赶出境的。我感觉这些作家确实不喜欢波拉尼奥，因为他没有附和他们或者歌颂他们。不过话说回来，既然波拉尼奥没尊重这些前辈，那为什么他们要尊重他呢？波拉尼奥的做法就像是一条小狗撒了泡尿，画出自己的圈子。而他们之间，就像是小狗们争夺领地一样。

对你来说，波拉尼奥是个完美的诗人吗？

不是。我眼中的诗人波拉尼奥就像个泥瓦匠，在工地里为小说家波拉尼奥运送砖瓦和水泥。但我对诗人波拉尼奥很感兴趣。我从纽约图书馆挽救回了一本之前从未读过的波拉尼奥的书,一本写得非常糟糕的书,但是从书里我已经看出了《荒野侦探》最初的架构。这就是波拉尼奥在诗歌当中的所得,为小说,为叙事文学而描画初稿,但他确实不能算一个标准的诗人。有一天,他给了我一本他的诗集。我读后告诉他:"这本书还不错哦。"他打断我:"你很清楚它很烂,我不是诗人,我肯定是些别的什么。"

"我住在孔德萨区一栋楼的顶层,每天早上吃完早饭后,我就会在屋子中间的桌子上开始阅读、写作、翻译。一边工作,一边喝很多咖啡。家里的门永远开着。应该是1975年的一个早晨,门口突然出现了一个蓄着长发、身着风衣的男人,他叫我:'比森特·安纳亚!''在呢。'我回答道。'我是个天才!'那是罗贝托·波拉尼奥。'我也是天才,进来吧。'他坐了下来,喝了杯咖啡,我们开始聊了起来。"

诗人、散文家、翻译家何塞·比森特·安纳亚1947

年出生于墨西哥奇瓦瓦州。1997年,他开始主编文学杂志《阿尔福尔哈》,创立了属于自己的文化研究机构。他条理清楚,有着非凡的创造直觉,同时坚守自己的原则,植根于反传统文化的思想中。他也是1968年学生抗议运动的见证者。

第一次一起喝咖啡的时候,波拉尼奥告诉安纳亚自己刚从智利回来,正在到处寻找"反对维持现状"的诗人,找真正反叛和具有批判性的诗人。

"我的一位诗人朋友,路易斯·安东尼奥·戈麦斯,给了他我的信息,让他来找我。我俩很快就惺惺相惜。之后我们开始一起参加聚会,分享各自有趣的生活方式,虽然我年龄比罗贝托要大些。每周总有些派对可以参加,比如在玛拉·拉罗萨[1]家,或者在我的小公寓里,要么就是布鲁诺·蒙塔内和他的父母在市中心的住所。"

从聚会到现实以下主义团体的发展过程,也就几步之遥。而从现实以下主义的诞生到他们第一份宣言的发

---

[1] 墨西哥作家,现实以下主义运动的参与者。——译者注

布,也没过几个工作日。宣言里规定了团体活动的原则指南。

诗人们聚在一起聊诗,筹划接下来的活动:出版一本团体成员的诗集小册子,或者把成员们的作品推荐给报纸的文化副刊,组织阅读会……

"想想我和罗贝托·波拉尼奥之间的友谊,我们确实有很多的共同点,但不可否认,从一开始起,我俩之间就已存在很多分歧。"何塞·比森特·安纳亚承认。

"关于现实以下主义者的宣言,我刚开始是想建议大家都写下自己的想法。我的主张就是呼吁反抗和叛乱,甚至是引发混乱。如果每个人都能表达自己的观点,而团体成员之间又能表现出可以接受彼此的看法,即便事实并非如此,这会是件很有趣的事儿。波拉尼奥直截了当地否定了我的建议。他很坚定地说不行,他说他是唯一一个明白什么是现实以下主义的人,所以应该他来写宣言。那次会议结束时,我们也没能达成最终共识。事实上,后来是我和马里奥·圣地亚哥没经过波拉尼奥的同意就把宣言写好了。"

1975年末,三个版本的现实以下主义宣言同时出现:罗贝托·波拉尼奥的版本,马里奥·圣地亚哥的版本,还有何塞·比森特·安纳亚的版本。

"尽管这三个版本各不相同,但我高兴的是它们合起来的效果不错。必须要提的还有团体的名字——现实以下主义,这是罗贝托起的。我主张叫生命主义。波拉尼奥给我解释现实以下主义这个名字,说它和科幻、黑洞有关,和穿越现实以下的层面有关,我觉得非常有吸引力。我们被说服了,现实以下主义,这是对团体来说最好不过的名字。"

哈瓦那咖啡馆,在我们这群现实以下主义者到达之前,有一个传统,并且延续至今,那就是周围工作的记者、编辑都会在这里聚会。当年,这群人中就有胡安·塞维拉,他用自己做记者的薪水出版了八位现实以下主义诗人的文选《热鸟》[1]。

"我经常被问到我们现实以下主义团体中的其他人

---

1 亚松森·桑奇斯出版社,墨西哥滨河洛拉,1976年。胡安·塞维拉出品。作者:何塞·比森特·安纳亚、玛拉·拉罗萨、夸乌特莫克·门德斯、布鲁诺·蒙塔内、鲁文·梅迪纳、何塞·佩格罗、马里奥·圣地亚哥和罗贝托·波拉尼奥。

5 现实以下主义的起源

后来怎么样了。我总是说他们也出版了些重要的作品,比如维克托·蒙哈拉斯·鲁伊斯,我认为他编撰了20世纪非常重要的百科全书,还制作了三部电影,出了三本了不起的诗集,除此之外,还在墨西哥和法国开了画展。他绝对是伟大的艺术家,虽然他并没有像波拉尼奥一样获奖或是有如他般的声望。"

何塞·比森特·安纳亚说到罗贝托·波拉尼奥的成功,一边有种极大的骄傲感,一边呢,又将他的成功归功于他选择离开墨西哥前往西班牙的"黄金时机"。波拉尼奥在西班牙时,虽然一开始有很多困难,但之后出版作品还是很顺利的。

"在西班牙,大家对作家更加友好;在拉美,作家的处境要难很多。比如说墨西哥的作家何塞·雷维尔塔斯,出了墨西哥,绝对没人认识他。

"多年来,没人再谈现实以下主义者。相反,他们一直对我们有偏见,称我们为知识界的恐怖分子和危险的诗人,想将我们驱逐出文学圈子。罗贝托·波拉尼奥小说的成功让文化界又看到了我们。他们一直认为我们这些人没什么作品,现在总算知道我们还是有些成果的。有些作家,比如说拉蒙·门德斯,因为团体的怠惰,他的很多作品仍未被出版,但不可否认他确实创作了大量的诗作和小说。我同样出版了30本书,其中15本被翻译成其他语言。

"不久前,我在纽约看到卡门·博洛萨的一个电视访问,她说作为追随奥克塔维奥·帕斯团体的一员,他们有责任阻止现实以下主义作品的出版。他们用尽自己的权力让出版社拒绝我们。他们厚颜无耻地说出这番话,现在视频网站"油管"[1]上还能看到。的确,帕斯派真的很强大,他们能决定出版谁的作品,不出版谁的,甚至能决定文学奖的归属。

"罗贝托·波拉尼奥跟我告别的那天,他告诉我他要搬到西班牙去住,我们发生了争执。他逐字逐句地跟我说:'我现在就是要去西班牙,您得留下来主持现实以下主义团体的大局,现在太散漫了,太没组织了。'我回答说:首先,我很不认同现实以下主义团体要被监控起来,因为我的原则就是自由主义,而不是强加些什么给别人;其次,我不接受他给我下命令;再来,我自己也要旅行,虽然只是在墨西哥国内转转。所以最后给他的结论是,他

---

[1] Youtube。——译者注

以那样专横的态度跟人说话,以为自己是'现实以下主义团体的安德烈·布勒东'吗。他讽刺我说:'您呢,以为自己是现实以下主义团体的安托南·阿尔托[1]吗?'这就是我们的告别。

"有一次在拉戈之家的读书会上,轮到我和波拉尼奥一起读诗,当时大约来了一百五十人,在当年绝对算大场面。热情的玛拉·拉罗萨还为大家演奏了乐器。所以,我们每读完一首诗,都能听见大家的尖叫和掌声。波拉尼奥和我开始轮流读些现实以下主义宣言中的句子。当时的场面真有些混乱。"

罗贝托·波拉尼奥的蜕变[2]

消逝得几近白骨,他耗尽、耗尽、耗尽一切
耗尽世界和地狱,上帝和魔鬼
我认识他,却从未了解他
二十岁的他,犀利、狡黠

---

1 法国诗人、演员、戏剧理论家,对荒诞派戏剧有重大影响。——译者注
2 本诗的翻译得到文学博士张悦的帮助,特此感谢。——译者注

比飞行的蜂鸟还要敏捷

在他的狂热和残酷的不确定中

相比正午辉煌的温热

他更喜欢傍晚黄昏

他一向比地狱更深远

尽管他并不清楚地狱的位置

反对一切,也反对全世界

远离上帝,远离学院,不仅仅是口舌

他是百发百中的狙击手

单眼射击钢琴家的额头

而钢琴家就是

带着严酷美丽个性的自己

我在巴塞罗那的某一天,并没有去见他

我喜欢(怎么能否认呢?)又不喜欢

比夜游者更受诅咒的诗人

这世界上或地狱中已经没有真正受诅咒的

垂体激素将我缠绕,螺旋上升

交感神经在我的深处颤抖

梦凶猛袭来

5 现实以下主义的起源

经常不受控制

记得他几乎嘲笑一切

天啊

他能突然发狂又亲切地将一把尖刀

埋进我们的脊背

可怜的傻孩子

甚至比傻更不灵光

幸好

当一个人说幸好时在想什么?

怎么样?为什么?什么时候?

连他自己都不知道

肝脏渐渐被吞噬

没有哪个肝脏不是突然的断头台

所有的都是

胆汁!更多的胆汁

带着不可逾越的温柔和骄傲

像是身处比上帝的深度更深的悬崖

他说得再好不过了,在《驴》

那首《浪漫主义狗》里出人意料的诗中

"坐在摩托我们出发

走在北方的道路,头和我,

奇特的队伍在凄惨的

路上,道路被灰尘和雨水抹掉,

苍蝇和小蜥蜴的土地,枯干的灌木丛

和沙尘暴,我们的诗歌唯一

可能的剧场。"[1]

带着你的蜕变去见魔鬼吧,罗贝托

即使魔鬼,或上帝,都是我们

这些不会忘记的你的人

放下一切

安息吧

也许,你并不想在和平或战争中安息

那就继续你的浪漫动物之路

比犬类动物更浪漫

下次见

---

[1] 此段引文出自波拉尼奥《未知大学》第二部分。译文出自《未知大学》,范晔、杨玲译,上海人民出版社,2017年。——译者注

5　现实以下主义的起源

你不要忘记

无论贫穷富有

正如何塞·阿尔费雷多·希门尼斯所说

那个依然行走世界和地狱的人

像你

在肝脏移植后一样

不朽的内脏

滚烫炽热的肝脏

我们会为你捐献肝脏

以你的名义

期待着隐形发光的兔子

从泉源出现

那个复活的奇迹

伤口在哪儿？

一次且永恒

　　　　埃尔南·拉文·塞尔达未发表的诗歌
　　　　　为罗贝托·波拉尼奥的离世而创作

埃尔南·拉文·塞尔达(1939年出生于智利圣地亚哥)是一位职业生涯很长的诗人。他自1973年皮诺切特独裁统治流亡墨西哥后,一直居住在那里。他最早见证了波拉尼奥热诚的青年时期,目睹了他领导现实以下主义团体。埃尔南·拉文·塞尔达也是文选《火彩虹下的赤裸少年》[1]的11位作者之一。

"我到墨西哥的时候大约34岁,罗贝托那时还在智利。政变爆发后,他很快也回到了墨西哥。他比我小很多,那时也不过20岁出头。但很多东西把我俩凑在了一起:比如对尼卡诺尔·帕拉的崇拜,对聂鲁达的《大地上的居所》[2]的喜爱,再比如豪尔赫·特耶尔、恩里克·利

---

[1] 逆时出版社,墨西哥,1979年。责任编辑:罗贝托·波拉尼奥;作者:路易斯·苏亚迪亚斯、埃尔南·拉文·塞尔达、豪尔赫·皮门特尔、奥尔兰多·纪廉、贝尔特兰·莫拉莱斯、费尔南多·涅托·卡德纳、胡利安·戈麦斯、恩里克·贝拉斯特基、罗贝托·波拉尼奥、马里奥·圣地亚哥、布鲁诺·蒙塔内;米格尔·多诺索·帕雷哈作序;致敬:"火彩虹下的赤裸少年";序言警告:"本书应从正面和侧面阅读,读者们应像外星生物一样。"

[2] "巴勃罗·聂鲁达的哪首诗最好?《大地上的居所》里随便一首都算得上。"出自莫妮卡·马里斯坦《最后的访谈》,轴心出版社,2010年。

5 现实以下主义的起源

恩等。

"在我看来,波拉尼奥所做的就是将诗歌带入小说的洪流中,而且这对他的写作也非常有效。而且我认为,如果他有选择的话,他会把一生都投入到诗歌的创作中。

"他挺讨人喜欢的,自带黑色幽默感。有时候,会突然嘲讽你一下,可能你之前从未听过,之后再也不会听到。我跟他的谈话基本上都挺愉快的,和马里奥·圣地亚哥也是。当然,也有些让人不太高兴的。有一天,在科约阿坎的家里,他突然找到我和布鲁诺·蒙塔内。我们站在门口,突然,罗贝托露出他一贯的狡黠的笑,从背包里掏出几张纸递给我。布鲁诺站在他身后,像个小天使,一直没说话。罗贝托对我说:'埃尔南,你拿着这些,我希望你读一读,如果同意的话,就在上面签字。'于是我读了起来,这写的都是些什么啊,我根本没法相信。我跟他们说:'不好意思,我可能没法签这个宣言,它跟墨西哥国立自治大学的精神是完全相反的。我是因为政治流亡才到这个国家的,这才刚刚加入自治大学,在我看来,这个学校尊重不同的思想流派,也很自由。总之,我没法同意。'罗贝托听了以后回答我:'我看我认识的诗人塞尔达已经被资产阶级腐化了。'之后我们就再也没见过了。

"作为一名作家,我认为他绝对是个彻彻底底的作家,有着特殊的能力和权威。"

"我见过波拉尼奥几次,我们是在哈瓦那咖啡馆偶然认识的。我当时一个人坐在一桌,他呢,则在一旁给一群年轻人讲课,他引用了几句诗,不过当时他忘了诗的名字。'这几句美妙的诗是出自……'他顿住了。'是翁加雷蒂的。'我接了他的话,于是他邀请我坐到他那桌去,我们聊了一会儿。波拉尼奥比我大五岁,那次以后我时不时地会在哈瓦那咖啡馆见到他。还有几次,我是通过维罗妮卡·沃尔科或者给我们出书的胡安·帕斯科见到他。"

诗人弗兰西斯科·塞戈维亚 1958 年出生在墨西哥城,他也在墨西哥学院做研究员。按当时的说法,他和卡门·博洛萨同属帕斯派。

"我不是很了解他是怎样的人,不过有一次他邀请我去找他聊聊。我们约在罗马区科利马大街的一栋房子里,我猜那是贝拉·拉罗萨和玛拉·拉罗萨的住所。进去以后,好像到了波拉尼奥的法庭一样,有'差役'接待我,引领我来到屋顶。然后其他人都撤了,我独自面对波拉尼奥。我们进行了简短的交谈,他让我加入他的运动,就好像要我加入某个党派或者突然给我安排一个'教皇'一样。我拒绝了他。他回答了我一句话,也是他跟我说的最后一句话:'如果你不站在我这边,那你就是站在我的对立面。'这之后,我们再也没说过话了。"

罗德里戈·基哈达1943年生于智利。1973年也因为躲避皮诺切特军事独裁政府逃亡到墨西哥。2011年他在墨西哥去世。他是波利·德拉诺[1]的朋友,和波利一样成了诗人和作家。他俩曾一起和现实以下主义者打过交道。基哈达说现实以下主义的那些年轻人只是对他和德拉诺的女儿感兴趣,罗贝托·波拉尼奥曾有段短暂的时间和芭芭拉·德拉诺在一起,芭芭拉是波利的女儿,也是一位诗人,1996年因为一场空难离世,当时,她才

---

[1] 恩里克·波利·德拉诺,智利著名作家,1936年出生于西班牙马德里。巴勃罗·聂鲁达在波利刚出生没多久,因为他块头大,给他取了昵称Poli,暗指希腊神话中的波吕斐摩斯(Polifemo)。

35岁。

"波拉尼奥给我印象最深的是他的激情,他热情洋溢,他是一个聪慧又傲慢的年轻人,有些刻薄,又有幽默感。在我看来,他一定会因为他的这些特质而变得出类拔萃。波拉尼奥就是那种带着一定会成功的自信,坚定地迈进文学圈的年轻人。他不墨守陈规,也不卖弄学问,那时的他,还是个一直在寻找爱情、寻找性体验的小伙子。"罗德里戈·基哈达在里卡多·奥斯为纪录片《未来的战役》而进行的采访中回忆。

"我认识波拉尼奥的时候,他刚满20岁,不过在那样的年纪,他已经注定了会有不凡的命运,所以当看到《荒野侦探》的成功时,我并不吃惊。我觉得波拉尼奥和查尔斯·布可夫斯基[1]有些相像之处,他们都愿意深入肮脏、黑暗之中,竭尽所能地清理一切,并将其重新带入外界的光明。

"很多文学巨匠,包括一些评论家,尤其是来自智利

---

[1] 查尔斯·布可夫斯基(1920—1994),德裔美国诗人、小说家和短篇小说家,作品主要关注处于美国社会边缘的穷苦白人的生活,1986年,被《时代周刊》评为"美国底层人民的桂冠诗人"。——译者注

的,对波拉尼奥都抱着抵制的态度。我觉得那是嫉妒。人们常说,如果世界上有嫉妒心比赛,智利人肯定能拿第一。就连伊莎贝尔·阿连德和安东尼奥·斯卡尔梅达这样的作家都对他不屑一顾,因为他们视他为竞争对手。我想一定是因为作家们都是可恶的。无论怎样,很少有人能够否定波拉尼奥所代表的文学的巨大创新性,毕竟他是以颠覆的方式在描绘世界。

"他很迷人,对于他来说,年龄似乎并不重要,他甚至和我父亲成了很好的朋友。只要不让他做出让步,他随时都能和任何人沟通。波拉尼奥确实从不让步,这毫无疑问给他招来了很多敌人,不过也可以说,这些敌人是波拉尼奥坦率性格的产物,他说了没人想听的话或者是没人喜欢听的话。作家们从不愿意接受批评,他们总是在等待着恭维;可波拉尼奥向来不会恭维。

"我不知道他的缺点到底是多是少,我只能说,当我认识年轻的他的时候,我并没有发现任何缺点。波拉尼奥是那类你生命中注定某一刻会认识的人,每当你想起他,内心总是充满幸福与爱意。认识他的人都会同意我的说法。他是每次聚会大家都会想起的人,尤其是当有

谁开始令人无法忍受时,大家都会说:'波拉尼奥在这儿就好了。'

"他是一个知识渊博的人,读很多书,懂很多。但他不是那种一天到晚引经据典来卖弄自己的人。他并不好斗,我从来没见过他卷入什么暴力事件,他的一些言论虽然有煽动性,却也富有诗意,最终我们大家都会同意他。我们都很荣幸能够认识他,并不是因为他后来成名了。他就是你注定会认识的人,对你来说重要的人。"

6 写手

文学作品和畅销书的混淆

几万光年的距离

可读性的灾难

作家的痛苦

挣不少钱

一生后悔的错误

上帝也救不了他俩

如果您不明白我的话中话

有关他的各种新闻太多了

奇怪之事

我的故土是我的孩子们

6 写手

"写手"这个词是在罗贝托·波拉尼奥尖刻和挑衅的讽刺中诞生的,主要是针对他的同行伊莎贝尔·阿连德。阿连德在2003年《国家报》对她的采访中回击道:"他说这话不会伤害到我,因为他这人对全世界都这么刻薄。他是个从来不会说好话的人。在我看来,他的离世也不会把他变成好人。总之,他非常讨厌。"

2002年5月26日,波拉尼奥在智利记者安德烈斯·戈麦斯为《时代评论者报》对其进行的电话访问中创造了"写手"这个词。安德烈斯·戈麦斯询问波拉尼奥对那年智利国家文学奖候选人的看法。当时阿连德的呼声最高。罗贝托却回答:"我只觉得她是个糟糕的作家,叫她'作家'都算是给她面子了。我甚至不认为她称得上是'作家',顶多算个写手吧。"这么看来,阿连德的《幽灵之家》如此畅销,波拉尼奥却对此不屑一顾:"如果把奖颁给阿连德,就相当于把普利策奖给了约翰·格里森姆[1]或者肯·福莱特[2],完全是把文学作品和畅销书混为一谈。这两者毫不相干。"

关于阿连德这个"写手"的称号,阿根廷批评家莫妮卡·洛佩斯·奥康在 2009 年 10 月 20 日号角传媒集团的杂志《Ñ》中撰文写道:"罗贝托·波拉尼奥说伊莎贝尔·阿连德根本不是作家,而是个'写手'。如果这称号被理解为某种不断重复程式化叙事的官僚主义作风,那写作其实就是个以意识形态市场为服务目标的战场,在这里你可以把女性特质变成某种英雄主义的程式,从这个角度出发,波拉尼奥其实说得挺有道理。"

波拉尼奥自己也解释了作家和写手的区别:"像西尔维娜·奥坎波[3]这样的才称得上作家,而像马塞拉·

---

[1] 约翰·格里森姆(1955—),美国畅销作家,作品多为法律惊险小说,代表作品有《杀戮时刻》《终极证人》等,多部作品被改编为电影。——译者注

[2] 肯·福莱特(1946—),英国历史小说和悬疑小说家,其代表作《针眼》曾获得爱伦坡奖,另有《圣殿春秋》《无尽世界》等作品被改编为电视剧。——译者注

[3] 西尔维娜·奥坎波(1903—1993),阿根廷作家、诗人,代表作品有《遗忘的旅程》《重复》,1962 年获得阿根廷国家诗歌奖。——译者注

塞拉诺[1]这样的就是写手。她们之间差了几万光年的距离。"

普埃布拉大学，一位年轻的智利教师费利佩·里奥斯·巴埃萨在一次访问中表达了自己的观点："任何一个对罗贝托·波拉尼奥有点了解的读者都能发现他作品中的一个基本问题，即他对写作这个行业在道德和审美上的高标准。道德上，他曾多次表示，对政治权力或者经济权力趋炎附势会把一个作家变成附庸的朝臣。而审美上，他认为作品具有可读性——比如那些可以带去海滩边看的缺乏批判性和艺术性的快餐文学书籍——只是给出版商带来利益的工具，对读者而言毫无意义。只有非常犀利敏锐的作家才能达到这种高标准，比如写出《艺术的法则》的皮埃尔·布迪厄和《虽然我们一无所知》的作者恩里克·比拉-马塔斯。当然，如果你想有所了解的话，也可以从波拉尼奥的《克苏鲁神话》或是《后博尔赫斯文学的漂流》读起。"

---

[1] 马塞拉·塞拉诺（1951— ），智利作家，代表作有《我们如此相爱》《十个女人》等，2001年获得西班牙行星小说奖最终提名。——译者注

"总而言之,通俗易懂和出卖灵魂造就了写手们,他们的作品里满是惯常的伎俩和话题,出版商以此来吸引大众把眼光投射到新书区。因此,一个写手从不承担美学上的风险,他们不断重复类似的叙事情节(比如被男权社会压迫的妇女们,或者是被联合果品公司压垮的拉丁美洲的故事),通常情况下,他们只考虑如何构建故事,其他的都不管,他们根本不明白文学和其他任何一项艺术一样,需要有不同层次的审美和哲学深度。"

波拉尼奥在接受阿根廷记者耶里谢欧·阿尔贝多为《图里亚》杂志进行的采访[1]中,再次提及了阿连德和塞拉诺:"如果我一直是吃着妈妈做的菜长大的,可能我现在和马塞拉·塞拉诺或者伊莎贝尔·阿连德的风格就差不多了吧。那样可能也不差,毕竟我就不用经历作为一个作家的痛苦了,而且还能挣不少钱,这样想来,确实不是什么坏事。"

随着时间的流逝,大家都开始用"写手"来称呼阿连

---

[1] 刊登于 2005 年 6 月的《图里亚》。

德这样的作家,不仅是她,还包括墨西哥的安赫莱斯·玛斯特尔塔、智利的安东尼奥·斯卡尔梅达,还有西班牙的阿图罗·佩雷斯-雷维特。

什么原因使得阿图罗·佩雷斯-雷维特成了拥有读者数量最多的西班牙语作家?

阿图罗·佩雷斯-雷维特,还是伊莎贝尔·阿连德,这都不要紧。弗耶还是他那个年代法语文学中拥有最多读者的作家呢。

那您又怎么看阿图罗·佩雷斯-雷维特进入皇家语言学会呢?

皇家语言学会就是个有着特权头衔的空架子。胡安·马塞[1]不在里面,胡安·戈伊蒂索洛[2]不在里面,爱德华多·门多萨和哈维尔·马里亚斯[3]也不在,奥尔维

---

[1] 胡安·马塞,西班牙"50年一代"小说家,2008年获塞万提斯文学奖。——译者注

[2] 胡安·戈伊蒂索洛,西班牙当代著名作家、思想家。2014年获塞万提斯文学奖。——译者注

[3] 马里亚斯于2008年进入皇家语言学会。

多·加西亚·巴尔德斯[1]在吗？也不在。我记不清阿尔瓦罗·庞波[2]是不是在里面了（可能在吧，就算他在里面，估计也是学会弄错了）。不过你看，阿图罗·佩雷斯-雷维特居然在里面。对了，保罗·科埃略[3]还在巴西的皇家语言学会里呢。

阿图罗·佩雷斯-雷维特也反过来斥责道："我对罗贝托·波拉尼奥一点兴趣都没有。我感兴趣的作家都已经死了……"[4]

波拉尼奥的读者应该都明白写手这个词的含义和范围。这其实不是有意去定义阅读的等级，像胡里奥·科

---

[1] 奥尔维多·加西亚·巴尔德斯（1950— ），西班牙作家、诗人、翻译家，代表作品有《第三花园》《夜间猎物》等，2007 年获得西班牙国家诗歌奖，2016 年获得阿斯图里亚斯王子奖。——译者注

[2] 阿尔瓦罗·庞波（1939— ），西班牙诗人、小说家、政治家，代表作为《玛蒂尔达·图尔平的财富》，2006 年获得了西班牙行星小说奖。——译者注

[3] 保罗·科埃略（1947— ），巴西作家，代表作是著名语言小说《牧羊少年奇幻之旅》，著作全球销量超过 2.1 亿册，是历史上作品最畅销的葡萄牙语作家。——译者注

[4] 出自莫妮卡·马里斯坦《最后的访谈》，轴心出版社，2010 年。

塔萨尔时期区分女读者(被动的)和男读者(主动的)那样。

如果您和伊莎贝尔·阿连德或者安赫莱斯·玛斯特尔塔一起喝醉了,是否会改变您对他们作品的看法呢?

不会的。首先,她们俩是不会跟我这种人一起喝酒的。其次,我已经戒酒了。再来,即使是在我烂醉的时候,我也没有失去理智、韵津和节奏感,我仍然坚持反对剽窃,对抗平庸,拒绝沉默。

特别要说的是玛斯特尔塔,1999年开始,波拉尼奥就和她有些纷争。当时,波拉尼奥因为《荒野侦探》得到了罗慕洛·加拉戈斯文学奖。他在加拉加斯那场著名的获奖感言中说:"利用这个机会我再次感谢评审团给我荣誉,尤其是要感谢安赫莱斯·玛斯特尔塔……"

《普埃布拉情歌》[1]的作者是评审团中唯一一个给波拉尼奥投反对票的人,她把赞成票投给了古巴作家耶里

---

[1] 安赫莱斯·玛斯特尔塔著。——译者注

谢欧·阿尔贝多[1]的《蜗牛海滩,一只孟加拉虎》。

2008年11月16日,在杂志《周日 C》[2]中,安赫莱斯·玛斯特尔塔回应了这个话题:"没有投票给《荒野侦探》可以说是让我一生后悔的一个错误。现在能说出来真的是太好了,从没人问过我这件事。对,我确实投了波拉尼奥的反对票,显然,我大错特错。我的确更喜欢耶里

---

[1] 第11届罗慕洛·加拉戈斯文学奖评委会由索尔·索斯诺夫斯基(阿根廷)、安东尼奥·贝尼特斯·罗霍(古巴)、安赫莱斯·玛斯特尔塔(墨西哥)、乌戈·阿丘加(乌拉圭)和卡洛斯·诺格拉(委内瑞拉)组成。他们在加拉加斯集合,对来自19个国家的共计220本小说进行了评审。评审团一致通过了在以下十部作品中选定最终获奖者:胡安·何塞·赛尔(阿根廷)的《云》,西尔维娅·伊帕拉吉尔(阿根廷)的《火地岛》,罗贝托·波拉尼奥(智利)的《荒野侦探》,耶里谢欧·阿尔贝多(古巴)的《蜗牛海滩,一只孟加拉虎》,赫苏斯·迪亚斯(古巴)的《告诉我关于古巴的一些事情》,何塞·普拉特斯·萨里奥尔(古巴)的《玛丽埃尔》,安东尼奥·穆尼奥斯·莫利纳(西班牙)的《满月》,玛丽亚·路易莎·普加(墨西哥)的《创造城市》,塞尔希奥·拉米雷斯(尼加拉瓜)的《玛格丽特,大海多美》,以及维多利亚·代·斯蒂法诺(委内瑞拉)的《行进的故事》。最终,罗贝托·波拉尼奥的《荒野侦探》获得了4票,以绝对优势获奖。颁奖典礼于1999年8月2日举行,当时的委内瑞拉总统何塞·比森特·兰赫尔和外交部部长伊格纳西奥·阿尔卡亚也出席了颁奖礼。

[2] 已倒闭的报纸《阿根廷批评报》的副刊。

谢欧·阿尔贝多的作品《蜗牛海滩,一只孟加拉虎》,至少来说,我更能理解这部作品,但现在波拉尼奥变成了大家崇拜的对象,我也渐渐开始懂他,可以说,我尊重他,虽然他的文学风格并不是我所钟情的那种。我再也不会做这种蠢事,和整个评审团对着干,投票的那天下午我丢失了应有的公正性。事实表明,波拉尼奥的粉丝中很少有喜欢我的,但我不会为此伤心。更重要的是,我现在了解了波拉尼奥是怎样的人,而且我也变成了他的粉丝之一。"

《火热的耐心》和《我梦见了被焚烧的雪》等作品的作者安东尼奥·斯卡尔梅达也和波拉尼奥有点私人恩怨。在前文提到的安德烈斯·戈麦斯为《时代评论者报》对波拉尼奥进行的电话访问中,波拉尼奥还谈到了对 2002 年智利国家文学奖的候选人的看法(最终花落博洛迪亚·泰特尔鲍姆手中):"斯卡尔梅达应该是电视人物吧。我根本没法看他的书,即便是随便翻翻他的散文都会让我反胃。我想说:阿连德的作品很烂,但至少还算是能看的东西。至于斯卡尔梅达和泰特尔鲍姆,就连上帝都救不了他俩。"[1]

---

[1] 出自伊格纳西奥·埃切瓦里亚主编的《括号间》中波拉尼奥的文章《关于文学,国家文学奖和业界罕见的安慰》,阿纳格拉玛出版社。

安东尼奥·斯卡尔梅达曾经邀请你上他的节目吗?

他的一个女秘书,也有可能是他的女佣吧,曾经给我打过电话。我说我太忙了。

无论是对阿连德的批评——她最终获得了 2010 年智利国家文学奖,还是对斯卡尔梅达的攻击,都反映了《2666》的作者,也就是我们的波拉尼奥与智利文学界之间深深的怨气,波拉尼奥让他的同行们心烦意乱,其中很多人甚至不想听到关于他的一点儿消息。

2010 年在萨卡特卡斯市一次未公开的访问中,斯卡尔梅达再次明确拒绝聊关于波拉尼奥的话题,他自我保护地说道:"讨论这些话题就是引发争议,我不想引发争议。"

此外,在好几次不同的采访中,斯卡尔梅达都被要求聊聊关于拉美文学的新走向,但他和他的尼加拉瓜好友塞尔吉奥·拉米雷斯一样,都只将多米尼加作家朱诺·迪亚斯的作品列入"必读清单"。

在巴西的一次学术会议上,当一位阿根廷的文学教师请斯卡尔梅达聊聊自己和朱诺·迪亚斯之间的关系时,他说:"如果您不明白我的话中话……"

《奥斯卡·瓦尔短暂而奇妙的一生》和《男孩》的作者朱诺·迪亚斯听到这种评论倒是乐了:"这是说我的两本拙作比波拉尼奥所有的作品还要重要?这是我今年听过的最好笑的事情了。不过在纽约,我确实每天都会听到些滑稽的事情。"

迪亚斯评论道:"这些事会发生,都是因为在拉丁美洲,男性作家太多了,我们根本不明白阅读别人的作品不代表要和作者交朋友。我认为文学是种战略,没人可以否认或者拒绝某种战略。同样,写作也是很难的事情,难到以至于我根本不想拒绝我的敌人们,也许不知何时别人的作品会挽救你的写作事业。"[1]波拉尼奥本人也承认拉丁美洲男性作家这种概念的存在,尽管他的解释和科塔萨尔当时的定义完全不一样。波拉尼奥在称赞秘鲁作家海梅·巴以利时说:"在读完一大堆拉美男性作家的作品之后,能看到巴以利真是感到一丝安慰,毕竟他们大多

---

[1] 出自莫妮卡·马里斯坦为阿根廷报纸《12页》对朱诺·迪亚斯进行的采访。

数人毫无天赋可言,一个个写着干瘪的八股文,讲述着无产阶级高谈阔论的官僚英雄们的故事。"

一次,塞尔吉奥·拉米雷斯接受了记者西尔维娜·弗列拉对他的采访,报道发表在2010年10月20日出版的阿根廷报纸《12页》上。其间,塞尔吉奥·拉米雷斯特别提到了波拉尼奥:"对于我们的新生代来说,最伟大的作家一定是博尔赫斯——注意,不是加西亚·马尔克斯——而我可以说波拉尼奥就是我们这一代人的博尔赫斯。新生代的拉美人没办法找到属于自己的文学之声。有些人可能会说波拉尼奥是个伟大的反叛者,但是作为指路人,他还缺了点什么。我不是批判他,这很自然,毕竟现在就来断言新生代会如何发展还为时过早,你怎么知道拉丁美洲文学的新历史会如何被撰写呢?"

波拉尼奥宣称相比其他人,自己有着更漫长的历史和更短暂的未来。他似乎是有道理的。

达里奥·奥赛斯说您是拉丁美洲最有前途的作家,您对此有何看法?

他一定是开玩笑的。我应该是拉美最没前途的作家才对。不过,我却是有着最漫长的历史的作家,我想这到最后可能会是最重要的事情。

除了个人的喜好和品位,假设你彻彻底底地否定波拉尼奥这类作家的作品所带来的影响,实在是过于狭隘。无论如何,文学不是,或者说不应该只是反映将要发生什么,其更多的含义应该是被写下了什么,或者说被阅读了什么。在否定波拉尼奥的这些看法当中,或许大家能感觉到字里行间透露出的对他的厌恶。爆炸后文学的作家们将波拉尼奥塑造成一个"挑衅者"的形象,排挤他在文学圈的地位。

哈罗德·布鲁姆评论说如果将作家和作品都以统一的标准来评判,这是非常奇怪的事情。也就是说,"如果我们能客观地看待某种独特的形式,不管这种形式是否能被我们接受,我们都不再会觉得它是奇怪的"。

在《罗贝托·波拉尼奥:世纪末文学的决裂与暴力》[1]一书的序言中,费利佩·里奥斯·巴埃萨提道:"和恩里

---

[1] 普埃布拉大学编选的21篇评论文选集。

克·比拉-马塔斯[1]、马丁·艾米斯[2]、米歇尔·维勒贝克[3]或者约翰·马克斯维尔·库切相比,爆炸后文学几乎没有任何实质性的贡献。直到20世纪末,一位拉丁美洲的作家有了一个绝妙的想法:潜入西方经典之中,以其形式和风格来洗劫它,写一本既是字典又是传记的小说。就像胡安·鲁道夫·威尔科克的《偶像毁坏寺》、博尔赫斯的《恶棍列传》、马塞尔·施沃布的《虚构的生活》这些作品体现的风格一样。1996年,西班牙塞依斯·巴拉尔出版社[4]编辑出版了当时还无人问津的罗贝托·波拉尼奥的作品《美洲纳粹文学》。"

墨西哥作家豪尔赫·博尔皮是《寻找克林索尔》的作

---

[1] 恩里克·比拉-马塔斯(1948—),西班牙作家、电影导演、评论家,2001年凭借《垂直之旅》获得罗慕洛·加拉戈斯奖,2006年获得西班牙皇家语言学会奖。——译者注

[2] 马丁·艾米斯(1949—),英国作家、文学评论家,代表作《雷切尔文件》获得1973年毛姆文学奖,另有作品《金钱:绝命书》入选《时代》杂志"一百部最佳英语小说"。——译者注

[3] 米歇尔·维勒贝克(1956或1958—),法国作家、电影制作人、诗人,代表作品有《抗争的延伸》《平台》《一个岛的可能性》等。——译者注

[4] 最早提出"文学大爆炸"这个概念的出版社。

者。他在《传染的谎言》一书中宣称拉丁美洲文学已经终结,并且指出了一些症结,解释了拉美文学界为什么这么勉强才能给波拉尼奥一个能与卡洛斯·富恩特斯、加西亚·马尔克斯、马里奥·巴尔加斯·略萨和胡里奥·科塔萨尔相提并论的位置:"……你看看40岁以下的作家们(你肯定能在某个酒吧的角落里找到一个),然后问问他们对波拉尼奥的看法:我不夸张,绝对有超过80%的人都会说他是他们的精神导师,说他是个非常棒、无与伦比的好作家。然后你再去问问40岁以上的作家(你肯定能在某个政府部门或养老院附近的酒吧找到一个):80%都会表现出对他的质疑。"

2000年,卡洛斯·富恩特斯为1999年去世的长子卡洛斯·富恩特斯·勒姆斯宣传诗集时,他被问及对罗贝托·波拉尼奥的看法。当时波拉尼奥刚拿到罗慕洛·加拉戈斯国际小说奖,而富恩特斯自己也在1977年凭借《奥拉》拿过该奖。我们的墨西哥作家只简短又严肃地回复了一句:"我不认识他"。

2011年8月27日,富恩特斯在《国家报》发表了一篇文章,为他即将问世的作品《拉丁美洲的伟大小说》做了个介绍。在这篇文章里,富恩特斯并没有将波拉尼奥列入21世纪最重要的作家行列,而是彻彻底底地忽略了他。

2009年4月13日,在智利圣地亚哥的合作广播采访中,富恩特斯再次确切地说他会晚几年再去读波拉尼奥:"我还没读过他的作品,因为有关他的各种新闻太多了,声音也太多了,特别是有些只是因为他已经去世了而产生的评价,我不是很喜欢,所以我会等几年再去认真地读他。把他看作一个还活着的作家。"

秘鲁作家马里奥·巴尔加斯·略萨却有着不同的回应。2000年,在一次记者采访中,他说:"有个智利作家刚出了几本书,他叫波拉尼奥,是个非常棒的作家。我推荐他的所有作品,不过最值得一读的是小说《荒野侦探》。"

2010年,略萨在意大利电视台的一次采访中,更是说道:"有些悲观人士说西班牙语文学时代快要终结了,它正处于衰退中,对于西语以外的文学世界的影响力不再。当然,围绕在波拉尼奥身边的神话似乎贡献了不少,或者说他本人就是个神话,他戏剧性的人生,他的早逝,最后几年在病床上的挣扎,即便一脚踏进了坟墓还在继续着写作的事业,所有的这一切都创造了一个神话……但是神话是用来帮助人们了解作品的原创性和高质量的。认识真正的波拉尼奥的人都知道他并不是今天这个公众人物波拉尼奥,不是这个由评论家、读者和所有关于他的传说编造出来的国际人物。一个人可能可以理解,有的时候人们谈到波拉尼奥会说:'不,他们搞错了,不是这样的,事实并非如此……'好吧,不管他们有没有搞错,一个人物形象的塑造,不仅仅是他自己经历的事情带来的,还有些是这个人所写的文字赋予读者的图像、想象带来的。他写评论文章时是六亲不认的,他严苛地批评了很多前辈作家,当然这是挺好的一件事。对于孩子们来说,唯一能释放自己展示个性的方法不就是杀死父母吗?他只是在执行这个仪式而已。

"同时呢,你也不能说波拉尼奥不是个宽容的人,因为他也对许多的前辈作家非常崇拜、敬仰。比如说博尔赫斯:他写了很多关于博尔赫斯的东西……我开始读《美洲纳粹文学》时,我才发现那是本虚构小说,都是些虚假的东西,就好像博尔赫斯喜欢玩的文字游戏一样,他会编造几个作家,编造几本书,然后评论评论他们,通过评论自己编造的作品的方式,串联成一部虚构小说。那是一部非常有智慧的作品,精彩绝伦,极富创造力和想象力,并且充满了讽刺。另一方面,我确实觉得《荒野侦探》是本伟大的小说,野心满满,尤其是有个绝妙的开头。刚开始的一百页描述墨西哥流浪人的世界,几乎算是对下层社会的描写,我认为他完成得非常好。然后,小说突然画风一变,进入一场游戏。波拉尼奥的人生就是场冒险,可以算是一部悲剧收场的小说,英年早逝,最后几年绝望中还在写作、写作,文学对他来说,就像是溺水中的人抓住了一根稻草……所有的这一切创造了叫作波拉尼奥的神话,然而在我看来,他的神话也在他的文学中,赋予了他的作品强大的生命力和极强的戏剧性。"

所以,波拉尼奥真的是一位无可救药又没法抗拒的挑衅者吗?如果真的是这样,那么原因是什么呢?他又在挑衅什么呢?据现实以下主义运动的发起人之一——诗人鲁文·梅迪纳所言,波拉尼奥写诗的态度是类似于"靠近深渊,因为深渊是其他作家没有触及的领域,这是他探索的方式,始终以一种惹毛别人的方式创作,所以我们才会去读书会上抵制别人,我们并不想进行文明的对抗,开展诗歌竞赛之类,我们不满足于'只是你读读诗,我读读诗,然后公众来做个评判就结束了',如果仅仅这样,那在我们看来基本就只是权力的再分配而已"。

然后才是智利的文学,它深深地唤起了波拉尼奥内心的激情。他在这个圈子里为自己选择了一个冷酷批判者的角色。

什么是智利文学呢?

可能是怨恨最深、内心最灰暗的诗人所做的噩梦吧,也许是智利最怯懦的诗人:20世纪初去世的卡洛斯·佩佐·贝利斯,只有两首值得人们记住的诗,却是真真正正令人难忘的诗,让我们继续怀揣梦想和苦痛。佩佐·贝利斯或许还没死,或许还在垂死的边缘,他人生的最后一分钟一定无比漫长,对吗? 我们所有人都和他一起经历着这最后的挣扎。至少所有的智利人都在经历着。

在2010年9月18日刊登的《水星报》的一篇采访中,墨西哥作家豪尔赫·博尔皮说:"回到智利时,波拉尼奥就像一头冲进瓷器店的公牛,距离和怨恨的积蓄让他毫不留情地开始摇晃整个文学圈,左嘲右讽,前打后击。我目睹了他的两张面孔:私下里的天真、温柔和公众面前的冲动、凶猛。"

阿根廷国立科尔多瓦大学的学者瓦莱里亚·布里尔写了一篇文章,名为《波拉尼奥:智利文学中迷失的人》。她在其中写道:"对于罗贝托·波拉尼奥来说,智利的'虚构'文学让他倍感沮丧,因为那已经不是文学该有的调性了。在他看来,智利文学人忘记了60年代典型的乌托邦式的全面叙事风格,开始屈从于几乎不关注文学传统的个人主义作家一代。罗贝托·波拉尼奥的文学观念,尤其是他对智利文学的看法,可以总结成以下几句话:'关于文学,我已经阐明得很清楚了,它和国家奖项一点关系都没有,它应该是一场由血水、汗水、精液和泪水共同汇成的罕见的大雨,尤其应该是汗水和泪水的结晶。(……)我不知道智利文学应该跟什么有关。坦率地说,我也不关心。这应该由在逆境和黑暗中工作的诗人、小说家、戏剧家和文学评论家们来说明。毫无地位的他们面临着巨大的挑战,试图把现在的智利文学变得更体面些、更深刻些、更光明磊落些。他们有的肩并肩,有的独自一人,面对着这样的挑战,希望智利文学能够合情合理,能够富有远见,这是一项智力的挑战,也是一场充满风险、考验耐力的挑战。'"

智利曾把1951年的国家文学奖颁给1945年就获得诺贝尔文学奖的加夫列拉·米斯特拉尔,而且"智利人涌入文学圈的精神状态就好像纽约人去看心理医生时似的"[1],所以不怪波拉尼奥用他那句有名的"地狱世界"来形容自己国家的文学圈。

"这就是我从智利文学圈学到的东西。你别想要求什么,反正你什么都不会得到。你也千万别生病,因为没人会帮助你。你不要期待能够被编进某本文选,反正你的名字总会被遮住。你不要斗争了,因为你一定会失败……如果你不想活在地狱世界的话,请不要吝惜你对那些蠢货、瘾君子或是庸人的称赞。这里的生活还是会

---

[1] 出自《没有明显出口的走廊》的文章,由波拉尼奥发表在现已倒闭的西班牙杂志《冷汤》上。后由伊格纳西奥·埃切瓦里亚收录在《括号间》中,阿纳格拉玛出版社。

继续,和从前一样地继续着。"[1]

众所周知,罗贝托·波拉尼奥即便离世后也没有拿到智利国家文学奖。关于这个奖项,智利作家、记者,现居住在巴拿马的罗兰多·加布里埃利这样说过:"智利国家文学奖对于这个国家文学圈的人来说具有极大的吸引力。它作为国家基金项目于68年前诞生,每年颁发一次,旨在帮助一些没有其他经济来源的作家解决贫困问题。尽管这个奖项的名字夸张地显示出自己是最高荣誉,但它并没有成为一个人人追捧的奖项。什么缩减人员啊,公开获胜者、落选者或是候选人的一些私事啊,这些都是政府的作为而已。"[2]

罗贝托在智利获得的最后一个奖项是圣地亚哥市级文学奖,获奖作品是《通话》。当时评委会是由作家、外交官罗贝托·安布埃罗领导的。

"从一开始,我就对罗贝托·波拉尼奥非常感兴趣,

---

[1] 出自《回到祖国的片段》,由波拉尼奥发表在智利杂志《宝拉》上。后由伊格纳西奥·埃切瓦里亚收录在《括号间》中,阿纳格拉玛出版社。

[2] 出自加布里埃利的博客,网址:www.letralia.com。

我一直认为他在智利没有得到应得的待遇。甚至有一段时间,我加入了呼吁颁给他和伊莎贝尔·阿连德国家文学奖的队伍。我只和他在电话里交谈过一次,为了通知他得了市级文学奖。他表示无法置信。"安布埃罗回忆说。

不难想象,波拉尼奥认为自己唯一可以落叶归根之处就是他的孩子们:1990年出生的儿子劳塔罗和2001年出生的女儿亚历珊卓。

"我的故土是我的孩子们。"他曾经说过。丝毫没有提到智利。

7 两位异见人士和一个孤独的高乔人

反传统的拉丁美洲小说

波拉尼奥和维托尔德·贡布罗维奇

在某种意义上保持着眼神的同步运动

我们再见,在这里或是在世界的任何一个角落

7　两位异见人士和一个孤独的高乔人

我们的预期寿命不断延长,未来的人说不定甚至能活到千年之久,这么想来确实不得不承认,波拉尼奥不是走得年轻,而是太过年轻了,可以说他走时还是个少年。

我们还必须承认他确实是神圣的文学圈里的初生牛犊,轻轻一挥笔,就抹去了原有的规则。当我们讨论长寿的作家时,总是会想到若泽·萨拉马戈。1982年,60岁的他出版了自己的第一部重要的小说《修道院纪事》,自此他的文学事业开始大踏步向前,之后还获得了诺贝尔文学奖,辉煌一直延续到87岁去世时。

就像评论家伊格纳西奥·埃切瓦里亚所说,"如果波拉尼奥能目睹自己在当今世界所获得的卓越成就,我认为他一定会通过夸张的手法假装或者伪造出这一切都是自己恶作剧的结果"。

谁知道如果波拉尼奥还没走的话,他和他的同行们的关系到底会如何发展下去呢?他的那些评价他人的标准,常常是他无法抑制的激情所造就的,或者是被他高低起伏的情绪控制的任性的笔端带来的结果，当然也是他天性爱阅读反学术教条的产物。尽管如此，他本身的多变足以让他获得了解当代文学谱系的广阔视野，如果他还在世，一定会经历无数次转变。

您和罗德里戈·弗雷桑谁读书读得更多些？

看情况吧。罗德里戈读西方的作品比较多。我呢，则更感兴趣东方的。看完之后，我们俩会交流读后感，这样就相当于我们交换了彼此的书。

2001年，《国家报》的副刊《巴别塔》将拉丁美洲文学爆炸里的两位异见人士邀请到了一起，他们是智利的罗贝托·波拉尼奥和阿根廷的里卡多·皮格利亚。他俩互通的电子邮件内容被公开发表在期刊上。两位作家在这段虚拟的网络对话中都用到了"拉丁美洲性"这个概念来讨论自己的作品或者是前辈作家的作品。

阿根廷文学界可以说一直成长在巨匠豪尔赫·路易斯·博尔赫斯的影子里。1941年出生于布宜诺斯艾利斯的里卡多·皮格利亚是新时代叙事典范之一，他能够

7 两位异见人士和一个孤独的高乔人

平等地与那个"影子巨匠"对话。如果想要理解南美洲国家所拥有的那种强烈而密集的叙事风格或者解开它一些令人费解的谜题,那么里卡多·皮格利亚的作品一定是不可回避的参考读物。

在他的作品中,最有名的当属 1980 年出版的《人工呼吸》。当时阿根廷独裁政府通过 1976 年的政变上台后以暴力和血腥统治国家。这本书的问世就像是一盏明灯,照亮了每个角落,作者以他特有的远见卓识为自己和他不肯依从的传统之间建立起坚固的沟通渠道。自此,里卡多·皮格利亚成了全球知名的作家,他的作品被全世界不同背景的读者喜欢。

不仅是他的小说和短篇故事(里卡多·皮格利亚于 1976 年出版了第一本短篇故事集《入侵》,并获得美洲之家文学奖,之后开始有了名气),还包括他伟大的散文作品都使得坚如磐石的皮格利亚成了世界当代文坛上最迷人的复合型作家之一。时不时地,他还会化身为湿润的潘帕斯草原,一望无垠,不可度量,创作出如《夜间狩猎》这样广受赞誉的小说。

他巴洛克式的文风和犀利的笔触带有罗伯特·阿尔特[1]、豪尔赫·路易斯·博尔赫斯、马塞多尼奥·费尔南德斯,以及曼努埃尔·普伊格的痕迹。这些文学巨匠聚力形成的影响力,培养了里卡多·皮格利亚的体验意识及无懈可击的知识素养,最终得以促成他发出最强的文学之声。

和另外一位已经去世的阿根廷作家胡安·何塞·赛尔一样,皮格利亚也是一座灯塔,尤其是对有别于哥伦比亚作家加西亚·马尔克斯领头的爆炸文学圈的其他作家来说。20世纪70年代,全世界的目光都被魔幻现实主义吸引时,他的异见是极富创造力的,他的成果是丰厚的。他以一种不同的路径去展示文学,和创造《百年孤独》等闻名世界的作品的马尔克斯一样多产。如今,他好似那些早已存在的事物,如恐龙般,重新被人们热情地挖掘出来进行评价。他的文学风格中用怪诞、挑衅的超现实主义替代了泛滥的魔幻现实主义,漫不经心却又机智

---

[1] 罗伯特·阿尔特(1900—1942),阿根廷小说家、戏剧家、记者,代表作品有《七个疯子》《喷火器》《愤怒的玩具》等,其作品《七个疯子》和《愤怒的玩具》还被改编搬上了大荧幕。——译者注

地调笑着诸如"阿根廷性"或者常常被大家谈论的"拉丁美洲性"等概念。

皮格利亚对波拉尼奥说:"在我看来,新的星盘就要形成了,它就是我们每晚通过望远镜观察星空发现的那个。"

作为这个耀眼星盘中的一颗璀璨之星,皮格利亚把自己定义成博尔赫斯光圈里的一部分。"有时候,我觉得只要有一些朋友能读我的书,我就成功了。"他温柔又坚定地说。

成名13年后(1997年出版的《烈焰焚币》,之后被成功地翻拍成电影)皮格利亚出版的小说《夜间目标》将他推至阿根廷乃至整个西语世界关注的中心。之后,他宣布开始致力于短篇小说的创作,并且确切地说:"出版市场已经不欢迎短篇了,因此我必须这么做。"

《夜间目标》讲述的是一起在压抑环境下发生的犯罪故事。小镇里的每个人都相互认识且了解彼此的过往,突然有一天一位来自波多黎各的访客惨遭杀害,于是探长克罗赛和他的助手便开始调查这起事件。

随着故事的进展,作者经常用幽默或者讽刺来嘲笑阿根廷高乔人的一些传统，正如皮格利亚本人所说："屈服于大家印象中的阿根廷形象。"

《夜间目标》所产生的一大影响还包括它对城乡关系的探讨，有关这一点，皮格利亚提到美国作家威廉·福克纳是他灵感的主要来源。

"是他先创造出了约克纳帕塔法县，之后才有了加夫列尔·加西亚·马尔克斯笔下的马孔多和胡安·鲁尔福虚构的科马拉。"皮格利亚确定地说。

皮格利亚还提到了从博尔赫斯那里听到的一件旧事，他说马塞多尼奥·费尔南德斯曾幽默地说过，"高乔人存在的意义就是在牧场里驯马"。这种大方的自我嘲弄和保守派向来对民间传说秉持的庄重态度是完全相反的。他们所谓的庄重不能成为束缚整个国家文化的枷锁，这也是皮格利亚作品里的实质性内核，不断吸引着敬仰他的新生代读者群。

不表达自己反传统的态度几乎是不可能的，只不过并不是对过时的文学传统进行嘲讽，而是用新的双眼去审视早已存在的风景，以类似"无法忍受的高乔人"（皮格利亚献给他的朋友和同行阿根廷作家罗德里戈·弗雷桑

7 两位异见人士和一个孤独的高乔人

的作品,被收录在波拉尼奥去世前一直在选编的短篇故事集中)这样精湛的故事来阐释,在皮格利亚的叙述里,"高乔人将自己的马儿卖给了屠宰场,愿意在潘帕斯绵长无尽的道路上步行、骑车,甚至搭便车了"。

律师赫克特·佩雷达说:"布宜诺斯艾利斯正在堕落,我要去庄园了。"之后便搬到了还没被开发的土地上,不过那里现在已经用不上马儿了。阿根廷出了名的牛肉也被野山兔肉所替代,小酒馆里除了抽烟的顾客,还多了聚在一起玩大富翁游戏的人。

在这个话题上,波拉尼奥似乎算得上一位专家,正如他被发表在《括号间》上的遗作《爆炸文学的偏航》所彰显的内容一样,那是献给另一位阿根廷作家阿兰·保罗斯的讲稿。

他说:"如果马丁·菲耶罗统领了阿根廷义学圈,占据了中心位置,那么现在算得上是拉丁美洲最杰出的作家的博尔赫斯可能只能做个脚注了。"

多年后,墨西哥作家阿尔瓦罗·恩里克计划出版另一本反传统反经典的小说,名为《体面》,其中以相同的方式集纳了很多具有墨西哥代表性的特征。作者甚至把墨西哥比作国酒龙舌兰,因为龙舌兰试图用黑糖带来的伪造的甜味来掩盖它苦味的本质,就像这个遭受着苦难也给别人带来痛苦的国家掩盖其粗暴荒蛮的本质。

正如里卡多·皮格利亚在《夜间目标》中描述说高乔人之所以早些时候不吃肉,那是因为他们没有牙齿;恩里克也粉碎了墨西哥人的爱国神话和民间传说,将这个国家扒得一丝不挂,只露出最贫瘠的沙漠。

"如果媚俗的知识分子接手这个国家,这个曾为自己人民的愤怒而骄傲的国家,无论如何,他一定都会去回忆自己在某个故乡度过的童年时光。而对这个故乡所有的赞美实际上只不过是对无聊生活的嘲讽。"年轻的恩里克这样评论。

在皮格利亚和波拉尼奥的这场隔空对话中,还出现了有关译者的问题,我们的阿根廷作家称这些人是"真正讨厌的人",而智利作家则发表了自己所观察到的阿根廷文学的"四个关键参照":马塞多尼奥·费尔南德斯、豪尔赫·路易斯·博尔赫斯、罗贝托·阿尔特及维托尔德·贡布罗维奇。众所周知,最后这位实际上是波兰人,意外搬到了阿根廷度过余生。就像马尔科姆·劳瑞写《在火

7 两位异见人士和一个孤独的高乔人

山下》一样,贡布罗维奇也在帮助困于民俗故事的人民(比如墨西哥人)或是被外国势力诱惑的人民(比如阿根廷人)编织属于自己的民族服饰。

两位作家还提到了胡安·鲁道夫·威尔科克,阿根廷人,之后加入意大利国籍。波拉尼奥非常崇敬他。当然还有曼努埃尔·普伊格,《红红的小嘴巴》的作者,他也和劳瑞一样,在墨西哥的库埃纳瓦卡居住过一段时间。

这些作家,包括波拉尼奥本人,都曾自愿或非自愿地背井离乡,但他们并没有满足于只找一处住所遮风避雨,相反,他们在每一寸自己踏过的土地上都留下了意义深刻的足迹。

2010年,在智利圣地亚哥迭戈·波塔莱斯大学举办的波拉尼奥讲坛的开幕式上,里卡多·皮格利亚又将贡布罗维奇和波拉尼奥联系在一起。

他说:"我想在这里提下我们的罗贝托·波拉尼奥,我和他有过几次热烈、有趣的对话。我这次的演讲题目是《作为读者的作家》,这其实就是对波拉尼奥人生和工作的很好的定义。

"我这次选择的主题和波兰作家维托尔德·贡布罗

维奇的一些经历有关,我想,如果波拉尼奥看到会很满意的。曾几何时,他说过——当然是带着他极富创造力的讽刺意味——'如果你不把所有的精力都放在罗贝托·阿尔特身上,而是愿意集中注意力读维托尔德·贡布罗维奇,一切都会不一样的。'我总是问他:'会有什么不一样呢?'所以,为了能尝试着有些不一样的改变,我觉得很有必要在回忆波拉尼奥时也提到贡布罗维奇。在我看来,贡布罗维奇和波拉尼奥的"眼神"似乎存在着某种联系。

"我们这里所说的'眼神'是作家的诗性:他们阅读的方式和看待世界及他人的角度。因此,我们可以说波拉尼奥和贡布罗维奇在某种意义上保持着眼神的同步运动。

"我想说的是,每一个作家的作品中都有他阅读的痕迹。在波拉尼奥的小说中,他阅读虚构作品的痕迹成就了他,使其成为世界上最重要的作家之一,无论是在任何语言背景中:他一次又一次成功地将阅读的冒险变为某种计谋、某种追踪或是某中搜寻。"

7 两位异见人士和一个孤独的高乔人

皮格利亚和波拉尼奥还谈到了友谊。我们的智利作家将其称为爱情的对立面,他说爱情里可以接受一定程度的邪恶,但友情里绝对不行。

对话最终以皮格利亚热情地邀请波拉尼奥成为他书本之外的朋友而结束,他说:"有空时,来加利福尼亚找我吧,我很快也会去巴塞罗那,希望到时能见到你。"罗贝托回答他:"希望我们能早日再见,在这里或是在世界的任何 个角落。"

8 帕拉真正的继承者

反诗歌才是纯粹的诗歌

书商

智利的灵魂

《手工制品》恒久永存

拉斯克鲁塞斯的作家

8 帕拉真正的继承者

尽管在第25届瓜达拉哈拉国际书展智利的展位上仅展出了薄薄的简易版本的《诗歌与反诗歌》，还挂着25美元每本的不合理价格，但这丝毫不影响书展上聚集的文学界人士开心地庆祝该书的作者——智利诗人尼卡诺尔·帕拉——获得了塞万提斯文学奖。

庆祝的人群里也有智利作家安东尼奥·斯卡尔梅达，他曾欣喜地将自己拥有的"文学力量"归功于祖国生产的优质葡萄酒。

"他是很多年轻人的偶像，也就是说，那些年纪尚小，体格瘦弱，还没有脱发烦恼的人群非常喜欢他。只要帕拉一发话，立马就会有人就他的话发起讨论。不管他说什么，总是会产生很大的反响。他的整个家族都非常优秀。妹妹比奥莱塔·帕拉自杀后，他还为她写下了此生最动人的诗歌之一。尼卡诺尔·帕拉是为随性艺术而生的人。如果谁打开了帕拉这个瓶盖，属于智利的真正的精华就会喷涌而出。"

阿根廷的书商纳图·波夫莱特，同时也是传奇的"经典与现代书店"的老板,高度赞扬了这位97岁的获奖老人:"因为这个奖最终落在了南美洲人身上,也因为在那些独裁专政的血腥岁月里,尼卡诺尔和比奥莱塔是阿根廷人呐喊自由的象征。"

"从青春期开始,尼卡诺尔·帕拉对我来说就意味着'反严肃',不仅是在诗歌里,也体现在生活方式上。我非常高兴。"墨西哥作家阿尔贝托·鲁伊·桑切斯这样说道。

西班牙作家阿尔穆德娜·格兰德斯也表示:"我非常高兴他们把塞万提斯奖颁给了尼卡诺尔·帕拉。这绝对是公平公正的,无可争议。他多年来一直是候选人,对于一个一直期待获奖的年长作家来说,这绝对是值得庆贺的事情。"

拉美文学史最优秀的学者之一,墨西哥文豪豪尔赫·博尔皮也毫不掩饰自己对于帕拉获得奖项的喜悦之情:"1991年,尼卡诺尔到墨西哥来接受胡安·鲁尔福奖。这么多年过去了,今天他终于拿到了塞万提斯奖。他早就该得了。"

"谁要是有幸阅读了尼卡诺尔·帕拉的作品,他绝对会遇见一位魅力无限的诗人,"墨西哥作家阿尔贝托·奇

8 帕拉真正的继承者

马尔说道,"因为他就像一块岩石,就像一座山峰。有些诗人他们是轻盈的,是悬浮于空中也不接触地面的,但帕拉则是植根于土地中,他的作品是你不可能避开的风景。事实上,我一直都很震惊他没早点得塞万提斯奖。"

"尼卡诺尔·帕拉作品中所拥有的是可以挖掘过去、颠覆现在的内聚力。他带着与比森特·维多夫罗[1]、巴勃罗·聂鲁达[2]和贡萨洛·罗哈斯[3]完全不一样的发声方式,闯入了智利的诗坛,那可不是普通的诗坛。在我心里,他是真正的文学巨匠。"阿根廷作家胡安·萨斯图赖因评价说。

同样是帕拉的同胞,诗人迪亚娜·贝尔莱西也说:"只要是诗人得奖,我们就一定要庆祝。自从他大部分作

---

[1] 比森特·维多夫罗(1893—1948),智利诗人,推动了智利先锋派文学运动,被认为是创造主义诗歌先驱,代表作品有《灵魂的回音》《水的镜子》等。——译者注

[2] 巴勃罗·聂鲁达(1904—1973),智利诗人,外交官,1971年获得诺贝尔文学奖,主要代表作品有《二十首情诗和一首绝望的歌》《世界的终结》《黑岛的回忆》等。——译者注

[3] 贡萨洛·罗哈斯(1917—2011),智利诗人,代表作品有《人的贫困》《黑暗》等,1992年获得西班牙索菲亚王后拉丁美洲诗歌奖和智利国家文学奖,2003年获得塞万提斯文学奖。——译者注

品问世以来,我已经喜欢他30多年了。"

但是没有人提到罗贝托·波拉尼奥,这位可能被认为是继承帕拉真传的后起之秀,他在一篇献给这位智利诗坛伟大前辈的文章中提到,因为年迈,帕拉让他的孙子去接受塞万提斯奖,同时还让他带着一台老式的打印机,那是帕拉本人的写作工具之一(伊格纳西奥·埃切瓦里亚称之为"帕拉的淘气行为")。

您期待这个奖吗?

不期待。

得奖就像是托博索的杜尔西内亚[1],我们的渴望+遥远+装聋作哑+神秘。

奖项是献给伙伴们的自由灵魂的。

说真的。你们肯定没想到我会变得如此狡猾。

2001年在马德里举办的帕拉展上,目录旁有一篇题为《尼卡诺尔·帕拉的8秒钟》的文章,罗贝托·波拉尼

---

[1] 《堂吉诃德》的女主角,男主人公堂吉诃德的心上人。——译者注

奥在其中提到了帕拉反诗歌作品的恒久问题。如果你知道波拉尼奥深恶痛绝的正是艺术所谓不朽性,你就会明白这是他对帕拉多么高的赞扬了。

"如果你对文学稍有了解,那么你想想 1870 年至 1880 年间拉丁美洲有几个作家还尚存在今天人们的心中?随着历史长河的流淌,即便是莎士比亚也终将被忘却。"罗贝托对智利记者克里斯蒂安·沃肯这么说道。

"关于尼卡诺尔·帕拉的诗歌在我们这个时代是怎样的,我只有一点是确定的:它必将持续下去。当然,这可能并不意味着什么,帕拉应该是最了解的。但无论如何,它会和博尔赫斯、巴列霍、塞尔努达等人的诗歌一样,恒久永存。不过我必须要说,这似乎也不是什么非常重要的事。"波拉尼奥在《尼卡诺尔·帕拉的 8 秒钟》里写道。

19 岁时,罗贝托在圣地亚哥的一家书店里买了尼卡诺尔·帕拉创作的《手工制品》。那是 1972 年,波拉尼奥经过长时间的陆路和海路旅行回到自己的祖国,之后却在奥古斯托·皮诺切特对萨尔瓦多·阿连德政府发起的政变中被捕。

"当时只有我进了书店。那家店没什么人气,陈列着些奇奇怪怪的书籍,像是恐怖小说、科幻故事之类的。"波拉尼奥说道,他从不犹豫表达帕拉是他最喜欢的诗人。

"尼卡诺尔·帕拉诗歌的反诗歌宣言是他作品里最纯粹的部分。"波拉尼奥评论说。他的好友、诗人布鲁诺·蒙塔内描述波拉尼奥写诗犹如"通过写作进入震颤的生活片段……他也想去一次尼卡诺尔·帕拉在拉斯克鲁塞斯的家中,解读他与莱奥波尔多·马利亚·帕内罗的对白"。[1]

尼卡诺尔·帕拉和罗贝托·波拉尼奥是在1998年认识的,当时《荒野侦探》的作者已经声名远扬,他前去帕拉所居住的拉斯克鲁塞斯拜访他。

"这次访问让我非常紧张。其实我准备得很充分,不应该那样,但事实是我确实很紧张,我终于要见到自己心目中的伟人了,一位属于诗歌和反诗歌的诗人,一位在狭

---

[1] 出自题为《回到祖国的片段》,由波拉尼奥发表在智利杂志《宝拉》上。后由伊格纳西奥·埃切瓦里亚收录在《括号间》,阿纳格拉玛出版社。

长的国土上漫游,从一端到另一端,寻找着维多夫罗、加夫列拉·米斯特拉尔、聂鲁达、德·罗卡和比奥莱塔·帕拉的灵魂都找寻不见的出口。"

见证他们会面的伊格纳西奥·埃切瓦里亚在智利圣地亚哥迭戈·波塔莱斯大学召开的一次会议中讲述了这个故事,并在2012年4月4日出版的阿根廷的《号角报》上与卡罗利娜·罗哈斯分享了自己的回忆。

"就像大家想的一样,帕拉和波拉尼奥第一眼就认出了彼此。而很早之前就已开始崇拜帕拉的波拉尼奥更是自此将其供放在自己心中文学圣坛的中央。"埃切瓦里亚回忆说。

根据埃切瓦里亚的说法,对波拉尼奥来讲,反诗歌是"关键的影响。尤其是在定位其文学道路的方向上,帮助他形成了以反对当局、保持正直、寻求某种理解文学的根本性为主要发声特征"。

应罗贝托的请求,伊格纳西奥于1998年,也就是拜访完帕拉之后,开始与英国的西班牙语文学研究者尼尔·宾斯一起负责出版《尼卡诺尔·帕拉全集》。

这是一部两卷本的作品集,共计2229页,由加拉克西亚·古登博格出版社出版。尼卡诺尔一开始还不太愿意,但最终还是答应了,因为"罗贝托希望这么做",埃切瓦里亚说。

罗贝托的儿子劳塔罗在胡安·巴勃罗·阿瓦洛和帕斯·巴尔马塞达对其进行的一次采访中回忆:"我现在还记得尼卡诺尔·帕拉的孙子,在一栋漂亮的海边的房子里,屋子旁还种着棕榈树,如果我没记错的话。他的孙子一直取笑我:'我是劳塔拉[1],我是你的女朋友呀。'我还记得我发现的那些袋子,我不知道它们叫什么,塑料做的,有个盖子可以盖起来的那种。""热水袋?""对对,我从来没见过那种袋子。我当时跟尼卡诺尔的孙子说,希望他能给我展示展示那个袋子是怎么用的,他却告诉我:'除非你教我下象棋。'我的象棋也是我父亲在我八九岁教我的,当时他跟我说:'我走三步就能击败你。'我还不相信,不过最后,他确实用他的策略在三步之内赢了我。"

---

[1] 劳塔拉(Lautara)是劳塔罗(Lautaro)的阴性形式。——译者注

9 做事奇怪的罗贝托

咖啡、煎蛋和意面

黑暗巴塞罗那的趣事

女人他妈的到底能给你什么?

海绵宝宝

美好的时光

我们出去喝杯咖啡吧,这里太冷了

9 做事奇怪的罗贝托

海梅·里维拉摇晃着双臂,说话时仿佛在跳舞。他已经60多岁了,他所有的精力似乎都彰显在他年轻的手势动作上,好像站在一家夜店的门口,竭力邀请每一个路过的人儿加入。

某个周六,在巴塞罗那的兰布拉大街上,这位智利的塑料艺术家正在自己的摊位上展示着自己所做的手工艺品。而旁边,则是他的前妻、他儿子的母亲在出售各种彩色的T恤。

和布鲁诺·蒙塔内一样,海梅也是罗贝托在巴塞罗那的初期最亲密的朋友之一。里维拉和波拉尼奥的母亲维多利亚·阿瓦洛斯也像家人般熟识。

里维拉在智利圣地亚哥美术学院学习的艺术,也在那里做绘画助理教师,直到1974年,因为皮诺切特军事政府的迫害,他不得不背井离乡。至此之后,他开始在巴塞罗那定居和工作。

他是在巴塞罗那举办奥运会之前的那段黑暗时期认识罗贝托的。当时的巴塞罗那很像是比格斯·鲁纳

1978年执导的电影《毕尔巴鄂》里描绘的样子。这部电影是由画家安赫尔·豪维和乌拉圭女演员伊莎贝尔·皮萨诺主演的。伊莎贝尔·皮萨诺是阿根廷音乐人瓦尔多·德·洛斯·里奥斯的遗孀,同时也是巴勒斯坦民族解放组织的领袖亚西尔·阿拉法特的情人。

"在赫罗纳,罗贝托和安赫尔·豪维也成了好友,他总是跟我提起安赫尔,说他是个非常优秀的画家,并且想要把他介绍给我。"海梅回忆说。

"他最初从墨西哥来到巴塞罗那时,还是个非常年轻的小伙子,非常幽默,带着满心的憧憬。他常常到一些朋友的家里去,是个招人喜欢的伙伴。就幽默这点而言,我们非常相似的,所以我们相处得也很融洽。"海梅·里维拉这么评论说。

这场被迫的流亡发生在1970年代,当时的西班牙还处于非常困难的时期,和后来1990年代跻身欧洲前列时完全不是一个状况,所以波拉尼奥和里维拉在第一时间就建立起相依为命的坚固友情。

海梅·里维拉的发声总是带有某种色彩,可能源自某种窘况,也可能源自那些不敢轻言成功之梦,甚至连做

9　做事奇怪的罗贝托

梦勇气都没有的人们的羞涩。

里维拉也是罗贝托母亲维多利亚的朋友,提到她时,他还做了个鬼脸。他认为罗贝托自然很爱自己的母亲,但是他不明白为什么罗贝托不给她多留些钱。

"这确实是我不太理解罗贝托的地方,他有时候做事情很奇怪。"里维拉有些沮丧地说道。

"他和维多利亚之间有很多分歧,可能是因为罗贝托自身有点大男子主义。她母亲在巴塞罗那时,遇到了一个小她很多的男人,后来和他在一起了。罗贝托一直无法接受这件事。他们母子俩在格兰大道的公寓面积很大,还有个走廊,我记得当时我得先穿过走廊去和维多利亚打招呼,然后再去找罗贝托聊天,他们俩之间就像断了桥的河两岸一样。"

海梅和罗贝托在巴萨罗那的一间咖啡厅里重逢,相谈盛欢。我们的作家喝着他常点的菊花茶,而艺术家呢,则于捧咖啡。但没几日后,罗贝托就离开了人世。"维多利业当时告诉我罗贝托还有一周的时间。我却从未想过他会离开我们,但很意外,他真的就这么突然地走了。"

在海梅看来,罗贝托·波拉尼奥就一直是个有些讽刺意味的人物,热衷于黑色幽默,特别是自我嘲笑。

"我们聊过很多,而且我们身上还发生过一些类似的事情;他从南边坐车北上时,被智利军方逮捕,他们逼他下车把他带走,我也有过一样的经历。我母亲是南边一所学校的校长,我在去巴塞罗那的路上想要给母亲道个别,却被军方抓了个正着,当时他们逮捕了所有长头发的青年。最后,我被释放了,而罗贝托则被关了一个星期。"

然而,两位智利人却很少谈论智利。正如罗贝托所说,他们对同胞始终秉持着苛刻的态度。

罗贝托和海梅发现当时来到巴塞罗那的智利人都是些"讨厌的人儿"。

"我昨天还是前天刚到智利的时候曾经说过,被智利人包围是件很奇怪的事情。我早已习惯只有自己一个智利人。对我来说,智利人的标签就应该只属于我一个人。别人都管我叫'智利人'。如果找找一堆人中谁是智利人?那必定只有我呀。我身处的环境里一般都是些外国人在活动。或许总会有几个阿根廷人,毕竟阿根廷人无处不在。"波拉尼奥在《非公开谈话》这个节目中说道。

"这也不是没有原因的,对待智利人必须非常小心,

9　做事奇怪的罗贝托

他们会因为非常小的事情而感到被冒犯。我们有个画家小群体,除了我,其他五个都是阿根廷人,我跟他们的关系非常好。跟智利人相处时,我得注意自己的言辞,但是跟阿根廷人呢,如果他们说了我不爱听的话,我可以直接表达自己意见,他们也会理解我,阿根廷人更直接些。罗贝托也比较喜欢这样的性格。"

他是那类很"特殊"的家伙,总是随身携带一个小本子,一整天都会在上面写写画画,却从不说自己到底写了什么。

他还是个"海绵宝宝",总是有许许多多的问题。像海梅这样的朋友告诉他的趣事,他都记在本子上,之后还出现在他的书中。

就像小说《遥远的星辰》中的人物卡洛斯·维德尔,他组织了一个摄影展,展示他在普罗维登西亚的客房里谋杀的受害人。

"我曾经告诉罗贝托,很多年前,我去过塞米纳里奥大街上的一所公寓,我很清楚地记得那里的一位法西斯画家。政变后,我在那里连续上了一年的课,当时有一位前军事人员跟我一起学习艺术。有一天,他邀请我们所有人去他的公寓参加一个画展,他把所有的画都摆在房间里,画的都是些被杀害者的人像,有些是他凭空创造出来的,有些是他以往胶片里拍下的,他画得很糟糕。这件事给我留下了很深刻的印象,我都不知道自己是什么时候告诉罗贝托的。我经常能在他的故事中遇见自己。"海梅说道。

波拉尼奥从小就倾向于"虚构化"生活,他青年时期的好伙伴,现实以下主义创立者之一的鲁文·梅迪纳也证实了这一点。

罗贝托特别喜欢里维拉的画,也很爱女人。他的害羞和同理心让他赢得了很多女孩的芳心。然而他也常常抱怨这些爱他的女孩们。

"女人他妈的到底能给你什么?"他总是大声地问,并不期待得到任何答案。

当时,大家都很穷,罗贝托甚至连吃饭都成问题。

"我有一次去露营地看他(当时波拉尼奥是卡斯特尔德菲尔斯露营地的夜间管理员),他总是带着两个装着咖啡的热水壶,他很喜欢面包夹煎蛋、意面。"

"我住在格兰大道的公寓时,我们常常买比萨或者做

9　做事奇怪的罗贝托

牛排土豆拌饭,我们吃得很普通,他的确不是一个对食物要求很高的人。住在巴塞罗那的兰布拉大街时,每个周日晚上,我们会去一家叫瑞沃尔塔的餐厅吃比萨,那家店很旧、很破,味道却相当好。"

罗贝托还喜欢竞争和策略类游戏。他书房的墙上挂着各式各样的地图。

他从他的母亲维多利亚·阿瓦洛斯身上继承了幽默感和同理心,当然还包括恒心。他从不谈论他的父亲莱昂。与朋友相处时,他也不喜欢吹嘘自己。

"有一次他送了我一本书,我其实一直都有这个心愿,但是说实话,我有点不好意思,我怎么开口向自己多年的好友要签名呢?"

罗贝托生活一向非常简朴。在他布拉内斯的房子里,有一次甚至连暖气都断了。"嘿,听着,我们出去喝杯咖啡吧,这里太冷了。"

他算得上一本行走的百科全书,什么都知道。甚至连阿根廷人都不知道他所提到的那些阿根廷作家。他真的读了很多书。

"有一天,我去了布拉内斯,喝了两杯拿铁,他呢,则喝了两杯茶。他跟我说,他的肝脏完蛋了,胆囊也出了问题。直到维多利亚告诉我,我才知道他已经住院了,我从没想过他会死。

"他穿着一件格纹外套、polo 衫和蓝色牛仔裤,那件外套他好像从没换过,一直穿在身上,已经很旧了。

"我给维多利亚打了电话,她当时在赫罗纳,她也得了癌症,情况已经很糟糕了。这让我非常难过。我对疾病有着莫名的恐惧,所以我没去医院看罗贝托。当然也有一部分原因在于我对人情礼节这方面不太关心。布鲁诺告诉我,去看望罗贝托的名人不多,他至少还可以和维多利亚还有女儿在一起喝杯咖啡。我甚至没想到会有葬礼的事。

"我一直说,要成为一名优秀的画家,必须要在工作室里待足够长的时间积累经验,罗贝托也说了同样的话,要成为作家得花费很多时间。我其实不认识出了名的罗贝托,我们还是朋友的时候,他总是叫我靴子海梅,我们相互拥抱,一起欢笑。"

海梅和罗贝托常常并肩坐在海滩上。有时他们会聊很多,有时他们只是安静地坐着。有人到达卡斯特尔德菲尔斯露营地时,罗贝托负责打开篱笆墙,让他们进来。工作的他很帅气。

海梅的生活在罗贝托的书中得到扩展。"他是能讲述和拓展我生活故事的大师。如果我没告诉过他,我的故事都会丢失。我们很爱彼此,一起度过了非常美好的时光。"

10 预先的热情

伟大的古典作家

诗人的传统

波拉尼奥最好的诗歌就是在他的散文之中

帕拉的反抒情

并无不朽

着迷的赌徒

罗贝托无法忍受太阳和老鹰

意想不到的事情

10 预先的热情

何塞·马利亚·米可·胡安(1961年出生于巴塞罗那)是一名诗人、语言学家及翻译家,专门研究西班牙黄金世纪和意大利文艺复兴时期的经典作品。他是庞培法布拉大学的文学教授,2006年凭借翻译意大利诗人卢多维科·阿里奥斯托(1474—1533)的《疯狂的奥兰多》获得西班牙国家翻译最高奖。

作为一名创作者和学者,他的文学风格既不浮夸也不迂腐。如果你和何塞·马利业坐卜来喝杯咖啡,很难不为他博大精深的文学知识储备所惊叹。他会不紧不慢地叙述着,试图掩盖因伟大作家们而产生的激动不已的情绪,这时的你也会为他折服。

当然,这些伟大的作家里包括了罗贝托·波拉尼奥,从一开始,何塞·马利亚就崇拜他,一直欣赏着他的作品,最后还和自己的偶像成了挚交。

他们是2000年认识的。第一次见面时,米可就带着一种"预先的热情"(引用博尔赫斯的话[1])靠近罗贝托,就像任何一个想要靠近大师的人。

与其他人无异,何塞·马利亚·米可也认识到在波拉尼奥崎岖的文学之路上,时而翻越高岗,时而经历平原,或者有一两处令人难以忘怀的风景,但是他非常确定,在波拉尼奥所有作品背后确实存在着一个真正的天才作家。

"我非常确定这些文字不仅仅是伟大的作品,其背后更是一个伟大的作家;我想,不管他的作品和作品之间有什么样的区别,即便是有些诗集和散文内部都存在着些矛盾,它们背后站着的仍然是一位伟大的作家。他的文学作品都很好,即便有人可能偏爱其中的一些。"米可说道。

的确,在波拉尼奥之前,拉丁美洲的文学并未给人们带来很多的惊喜,这可能是因为阿根廷文学圈的"裙带关系"太过繁复,能被推荐到非西语市场的作者都是西班牙

---

[1] 博尔赫斯在一次与略萨见面时,曾说过后辈们对自己的文学作品都有种"预先的热情和神秘的忠诚",这使得他的作品成了经典。——译者注

10 预先的热情

出版商按照自己的意愿专横决定的,一直到不久前,出版商们都是无所不能,霸占着整个市场的管理权力。

"我不了解整个拉丁美洲圈子,但是作为波拉尼奥的读者,我可以说,在他的作品中隐藏着一些伊比利亚美洲最佳传统的元素,比如鲁尔福、博尔赫斯、科塔萨尔。不知什么原因,这些元素很长时间消失在文学圈内,至少消失在波拉尼奥的祖国——智利文学圈内。在波拉尼奥崭露头角之前,智利文学已经一定程度上商业化了——至少传播到欧洲的智利文学已沦落至此。"米可评论说。

在他看来,罗贝托·波拉尼奥是一位不同凡响的智利作家,他身上有着墨西哥文学的一些元素,而且如同少数人,他读过早年间所有的拉美文学作品及欧洲当代值得一读的作品。

他还是一些经典著作的忠实读者,从他 2002 年为墨西哥《花花公子》列的挚爱书单就能看出来。当时,他们请他列出 10 本书。对波拉尼奥来说,这并不容易,更确切地说,这几乎是不可能完成的任务,因为他不喜欢被禁锢在预设的框架中,最后他挑出了以下的书。

1.《堂吉诃德》,米盖尔·德·塞万提斯

2.《白鲸》,赫尔曼·麦尔维尔

3.豪尔赫·路易斯·博尔赫斯的所有作品

4.《跳房子》,胡里奥·科塔萨尔

5.《笨蛋联盟》,约翰·肯尼迪·图尔

6.《娜嘉》,安德烈·布勒东

7.《书信集》,雅克·瓦歇

8."愚比系列",阿尔弗雷德·雅里

9.《人生拼图版》,乔治·佩雷克

10.《城堡》和《审判》,弗兰兹·卡夫卡

11.《格言集》,格奥尔格·克里斯托夫·利希滕贝格

12.《逻辑哲学论》,路德维希·维特根斯坦

13.《莫雷尔的发明》,阿道夫·比奥伊·卡萨雷斯

14.《萨蒂里卡》,彼特罗纽斯

15.《罗马史》,蒂托·李维

16.《思想录》,布莱士·帕斯卡尔

10 预先的热情

不仅是他无序的博学——我们这样说并不是要冒犯谁——更是他一路辗转颠簸的经历让波拉尼奥成了与众不同的作家。

对于他的朋友何塞·马利亚来说,他诗人的灵魂让他成了杰出的作家,让他发出了强大的声音,改变了当代拉丁美洲文坛的发展方向。

"他有些像诗人、莎士比亚作品的译者奥古斯托·罗亚·巴斯托斯,又和豪尔赫·路易斯·博尔赫斯有着很多的相似之处,我认为博尔赫斯的诗要比他的散文好,但大多数人不同意我的看法。而两种不同体裁创作的传统在波拉尼奥身上结合得会更自然,这点他比博尔赫斯,比罗亚·巴斯托斯,也比有着一些有趣诗歌作品的胡里奥·科塔萨尔要更好。

"在波拉尼奥的文学里,诗歌作为基础,可以滋养出其他的作品,不仅是从情节设计的角度,更是从美学的角度来说:波拉尼奥最好的诗歌就在他的散文之中,而他的散文中则跳跃着来自诗歌的不羁节奏。没有哪个作家比波拉尼奥能更好地将这两个要素结合起来:叙事的驱动和抒情的驱动,尽管他不算是抒情诗人,不止一次地强调自己反对抒情,还说自己最喜欢的诗人是'反诗歌'的尼卡诺尔·帕拉。所有这些的元素使得他的文学融合了不同的特性,他的诗歌不仅仅是诗歌,他的小说也不仅仅是小说。"

罗贝托·波拉尼奥经常被拿来和胡里奥·科塔萨尔比较,许多评论家都认为他是科塔萨尔的继承者。正如波拉尼奥本人也非常欣赏的罗贝托·阿尔特所说,如果我们的这两位作家之间有什么相似之处,那必定是他们在写作中的态度,像是"把十字架钉在别人的嘴巴上"。

波拉尼奥经常谈到"扇耳光"作家,即那些想要谈论自己后辈们的作家。他表示自己宁愿听到批评的声音。"就像罗伯特·德尼罗在《愤怒的公牛》的表现一样,他们猛打我的脸,当然不会打我的肝脏,因为情况已经很糟糕了。"他在1998年的节目《非公开谈话》这样说道。他有着伟大作家所拥有的力量和坚韧,他相信自己的文学作品是一阵旋风,是我们常需要面对的自然灾害,只有通过不懈的努力和抗衡,才能在这些灾难后重生。

他非常固执地否定未来的人们。"四百万年后,智利最悲摧的作家将会消失,但一起消失的还有莎士比亚和塞万提斯。我们注定被遗忘,不仅是肉体的消亡,而是彻彻底底地消失不见。这世界不存在永生。这是作家们正在经历且非常了解的悖论。有些作家冒着一切风险,为寻求认可,寻求不朽,这是个听起来虚华且不存在的词。并无不朽。在伟大的将来,在永恒中,莎士比亚和无名氏一样,什么都不是。"他在电视台说道。

波拉尼奥是如此坚定地否定未来,据罗德里戈·弗雷桑所说,"他这样的否定,是因为一个人永远不知道别人脑子里在想些什么,他很确信这点"。

米可也说:"我在自己的一首诗中曾经写道:英年早逝是得以永葆青春的唯一方法,对普通人来说这可能也算值了,对诗人来说却截然不同。我在自己的课堂上曾经说过,经典要成为经典必须得等到死后,作家也一样,要成为经典作家,必须得先牺牲自己——当然写作水平还是第一位的,然后才是死亡。假如他的死亡不是自然的,而是像罗贝托那样突发的情况,就会产生一种病态的现象,仿佛人死后还会复生,虽然生前没人知道他是谁。然而,波拉尼奥生前写的东西太令人震撼了,以至从长远来看,你都不觉得他的死会带来什么影响。我最近翻阅了豪尔赫·伊瓦古恩戈伊蒂亚的小说,我记得他也是非常年轻就走了,但我不记得他是在一次神秘的飞机失事中离开的,哥伦比亚航空的航班,那时我应该还很小……伊瓦古恩戈伊蒂亚和罗贝托·波拉尼奥一样,英年早逝对他们来说没什么大的意义。作品可以证明一切,死亡很快成了一段轶事。他们身后遗作的名声并不是基于他的早逝,一切还是因为他们的文学素养。也许有一天会好起来,当人们不再谈论加西亚·洛尔迦是如何死的时候,谈论他的死亡也许对于了解西班牙历史的某个方面有点用,但是跟他的作品质量毫无关系。"

何塞·马利亚·米可并不是罗贝托·波拉尼奥非常亲密的朋友,他却常常能见到他。他们有些共同的朋友,总能在一些聚会的场合碰到,比如卡门·佩雷斯·德维加、孔苏埃洛·盖坦、伊格纳西奥·埃切瓦里亚。

"在这种场合里,我开始意识到我们俩比想象中要亲密很多,但我并不知道他很快就要离开这个世界了。我们比表现的还要更加尊重彼此,喜欢彼此,因为在外人面前,我们并没有公开地说我们是好友。在美洲之家举办的简明图书奖活动上,我不仅见到了波拉尼奥,也见到了很多其他作家。我还曾多次邀请他到我们学校来。有一次,他来时甚至不是活动的主角,他主持了一场哥伦比亚年轻作家的圆桌论坛,表现得非常谦逊。那时候,我正好快要完成意大利文艺复兴时期的经典作品《疯狂的奥兰多》的翻译,他总是会问起我,翻译工作进展如何,这种问题当代任何一位西班牙或者拉美的作家都不会问起,所以我其实非常感动。我详细地跟他说我翻译到了哪里,从我和他的谈话中能清晰地发现,他不仅仅知道卢多维科·阿里奥斯托这个名字,而且真正读过《疯狂的奥兰多》。他还非常了解《神曲》,这也让我知道虽然他嘴上没有说,但对我确实很尊重,同时也有几份好感,就像我对他那样。我敬佩他的学识,尤其是那些我不懂的部分,比如有关二战中的经典战役等。

"有时候他就像着迷的赌徒,对某些论点执迷不悟。我们会在音乐上产生分歧。他是智利人。而我,自从有判断能力,差不多15岁开始,我就认为奥拉西奥·萨利纳斯是我认识的最好的音乐家之一,他是太阳乐队和老鹰乐队的音乐总监。罗贝托则是一个摇滚爱好者,他受不了太阳和老鹰。我想我们从本质上来说还是保持一致的,因为我非常喜欢古典乐,而他私下里也说过他有颗古典的心,我们在但丁、博尔赫斯和阿里奥斯托等问题上是同一战队的,而且他的作品也有潜力成为永恒的经典。我不知道他同不同意我说的这些,但我个人认为他值得和前面的这些伟大的作家相提并论。"

您认为他是位博学的人,还是说他的知识太过分散?

就像任何一个有爱好的人一样,他对自己感兴趣的东西了解得比任何人多,而且,我认为最聪明的都是那些自学成才的人。作为大学老师,我似乎不该这么说,但我的确非常相信真正的天才都是自学成才的。

您认为波拉尼奥的作品对您产生了怎样的影响呢?

从《荒野侦探》开始,那时我就说过:"这必定是位伟大的作家。"然后,我读了《遥远的星辰》。起初,我并不喜欢他的诗歌,我们曾经还讨论过这件事。我们对于诗歌创作的灵感有些不同的看法。之后,因为一些情况的发生,因为他的死亡,因为他的诗作更容易找到,我在他身上找到了一个诗人必备的东西,这就是写出与众不同作品的意愿。之后,他将这种意愿又转向小说写作,并且很有成效。所以他的叙事作品才如此不同凡响,因为它们就是与众不同。现如今,不知道是幸运还是不幸,他的小说受到了人们的追捧,似乎大家都从中或多或少地获得了自己所期望的。罗贝托总是做一些令人意想不到的事情,虽然这些事在他的世界中以很好的方式重复着,伟大的作家总是以自我为参照,他们的作品也一样。诗歌的主导作用不仅仅是体现在《荒野侦探》中,也在其他作品里有所显露,人们以他的诗歌为主题在墨西哥举办了工作坊等活动。通过文学进行侦探似的搜寻是波拉尼奥叙事的要素,我想他应该是希望每个伟大的作家都有意愿做些与众不同的事、新鲜的事。

11 冒牌遗嘱执行人

库尔特·冯内古特的影响

文学标准的重塑

迷失青春的神话

决斗

帕拉的淘气方式

卡米洛·塞斯托:我的"癖好"

新颖的叙事句法

11 冒牌遗嘱执行人

珍贵的友谊都是一样的，只有朋友才知道他们之间的同情和共鸣能深至何处。1960年出生的加泰罗尼亚评论家伊格纳西奥·埃切瓦里亚留着堂吉诃德式的小胡子，身形也和堂吉诃德类似，喜欢皱着眉，无疑是个西班牙人。根据不同人的说法，他总是被定位为"只评论波拉尼奥作品的评论家"，这有时是在褒奖他，有时却是贬低他。

他本人则不断地否认自己与波拉尼奥之间的友情和亲密，虽然一直都竭尽全力地为波拉尼奥的事奔波，却坚称自己绝不是波拉尼奥官方宣布的遗嘱执行人。

波拉尼奥生前曾提及伊格纳西奥·埃切瓦里亚是他最亲密的朋友之一，如果需要解决作家去世后如何分配作品版权这个问题，还是很有必要认真考虑波拉尼奥的这些话的。

伊格纳西奥是不是和罗贝托的遗孀卡罗利娜·洛佩斯曾断绝过往来？卡罗利娜是不是毫无理由地放弃听从丈夫的意见，单方面决定不再委任伊格纳西奥做自己的文学顾问？并且两人都想冷处理此事。卡罗利娜在2010年12月29日的《先锋报》对其的采访中曾经表达过一些想法。

"波拉尼奥任命了文学作品方面的遗嘱执行人了吗？"记者何塞普·马索特问卡罗利娜·洛佩斯。她回答："没有，没有。文学作品的遗嘱执行人应该是个法律意义上的角色，罗贝托从没有以书面形式提到过这事。罗贝托知道我不在出版界，所以他跟我说，如果我需要帮助，可以找他的朋友，当时经常在《国家报》发表评论的伊格纳西奥·埃切瓦里亚。这点有《2666》第一版的《本书作者遗产继承人说明》可以证明。我曾经请伊格纳西奥帮助我做一下作品的盘点。在这之前，他出于自己的意愿出版了合集《括号间》，之后又出了《邪恶的秘密》。他对于《2666》这部作品出版的贡献，还要归功于他认识豪尔赫·埃拉尔德。的确，他非常熟悉出版界。说伊格纳西奥是罗贝托遗嘱执行人的那些说法其实都是误解，我想伊格纳西奥本人也已经试图解释很多次了。罗贝托非常清楚如果他身体情况恶化下去，肯定是我和孩子们负责处理他的作品。在他入院的半个月前，莫妮卡·马里斯坦最后一次采访了他,当他被问到'您最在意谁对您作品的评价'时,他回答说:'卡罗利娜会看我的书,然后埃拉尔德也会,我其实想要努力忘记他们的意见。'"

埃切瓦里亚即便不是被直接叫作"遗嘱执行人",也总是在报道中被称作"波拉尼奥的守护者"或者其"作品的代理人"。他从来都没想过这些头衔会从"官方"意义上将自己和好友拴在一起,尽管他似乎越来越不由自主地陷入这场燃烧的斗争焰火中,有时还能维持自己一贯的热情,有时却只能在波拉尼奥离开后的孤单世界里瑟瑟发抖。

卡罗利娜·洛佩斯说伊格纳西奥出版《括号间》是出于他自己的意愿,这其实是在说伊格纳西奥得到波拉尼奥最后一任女友加泰罗尼亚人卡门·佩雷斯·德维加的积极协助。卡门在罗贝托人生最后几年里起到了非常重要的作用,而洛佩斯则一直顽固地否认她的存在。

这其实不过是波拉尼奥没有解决的家庭私事,而且对他的作品来说也没什么影响。只是因为我们的作家去世了,两方突然对立了起来,双方都说自己是按照波拉尼奥的意图和愿望在行事，卡罗利娜这边可能是作家明着的说法，而卡门呢，可能是私下的嘱咐。

伊格纳西奥是卡门的好友，他似乎被困在这场遗嘱争夺的纠缠之中。而这看起来却非常讽刺，因为波拉尼奥生前曾试图想要安排好一切。

直至今天，卡罗利娜的朋友们还在否认卡门·佩雷斯·德维加这个人的存在，而和卡门要好的圈子则极力支持她对抗卡罗利娜。

墨西哥作家豪尔赫·博尔皮在与伊格纳西奥·埃切瓦里亚的一次争执中，愤怒地引用了波拉尼奥出版的作品《自由文学》里的一封信，斩钉截铁地否认了卡门·佩雷斯·德维加对波拉尼奥最后几年生活的陪伴。

"我看到的波拉尼奥都是和卡罗利娜在一起的，完全不知道还有其他人的存在。"博尔皮在里卡多·奥斯为纪录片《未来的战役》所进行的采访中说道。

然而，波拉尼奥和埃切瓦里亚之间的友谊还是很坚固的，随着他们在文学方面交流的深入，他们的情感也更加深植于双方共同拥有的热情的性格和敢于冒险的见解。就伊格纳西奥而言，这种特点可能是后天养成的，而罗贝托则更多的是先天自发产生的,虽然本质上来说没什么差别。

如果回到一个不经粉饰、没有批判的文学时代,埃切瓦里亚绝对是原创、扎实且独立发声的代表。他聪明、文雅,文章写得好,分析同时代的作家也有自己的一套,他却不会采取对朋友屈尊的姿态,更别提做用自己的观点来购买权力圈位置这种事儿了,尤其不会屈从于买文章、买奖项、买"必读好书"清单这些乌七八糟的做法。

事实是,这些被称为"权力圈"里的人却一点真正的权力都没有。这点从奥运会对那些有文学偏好和见解的运动员进行思想审查这种荒谬的事就能看出来。

例如,在广为引用的《格兰塔》杂志的清单中,评审会对当下拉丁美洲杰出作家的提名颇有争议,几乎没人能够提出一个标准。

如果不是因为媒体的参与,这事也不会闹大。谁知他们居然拒绝刊载有关一名"小牌"作家的采访,胡乱地以某位未提名的需要宣传的作家作为当天报道的主题,还用些荒谬的理由来为自己辩解。

伊格纳西奥是少数几个质疑他们的人,甚至还质疑了评审团的资质。不过质疑并没有引起任何波澜。伊格纳西奥没有因此丧失威望,没遭雷劈,他的房子也没被纵火,家人们也并没因此遭受文学黑暗时期的诅咒。

伊格纳西奥总是在观点和分析中注入自己的激情。他也为此付出过高昂的代价,比如他2004年曾经被当时拥有旺泉出版社的《国家报》扫地出门。伊格纳西奥说这场事故是"审查制度对其自由言论的侵犯"。

他与以刘易斯·巴塞特斯为首的报纸编辑们之间发生了激烈的争执,起因是埃切瓦里亚对自己最不喜欢的一本书——巴斯克作家贝尔纳多·阿恰加的《风琴师的儿子》的评论,《国家报》的编辑们认为伊格纳西奥的评论太过残酷。

自从被埃切瓦里亚评论后,三个月里这本书完全没有销量,而贝尔纳多·阿恰加也是旺泉出版社的作家。埃切瓦里亚因此被雪藏了三个月,不能在报纸上发表任何言论。之后,他很快就辞职了。

埃切瓦里亚和豪尔赫·博尔皮之间还发生过另一场争论。争论是由2004年4月18日埃切瓦里亚在智利的《民族报》上发表的关于《美洲言论》(塞依斯·巴拉尔出版社)的评论引起的。《美洲言论》一书收集了2003年那次著名的塞维利亚作家聚会上参与者们的文章,而那次聚会也是波拉尼奥最后一次在公众场合亮相,几周后他就离开了人世。埃切瓦里亚的主要观点如下。

> 所有的人都在那儿,围着大师吱吱乱叫:"是我,是我,老师,到我了吗?"假装自己被选中的样子,似乎连神的力量都想唤醒,用在自己身上。罗贝托在那儿笑着——这些人怎么会没注意到呢?——他们这些,朋友或是敌人,机灵鬼或是蠢蛋,都在说着,"年轻的作家们都将身心卖给了市场","文学,尤其是拉丁美洲的文学,是社会的成功","我们只在乎成功,在乎金钱,在乎名誉","我们必须赶紧卖掉自己的书,不管卖给谁,不然市场就对我们没兴趣了","如果需要牺牲掉博尔赫斯,我们也会照做的:我们是胆怯的凶手,是谨慎的凶手"。

这就是让博尔皮生气的一段节选。

博尔皮通过2004年7月在墨西哥杂志《自由文学》

西班牙版上的一个专栏发表了题为"驳伊格纳西奥·埃切瓦里亚"的文章。"我们永远都不知道波拉尼奥去塞维利亚参会的真正原因。尽管这件事让埃切瓦里亚很困扰,但对于我们这些作家来说,我们是带着对波拉尼奥的作品和对他本人真诚的崇敬去参会的。至少从我的感觉来说,罗贝托当时跟我们所有人聊得非常愉快。我想说的就是这些。"墨西哥作家这样写道,也就此划清了与埃切瓦里亚的界限,两人的对立一直持续到今天。

我们因为要撰写本书,也因为里卡多·奥斯即将拍摄纪录片《未来的战役Ⅱ》,而有机会采访到伊格纳西奥。此时,波拉尼奥的作品早已声名大噪。

应定居在赫罗纳的智利年轻作家豪尔赫·莫拉雷斯的要求,当地的一条街被命名为波拉尼奥大街。揭幕仪式的当天,有很多知名人士出席,其中包括帕蒂·史密斯,她是罗贝托·波拉尼奥作品的铁杆粉丝,之后也成为《国家报》前评论员埃切瓦里亚的好友。我们都知道,埃切瓦里亚还和《荒野侦探》中某章节里一个名为伊尼阿奇·埃切瓦尔内的角色有着很多不谋而合的相似之处,很多人都把这个角色看作埃切瓦里亚的化身。

11 冒牌遗嘱执行人

根据伊格纳西奥的看法,波拉尼奥是先杜撰了伊尼阿奇·埃切瓦尔内与贝拉诺之间的决斗,之后他俩才在巴塞罗那的《通话》的发布会上见了面。他否认波拉尼奥创作伊尼阿奇·埃切瓦尔内这个角色的灵感源自他,虽然他从未成功地脱掉与《荒野侦探》的干系。

是否可以说您是最了解罗贝托·波拉尼奥作品的人?

不、不,当然不是。我认为我还差得很远。有很多比我更了解罗贝托作品的人。现在比以往更多了。研究波拉尼奥的人当中,有很多非常厉害的学者。

到底是学者还是粉丝呢?

两者都是吧。如果想要深入研究,肯定先要成为狂热的粉丝。现在真的有很多对罗贝托作品了如指掌的人,比如卡门[1]、布鲁诺[2]、罗德里戈,他们都比我了解得更加深入。

---

[1] 指波拉尼奥的最后一任女友。
[2] 即布鲁诺·蒙塔内。

您觉得读波拉尼奥作品最好的方式是什么？

每次我被问到如何开始读波拉尼奥，怎样才是读他作品最好的方式这些问题时，我都会先建议大家去读《荒野侦探》。这本小说魅力无穷，尤其是故事的开端，如果这本都没法吸引你，那应该也别无其他作品了。另一个不错的方式是先读些他的短篇故事，但是读短篇故事很难不与他的其他作品联系起来，而且其中的个人色彩也少了些。所以我还是坚持将《荒野侦探》作为开端，它更吸引读者。此外，这本书与罗贝托的个人经历也息息相关。对年轻人来说，是本不错的入门读物。

您也是这样爱上波拉尼奥的作品吗？

不，我读的第一本书是《遥远的星辰》。我也很喜欢这本，但我不得不承认，对它我没那么着迷。我喜欢它，我从这本书中看到了作者受到博尔赫斯的影响，我读它的时候就像我在完成我的工作，为了写评论。之后我又读了《美洲纳粹文学》，这本也不错，但我看到的还是作者在博尔赫斯的影子里写作，看到了他对文学失望的讽刺。实际上，我是晚些时候才发觉到波拉尼奥自己的印记，直到读到《荒野侦探》时，我才意识到他确实是位不凡的作家。

博尔赫斯对波拉尼奥来说是神一般的存在，是这样吗？

是的。我认为博尔赫斯是对他影响最深的人之一。也许有很多其他人曾影响他，有的很重要，有的则没那么深刻。我经常说还有位作家对他的影响很大，虽然他的名字不常被提及：库尔特·冯内古特。特别是当你读完波拉尼奥再去读冯内古特时，你就会发现这种影响是显而易见的。波拉尼奥是位很强势的读者，他的身边总是回荡着很多的声音。但他本人承认的给他的文学创作奠定基调的只有博尔赫斯。假设你去读《美洲纳粹文学》，你既能看到《恶棍列传》的影子，又能看到博尔赫斯和比奥伊·卡萨雷斯共同创作的《布斯托斯·多梅克纪事》的一些特点。这些书里的笑点也是波拉尼奥文字里所具有的风格。

如果说博尔赫斯是波拉尼奥的神，是不是说他采用

的是一种与标准背道而驰的写作方式？我不知道波拉尼奥多大程度上依靠着他所捍卫的作家、同行者和同行们来营生？

我想,波拉尼奥从未想象过在他死后人们会一致拥戴他。不管曾经多么地自大,他也从未有过这种意识,当然,我也不觉得他真的很自大,总之他从未想过自己会站到这么中心的位置,尤其是在《2666》出版后。我其实觉得罗贝托从一开始,从他的作品出版前,甚至从他出名之前,就像每一位伟大的作家一样,已经在文学地图上投射出了属于自己的位置。而就像所有伟大的作家一样,他之后也会对自己的标准稍做改变。不仅是因为他要将自己定位成一位权威的作家,也是为了给自己留有更多的余地。我认为每个尽职尽责的作家都在某种程度上做到了这一点。此外,罗贝托的写作方式也受到他在墨西哥作为先锋派诗人创作时的影响:既极具讽刺性,也不乏亲和力。是现如今已经不再使用的同谋和敌对态度并存的写作方式。罗贝托的魅力之一,就是他重燃了一种至高主义的态度,既表现在他的喜好上,同时又能从他的憎恶上看出,而这些憎恶之前通常只蛰伏在我们文化特色的礼貌的外皮之下。他非常清楚自己支持什么反对什么，非常的先锋派，这一风格之后很大程度上转移到他的叙事文学中：并不是非常地激进好斗，却充满了他自己作为大众作家的态度。你必须想到他为公众写作的态度实际上仅仅只在四五年间形成的，并没有很长的时间。他一直被淹没在文学圈里，几乎无人知晓，直到1997—1998年。这也是《括号间》这本书的魅力所在，它收录了波拉尼奥在媒体上发表的文章。在文学圈里，他一开始似乎是隐形的，而你却能发现他如何在逐步发展自己喜爱和擅长的策略。我敢肯定，他绝没想过有一天自己会如此成功。

您和波拉尼奥会经常讨论这些给他带来重大影响的作家吗？比如说，您两位会就里卡多·皮格利亚或者塞萨尔·埃拉交流彼此的观点吗？

说实话，不太会。我必须要承认我记忆力非常差，所以很可能我现在跟你聊的这些是我自己假想出来的。实际上，我跟罗贝托并不太聊文学。我们只是偶尔地不可避免时才聊到这块，但也是其中不相关的事儿。我完全没印象和他聊过你说的这些作家,除了个别我们俩都非常欣赏的才会偶尔提及。

您和波拉尼奥都喜欢的作家是?

罗德里戈·弗雷桑、罗德里戈·雷伊·罗莎,我们曾见过他们。但我不记得我和罗贝托聊过皮格利亚,或者塞萨尔·埃拉,我们甚至都没聊过恩里克·比拉-马塔斯。

您是否同意现实以下主义真的对波拉尼奥作品产生影响?

让我想想啊,影响……我其实想说的是,是他年轻时创作诗歌的积极性帮助他构建了一个神话。一个关于他自己的神话,关于他青春的神话。波拉尼奥作品的中心就是有关他迷失的、勇敢的、坚定的、与文学无法割舍的青春的神话。也真是这样的神话造就了波拉尼奥,滋养了他的文学。从这个意义上说,现实以下主义的作用还是很重要的,因为罗贝托作品中散发的浪漫主义都和他对自己荒蛮青春的记忆有关。这对他故事中心的构建起到决定性的作用,而他的叙事也变成他青春伤感的延续。他将墨西哥和自己在墨西哥度过的年少时光变成了一种个人的神话,在此基础上开始搭建自己的文学之塔。作为一名诗人,我认为他还有段经历也有着同样重要的意义,那就是早期作为先锋派诗人,之后渐渐偏离这条路,转变成会带着伤感的情绪反思先锋派,尤其是反思先锋派所作所为的诗人。我想着这应该是文学运动带来的影响,两次世界大战之间诞生的以诗人波德莱尔与兰波为鼻祖的先锋运动的延续,深深地印刻在了罗贝托的作品里。

从另一个方面来说,现实以下主义从未建立自己的审美价值,是吗?

不是这样的。它是一种态度。在拉丁美洲这块土地上,现实以下主义就像是先锋派的绝唱,和在西班牙一样,先锋派在这里已经到了穷途末路的阶段。

您是怎么认识罗贝托的呢?

我是在《通话》这本书的发布会上认识他的。豪尔赫·埃拉尔德介绍我们认识,因为豪尔赫很喜欢我的书评,所以决定把我引荐给罗贝托。我当时是和伊格纳西奥·马丁内斯·德·皮松[1]一起去的,在那里认识了罗贝托。

你们很快就给彼此留下了好印象吗?

是的。活动结束后,我们一起吃了晚饭,那天晚上,他告诉我他有一部小说快要写完了,我是里面的一个角色。他说他要把我出场的部分发给我,让我看看我在里面是什么样的,之后他也确实这么做了。所以我才读到了经典的决斗场景。我告诉他即使没有读过小说的其他部分,我也觉得很像是在胡闹,直到现在我仍然这么认为。那个决斗的场景完全融不进《荒野侦探》的故事里。

为什么呢?

因为它太荒谬了,在一部荒谬和离奇并不是主题的

---

[1] 萨拉戈萨作家,1960年出生,著有《女性的时间》《埋葬死者》《龙的温柔》等。——译者注

小说里，它显得太诡异了。

您跟罗贝托说出您的想法时，他是怎么回应的呢？

他大笑起来，尤其是听到我说一些负面评价时。他对我的称赞反倒提出质疑，而对我的批评，则表示非常喜欢，这和所有的作家一样。我想我之所以激起罗贝托的共鸣是因为我身上也有和他的神话中一样的特质：勇气。这是他作品中最常体现出来的东西。在他看来，成为文学评论家，公开表达自己批评的态度是非常勇敢的。我常常想我们之间的惺惺相惜绝对和我的工作需要的这份勇气相关。他很快能从我的态度上找到共鸣。所以，每次当我因为自己的一些观点陷入麻烦时，他总是在那儿笑着支持我。他很勇敢。而且越来越勇敢。我认为罗贝托在公众场合的现身呈现一种很明显的变化趋势。如果你去看一看他生命最后两年里接受的采访，你会发现他的讲话越来越残酷，甚至粗暴，这是因为他不认为自己会因此失去什么。从某种意义上说，他越来越靠近尼卡诺尔·帕拉的说话方式，看似不太连贯，却涉及每个人。我想他是在模仿帕拉，但这只是我的猜测。他作为作家在大众面前处于中心位置,让他有点骑虎难下,因为他始终把自己看作一个孤立的个体,一个匿名的作家而已。如果他感受到了他开始走向众心捧月的位置,我想他会以自己夸张或淘气的方式来面对这一切。诸如《后博尔赫斯文学的漂流》《克苏鲁神话》,还有没出版的最后一篇写给大众的文章《是塞维利亚杀了我》其实就体现出了他面对众人的说话方式。

这是不是否认了那些说他之所以这样讲话是因为快要死了的说法?

首先,他并不清楚自己是否就要死了,而且他比我们这些没有患病的人似乎更懂得怎样适应生活。我们不能忘了,他决定推迟进行能帮他保命的肝脏移植手术,其实相当于自杀。我的意思是,如果罗贝托准时接受手术,虽然手术存在很多风险,但如果结果好的话,也算是个明智之举,至少他会变成一个有着脆弱生命的罗贝托——其实他已经很脆弱了,但起码生命能够延续一些日子。他所困扰的并不是即将来临的死亡。与我们这些人相比,死亡离他更近一些,但是并不是说他明天或者后天或者不知道哪一天就会死了。我们所有的朋友都为他的离开感到震惊,因为他没有给我们一种气若游丝的感觉,他直到生命的尽头都还在打造着他那激动人心的错综复杂、雄心勃勃的作品,真的没人想到他甚至没来得及完成它就走了。

我告诉他卡米洛·塞斯托[1]的移植手术非常成功之后,他笑了起来……他在寄给我的信中还写道:"放了我吧,肝脏之神,希望有天我也能像卡米洛那样,卡米洛也算是我的'癖好'之一"。

卡门(佩雷斯·德维加)比我更了解这一点,我认为他抗拒手术,是因为肝脏移植确实有一定的失败率,甚至可能带来死亡或者瘫痪。所以,决定何时开始这场可能把自己变成残废或者直接致死的赌博确实很艰难,即便你知道这也可能成为你的救赎,还是会不自觉地想要延期。罗贝托推迟手术相当于自杀。之后的事你也知道,英年早逝似乎还美化了年轻艺术家的形象。我们身边有

---

1 西班牙歌手。——译者注

很多这样的例子。你还是能听到某些人说：罗贝托作品散发的光芒因为他的早逝和他的荒蛮的青春而更加耀眼。如果波拉尼奥真的活到了80岁，他会像所有的作家一样，看到自己这颗明星的陨落。这么想当然也是合情合理的。但是以死亡换来绚烂，代价太高了。罗贝托一脚都踩进了坟墓却还在拼命写作，这还有什么好被指责的？这就是他写作的条件。有些人因为饥饿写作，有些则因为名望写作。他却只是想完成自己还未完成的作品。这不是他想要出的牌，只是被分到了这张牌而已。

您最欣赏罗贝托什么呢？

太多了。现在谈这些有点难，但他激起了我内心某种巨大的共鸣。他是一个非常有趣的人，和他在一起，你会一直笑不停。罗贝托就像是我的开心果一样。我不得不遗憾地说，我和罗贝托的友谊相对没那么长时间。我们很亲密，但我并没有见过他太多次。他住在布拉内斯，最近几年，因为他必须常常到巴塞罗那看医生，我才有更多的机会见到他。我专门去布拉内斯看他，一年最多四五次。回想起来，这让我有些难过，因为其实每次见他都是非常有趣的经历。我从来没觉得罗贝托会离开我,所以我并没有那么贪婪地想要亲近他。罗贝托喜欢打电话,我却有些讨厌这种方式。有时候我在自己的桌子上工作,罗贝托的电话进来了,我知道他至少会跟我聊一个小时,所以我经常不接,因此也错过了很多和他通话的机会。我自己甚至没有察觉到这点。我跟他的友谊就像我想象的那样。我并没有觉得因为他会出名或变成大作家我就应该跟他多些接触。我必须得说,其实我已经重复很多次了,随着时间的流逝,尤其是在罗贝托死后,我也和所有人一样,逐渐感受到了他的伟大之处。比如《荒野侦探》这本小说,当你反复读它的时候,我最近又重读了,你会发现它总会有新的东西给你,出版以来它的影响就越来越大。最初我评价它是部出色的作品时,我几乎没有预见到它会起到如此关键的作用,带来如此巨大的影响力,也没有想到它的背后是一位如此伟大的作家。我和他作为朋友相处时,并没有感到自己是和一位伟大的作家在一起。我当然认为他很优秀,但对待他时,我并没有如今我们这些人所持的那份激动之心。我自己本身也并不喜欢盲目地崇拜谁,所以对和他相处也并不十分贪婪。我从来没想过我要多见见罗贝托,这样以后我就有更多关于他的事可以讲述。我从来没有这样想过,也从未后悔过。

您读《2666》时有什么想法吗?

我被震惊了。我去年又重读了《荒野侦探》,也再一次被震惊。我对《荒野侦探》印象深刻,但就像我说的,这本书总会给你带来新的东西。但真正击中我,以至于我都不知道该跟谁诉说感受的其实是《2666》。回想起来,《2666》的力量其实在波拉尼奥早些时候的作品中就已呈现。但最终你在《2666》中看到了这种力量的爆发。那时,我才意识到(虽然有些晚了)一位出色的作家已经死了。

然后很不幸地,有一天罗贝托死了,您成了他遗作的执行人……

是的,但其实我对此不应当承担任何责任。实际上,卡罗利娜·洛佩斯本人也告诉我,罗贝托让她咨询我出版方面的事宜。这与任命遗嘱执行人没什么关系,何况,

11 冒牌遗嘱执行人

遗嘱执行人是必须经过公证和相关法律程序才能任命的。所以,卡罗利娜只是听了罗贝托的建议,来向我咨询。当她发现我不能给她提供帮助的时候,就不再来找我了。对于媒体所传的有关我是波拉尼奥遗嘱执行人的这件事其实应该是卡罗利娜的责任,而不是我的。因为我对于说出来要负责任的话总是非常谨慎,我也从未觉得自己真的是罗贝托的遗嘱执行人。我想很多人之所以会有这种想法,是因为他们想表达对我的信任。罗贝托去世后,我确实认为应该立马把他分散在各个媒体的作品收集成册,所以我向卡罗利娜建议出版《括号间》。她当时对此是表示怀疑的,但后来还是同意了,今天看来这个决定是对的。我总觉得当罗贝托和他的作品开始拥有自己的一方天地时,《括号间》就像一张导览图,虽然这张图有些失真——这我已经和罗德里戈·弗雷桑谈论了很多次——因为这部作品里的文章都并非成系列的,有着不同的调性。不过这没关系,这本书能让你对接下来要读的波拉尼奥的作品有一定了解。而且我们不能忽略的是波拉尼奥对拉丁美洲文学标准重塑所带来的的影响。

当您朋友把您带进了这个信任测试时,您是怎样的感觉? 当您发现罗贝托的遗孀不再信任您时,您是怎样想的?

卡罗利娜跟我说罗贝托推荐她来咨询我时,我受宠若惊,虽然我本不该过度解读这一切。我认为罗贝托之所以这么做,不仅是因为他信任我,当然,他对我的信任与对其他文学友人的信任没有什么差别,因为他知道我在出版界工作,了解这个领域,而且我和他那位经验丰富的编辑豪尔赫·埃拉尔德相处很融洽……我想这些可能是他认为我比其他的朋友更合适的原因,如果单从文学品味或是阅读文章的原则来说,他们不会比我差,甚至可能比我更合适。只能说这是个技术性的决定,仅此而已。当然,我很高兴能承接这个任务,但我并不因此骄傲不已。我们开始出版《括号间》,后来又出版了《2666》和《邪恶的秘密》,我记得最初卡罗利娜和很多其他人一样,觉得没人会对这些作品感兴趣,也不明白为什么要做这些麻烦的工作。当时对已经稍有名气的已故罗贝托的作品是否值得出版有很多质疑的声音。他们没有预料到这些遗留的材料会受到这么大的关注,我也没想到。这个执行人的工作,我没能做很长时间,卡罗利娜撤回她的信任时,我也接受了,虽然不太高兴,但也觉得解放了不少,因为那时候罗贝托现象已经开始风靡了。一整天的时间都用在回答各种有关波拉尼奥的问题和做有关波拉尼奥的决定上,活得像他的"遗孀"一样,这也不是我想要的生活。

不过,您和卡罗利娜之间发生了矛盾,是吗?她出现的场合,就没有您。您出现的地方,就没有她……

这个,我觉得您应该问问她。不管怎么样,都是她单方面做出的决定。她不再信任我,可能是她个人的原因吧,她应该承认这点,这也没什么。我很理解卡罗利娜要管理所有这些她并没预料到的事情而背负的重担,我确实能理解。罗贝托这样的作家,管理他的遗作确实是挺重的负担。

作为评论家,您是怎么看待波拉尼奥死后的地位和名望的?

我想这都是《2666》出版后才有的。这本书因为出版顺序的问题,成了波拉尼奥作品大楼的最后一块砖。大楼也就这样建成了。我们可以再为这栋楼添加些内饰、绿植等装饰元素,但罗贝托其他的任何作品在我看来都不能重新定义这栋楼的风格。无论如何,这部作品可以帮助你更深刻地理解波拉尼奥,每个人的想法可能有些细微的差别,但作家的风格已经摆在那儿了。如果罗贝托没有其他的作品发表,也不会有什么损失。如今,我们有他的诗歌、叙事片段,还有些老到甚至被人遗忘的小说可以出版,尤其是他的日记和信件,我是第一个可以贪婪地读到这些材料的人,尽情地享受着,还能根据自己的评鉴品位进行编辑。不过我不认为谁能够假装《2666》以后的作品还能改变什么。游戏已经结束了。因为那些已经发表的作品,在波拉尼奥大楼的空间已经确立好了。

我不知道波拉尼奥的时间是从哪儿来的,但是他的信件确实有很多……

是的。我保证这会引起轰动。想要把这些信件收集整理起来,再以文集的形式出版其实是挺难的事,即便这中间不涉及一些私人的问题。这些信件的主人也是信件版权的所有者。所以我们很难判断信件到底该怎么处理。不过时间最终会解决一切问题的。我们不该着急，我刚才也讲了，罗贝托的大楼已经建好了，所以这些材料也只能为将来他的传记或者之后撰写的评论提供素材，晚个二三十年再读这些信也不会改变什么。

您计划要出的关于波拉尼奥的书要写些什么呢？

现在我还没想好。这是我对一位编辑朋友的承诺，当时我真的很难拒绝他。我当然也有这种想法，却不知道具体该写些什么。我写的不应该是一部个人传记，因为我不是传记作家，没有写传记的技能，也没什么时间，而且另一方面，我也不认为现在是给罗贝托写传记的合适时间，毕竟还有这么多难以逾越的障碍。然而，这也必须得是一本真正的传记，可以让读者看到他所有的信件和日记，看到他留下的所有遗言。一本读不到这些材料的传记只会一时阅览而不长久。因此，如果有神或者波拉尼奥的护佑，我能潜心做些属于自己的不同的事，我一定会做的，我会将自己满腔的胸臆直抒出来。

当您受迭戈·波塔莱斯大学的邀请去做演讲时，您

感觉如何？您喜欢谈论波拉尼奥吗？

是啊，我很喜欢谈论有关波拉尼奥的事，虽然有时候，我感觉自己像只鹦鹉。我自己忍不住，这样做不太好看，但是每次我一开口，我就有些停不下来，我真的非常喜欢谈论波拉尼奥，因为和谈论别的话题不同，它总能引起更多的共鸣。他是一个受大家欢迎的作家，所以大家都喜欢听有关他的事。不过最近想谈些波拉尼奥的新鲜事越来越难了。不过没关系，我就像只鹦鹉，有很多事情可以重复说，因为围绕着罗贝托的各种传说里也一直会有错误，会有善意的谎言，会有误解，我们这些人花些功夫去指出和纠正也不是坏事。

您对于罗贝托·波拉尼奥所带来的文学新标准又是怎样的看法呢？

这个吗，《荒野侦探》出版以来，罗贝托的重要性主要体现在他是"大爆炸"后第一个创建新的写作范式的作家，并以此绘制出了自己的地图。无论是他的文学作品，还是他的公众形象都能制造出某种隐藏的东西，令人期待的东西，没人能猜中的东西。尽管在文学"大爆炸"和波拉尼奥中间的过渡时期还有很多有着个人风格的伟大作家,比如智利的佩德罗·勒梅贝尔和阿根廷的塞萨尔·埃拉和罗多尔福·福格威尔,他们都是在写作风格上非常清晰明确并且很会构建自己公众形象的作家,但是从某种意义上来说,他们还保有人们理解的拉美"大爆炸"作家的风格。突然间,罗贝托·波拉尼奥,以他的浪漫主义,他天生的流亡、漂泊无根的特征,以折中欧洲、拉丁美洲、北美洲和西班牙文学的方式,创造了一种新的语言,一种新颖的叙事句法。并不是因为他比其他作家更优秀,而是突然地,他就以这样的风格固定在大家的视野里。在罗贝托·波拉尼奥以后,加夫列尔·加西亚·马尔克斯,还有豪尔赫·路易斯·博尔赫斯的公众形象渐渐过时。

12 当波拉尼奥杀了一个光头党

最后,一切都波拉尼奥化了

如果你今天不来布拉内斯,你就永远回不了家

我吃过更好吃的海鲜饭

新一代作家的摇篮

绝不要在你的书中杀死一个孩子

罗贝托已经离开 10 年了

更糟糕的任务

我的身体已经垮了

12　当波拉尼奥杀了一个光头党

亲爱的莫妮卡：

　　我突然想到一件事。你为什么不问罗德里戈·弗雷桑要一篇故事或者报道或者随便别的什么？在我看来，他的作品是拉丁美洲文学史上数一数二的。如果你感兴趣的话，可以告诉我，我可以把他的电子邮件地址发给你。埃拉也算是值得一提的作家，其他没什么了。

拥抱和吻，
罗贝托

这是波拉尼奥在 2002 年 11 月 18 日写下的信件。信里所指的人是波拉尼奥的好友，阿根廷作家罗德里戈·弗雷桑，他也是我撰写本章的缘由。

波拉尼奥经常以他惯有的讽刺口吻说起 2002 年在报社认识罗德里戈时的场景，当时委内瑞拉政变失败，导致几名参加会议的拉美作家被困在一个岛上，其中就包括和波拉尼奥惺惺相惜的阿根廷作家塞萨尔·埃拉。

"我平安无事地回来了。那些疯狂的委内瑞拉人没法再骗我落入他们设的陷阱中了。回到家的第一周,我一直都在调整自己,想恢复正常状态,即便还没调整到我在阿根廷的正常水平,相比委内瑞拉,也好了很多。"那时候,埃拉写下了这些话。

总是有些作家宛如细微的血流连接了当代拉丁美洲作家常常被堵塞的脉络,其中波拉尼奥最喜欢的当属罗德里戈·弗雷桑。他也是波拉尼奥生命晚期的挚友之一。

"对于我们这一代来说,波拉尼奥一直是,也将永远是一位才华横溢、疯狂且诚实的兄长。波拉尼奥的写作没有边界,没有束缚,也没有停顿。他写作就像他呼吸一样,他的作品带来的爆炸性浪潮必将继续推进、扩大,在世界范围内长期地带来回响。"弗雷桑2003年7月在罗贝托·波拉尼奥的葬礼上为大家宣读了自己献给波拉尼奥的颂词。

罗德里戈·弗雷桑出版《阿根廷历史》时才刚满26岁,这本书占据了畅销书排行榜6个月之久,并被评论家们选为1991年的文学类代表作品。那些年是南美洲国家叙事文学蓬勃发展的年头,生于60年代的一批作家(曼努埃尔·穆希卡·莱内斯的《博马尔佐》和埃内斯托·萨瓦托的《英雄与坟墓》等作品诞生的年代),有弗雷桑、胡安·福恩、阿兰·保罗斯和马丁·卡帕罗斯。这只是其中的一小部分,这些作家的兴趣不再是创作单一审美标准下的文学作品,而是试图建立一块永远不会变形和变质的文学领地。无论如何,正如罗德里戈所说,阿根廷是"优秀足球运动员和优秀作家的摇篮"。

然而,《世界语》和《事物的速度》的作者弗雷桑则像小鸟一样,试图振翅甩掉给他贴上的年代标签或者逃离那些说他想要建立自己意识风格的评语,他只坚信自己是位坚定的作家。

作为新一代阿根廷作家的代表,弗雷桑否认了所谓神话和头衔,因为在他看来,"阿根廷新文学运动和特定时期出现的出版业和新闻业存有的问题不无关系,然后这些问题让你永远地僵化。每天早晨,我醒来都在祈求能有新一代阿根廷作家的出现,这样我才能摆脱某种标签,继续写作之路"。他这样说着,带着点博尔赫斯的口气,似乎想要客观地来解释"阿根廷性",却从一些国家标志性的东西,比如焦糖牛奶酱,或是足球等被质疑或遗忘的角度出发。弗雷桑永远都与他的祖国保持着血脉的羁绊。

弗雷桑从十多年前开始就定居在巴塞罗那,被《国家报》的哈维尔·阿帕里西奥称作"波普博尔赫斯",或者说"流行版的博尔赫斯",他目睹自己的第一本也是最著名的一本书如何逐渐走进大众视野,18年间广受老幼好评。他还发现,因为自己最主要的性格特征,即温柔的质疑,他对自己的这项创新型工作的兴趣能够一直持续,而正是这种兴趣让他能够在年轻时就取得爆炸性成功,达到巅峰,跻身当代文坛的主流队伍,并且不断寻找新的方向和范式。

被已故的智利作家罗贝托·波拉尼奥崇拜,又被加泰罗尼亚作家恩里克·比拉-马塔斯称为自己"阅读次数最多"的作家,费雷桑得到拉伊·洛里加这样的评价:"我们不能等到作家死后才给他献花,这位优秀的阿根廷作家能保持心态健康就是我们每日的礼物。如果他享受被爱,那我们为何不爱他呢?天赋异禀的人就应该获得认可。"

伊格纳西奥·埃切瓦里亚用他一贯的智慧,评价《阿根廷历史》的出现意味着"国际作家新模式"的诞生。"这些作家对于文学的权威不屑一顾,用青春创造自己的事业,认为禁忌与反抗本就相辅相成。"

大众传媒、流行文化、摇滚文化(弗雷桑是阿根廷摇滚明星安德烈斯·卡拉马罗——他在很多场合都写到过——以及菲托·派斯的朋友),折中主义的学识、影视作家、商业电影:所有的一切都汇成一杯鸡尾酒。似乎正是这酒,让弗雷桑身不由己地渐渐成了专业的作家,大众总是期待着他的下一部作品。

罗德里戈同时也是一个不可思议的读者——据说"世上没人能像他一样,读书读得那么多",他一直不愿意面对死亡,就是怕错过即将问世的书籍,相比询问人们是支持哪个足球队,他更关心人们会在蝙蝠侠和超人里选择谁。

弗雷桑出现在《2666》的第一部分("文学评论家")中,与他的伴侣一起到肯辛顿花园的彼得潘雕像附近游玩过。波拉尼奥还专门将自己在布拉内斯报纸上的一个专栏献给了罗德里戈,题为:"有关弗雷桑的一切",由伊格纳西奥·埃切瓦里亚整理发表在《括号间》里。在这篇专栏文章中,罗贝托说道:"和弗雷桑聊天,我总是非常开心。我们很少会谈及死亡。"

罗贝托·波拉尼奥大街揭幕仪式举行完的第二天,我们在伊格纳西奥·埃切瓦里亚位于巴塞罗那市中心巴莫斯区的家中采访了弗雷桑。对罗德里戈来说,谈论他这位死去的朋友,无疑是件非常重要的大事。和墨西哥人胡安·维尧罗一样,他也坚信继续在媒体上谈论波拉尼奥就可以让有关他的神话继续传播下去。

您在"罗贝托·波拉尼奥大街"命名仪式上的反应,是想表达一些阿根廷式的幽默吗?

不是的。我当时在想,如果在那条街上建房子,那么最抢手的地址一定是波拉尼奥大街2666号。估计人们会为了这个地址打上一仗吧。当然,这条街很好,很有趣,也很有波拉尼奥的风格。我自己认为罗贝托的特点之一,而且是即使死后仍然保持的特点,就是所有的一切都会波拉尼奥化。我认识他时,这种情况就一直发生。我想这就是伟大作家的影响。这些作家们不仅能创作出重要的作品,还能设法将自己能量辐射,影响甚至略微改

12 当波拉尼奥杀了一个光头党

变他们周围的世界。

您是怎么认识罗贝托的?

1999年3月我到了巴塞罗那,当时我新婚不久。我之前就认识恩里克·比拉-马塔斯,认识杜斯格兹出版社的一些人,也认识帮我出版《阿根廷历史》的豪尔赫·埃拉尔德,所以当我到达巴塞罗那时,我有一张长长的名单,可以挨个打电话过去告诉他们"我已经到了",让他们知道我是作为《12页》的驻外记者过来的。我给豪尔赫打电话时,他说那天下午正好有海梅·巴以利的新书会:"你也过来吧,我还能把你介绍给罗贝托·波拉尼奥。"我当时已经读过波拉尼奥的好些作品了,比如《遥远的星辰》《美洲纳粹文学》和《通话》。而且我还刚刚读完了在瓜达拉哈拉国际书展上拿到的《荒野侦探》。要知道,这本书获得了埃拉尔德小说奖,在书展上几乎被抢购一空。我最喜欢的并不是大家认为最好的那一本,我最喜欢的是《遥远的星辰》,现在它仍然是我最喜欢的一本,可能跟这本书的开头部分有关,也有可能因为它是我读的波拉尼奥的第一本书。很多时候,你阅读的后来成为你挚爱作家的第一本书都会对你产生特殊的影响。就这样,下午我参加了豪尔赫提到的新书发布会,那是海梅·巴以利写的有关他母亲的自传体小说。罗贝托见到我后立马邀请我那周六去他家吃饭。那天是周二或者周三,他一直坚持邀请我,让我有些不好意思拒绝,只得说好的好的……"去布拉内斯吗?""对啊,布拉内斯。"我跟他说:"你看,罗贝托,我才刚来,住在一个挺远的酒店,坐火车实在……你看,我有这么多行李……我们刚到巴塞罗那,还有很多手续要办,居住证什么的。"他却回答:"不不,你周六必须得来我家……""我不确定啊,坐火车对我来说……""很简单啊。"他说,之后又立马给了我一些怎么坐车的指引,在我看来再复杂不过了。我想这些复杂的指示唯一的目的就是让我迷路吧,在哪儿下车,又在哪儿上车。最后当我到了布拉内斯之后,我发现其实有个非常简洁的方式可以直接从巴塞罗那直达布拉内斯。此外,他还一直诱惑我,说要给我做海鲜饭,说他做的海鲜饭一定是我这辈子吃过最好吃的海鲜饭,我绝对不能错过。所以,那个周六,我和当时的新婚妻子安娜一起去了加泰罗尼亚广场坐车。根据罗贝托的指示,我们在塔拉

12 当波拉尼奥杀了一个光头党

戈纳下了车,实际是相反的方向。我给罗贝托打了电话:"嘿,兄弟,你告诉我的路线根本行不通,到不了布拉内斯。"那时,已经下午两点半左右了,我跟他说我们最好换一天再聚,谁知他却回我:"你今天来也得来,不来也得来,这对我来说非常重要。""海鲜饭今天我就不吃了,真的不好意思。"我说。"今天你必须得来,来我家这件事比你想象的要重要……"他这么一说,我开始有了压力。但是他又说:"如果你今天不来布拉内斯,你就永远回不了家,你会掉进时空的虫洞里,在一列类似《莫雷尔的发明》里的火车上过着循环往复、周而复始的生活。""操",我回应他,"你这家伙要么是变态,要么是连环杀手。"不过,他最后还是说服了我。最终我去到他家,吃了他做的海鲜饭,我不得不说那是我一生中吃过最难吃的海鲜饭之一。我还记得卡罗利娜,她当时对罗贝托准备的海鲜饭感到很愧疚,我也记得罗贝托几乎贴着我的脸逼问我:"告诉我,这是不是你吃过的最好吃的海鲜饭!"我笑着回答他:"罗贝托,说实话,我吃过更好吃的。"从那天起,我们开始频繁见面。那天拜访他后,我很开心。我们穿过马路,去到他的书房,他送了我几本当时我还没有的他的作品,那时想搞到那几本书可不容易:《溜冰场》《象宫鸳劫》(1999年由阿纳格拉玛出版社重新以"佩恩先生"的书名出版)等。

那天,你们聊了文学吗?

我经常想,为什么罗贝托会喜欢跟我在一起。事实上,我已经不再谈论有关波拉尼奥的事了,这次的采访算是个例外——因为我确实觉得对他的讨论有点过多了,这种感觉并不好,就好像在巡回演出上讲同样的笑话。但我又觉得自己应该接受这次采访,首先是因为我看过您对他的采访,就是最后那次,我发现他回答您的问题时表现出不同寻常的积极,他说过我是他最好的朋友之一,如果我拒绝了这次采访,我会觉得对不起他。回答您刚才问我的问题,罗贝托喜欢跟我在一起的原因,我想,首先,是因为他是最后一位浪漫主义者,就像尼科拉·狄·巴里[1]一样。有件有趣的事,我从来没讲过,这件事能够解释很多事情。我曾住在他最喜欢的中央书店附近。他

1　意大利创作歌手。——译者注

12 当波拉尼奥杀了一个光头党

总是在那里订书,然后会在来巴塞罗那求医或者去阿纳格拉玛出版社时来取。他会路过我家,要么是办事前,要么是办事后,有时候会提前通知我,有时会直接过来给我个惊喜。我们会一起去书店,我选自己想要的书,放进篮子里,他总会说:"放着放着,我来给你买。"第一次这样,第二次、第三次一直这样,作家永远不会拒绝别人买书给自己。这对我来说是件愉快的事,尤其是买书的人也是一位作家。后来有一天,我告诉他:"听着,罗贝托,我非常感谢你,但是我想知道为什么你要一直给我买书呢?""那是因为你是从拉美来的年轻作家……""我想你弄错了。"我跟他解释我只是一家报纸的驻外记者而已。我还得澄清下,那时阿根廷比索和美元的汇率是一比一,所以我也算是个"小富翁"。"你赚得怎么样?"罗贝托问我,当我说出数字时,他突然生气了,脱口而出:"你是个卑鄙的贵族资产阶级,我一直给你买书,是想着你可能是个不得不从祖国逃离的作家!""罗贝托,你看,你老是这样,你别总是混淆事情。"我想说的是,就像伊格纳西奥·埃切瓦里亚说的那样,波拉尼奥的所有作品都是基于他年轻时的经验写成的,而这也影响了他人生的其他领域。其次,是因为罗贝托对阿根廷的一切都非常感兴趣,尤其是阿根廷的文学。相比其他国家的西班牙语作家,他会更加关注阿根廷的新人作家。我认为智利的波拉尼奥和西班牙的恩里克·比拉-马塔斯是与阿根廷文学联系最紧密的两位作家,而阿根廷是拉丁美洲新一代作家的摇篮。在拉美的其他国家,你或许能找到两三个风格怪异的作家,但是在阿根廷遍地都是,"普通"作家才显得稀罕。我想说的是,我认识罗贝托的时间,只从1999年到2003年,对于他在最后的采访中说的话,我感到无比荣幸……[1] 友谊的深厚程度是难以衡量的,但我确实因为与罗贝托的友谊,我感到荣幸且骄傲地活着,我可能是罗贝托生命中最后的朋友之一。从某种意义上说,那可能是他最后打开与人建立关系的大门。也许在生命里的某一刻,他就像是《玩具总动员》中的巴斯光年,全身心投入作品,周围无须有别人环绕。凭借他已有的人脉,他已经能很好地继续生活下去。他可以算是

---

[1] "我最好的朋友是诗人马里奥·圣地亚哥,他于1998年去世。现在,我最好的三个朋友是伊格纳西奥·埃切瓦里亚、罗德里戈·弗雷桑和安东尼·加西亚·波尔塔。"

一个粘在电脑上的人,这么说来,他能有时间和空间,与我聊聊严格意义上不算文学的东西,我真的感到非常骄傲。

他似乎什么都知道,什么都想知道……

我想这可能跟失眠有点关系。我有三个非常博学的朋友,他们三个都已经离开了。奇怪的是,活着的时候,他们都是夜行侠。一到晚上,有了电脑,谷歌和夜间频道,人们对于所有事物的理解就会更加深入一些,那些超级大脑估计就是这么来的。除此之外,晚上,你会感到无聊,身边没有其他人,只有你一个人醒着,你就可以对自己说:"好吧,让我想想我能做些什么吧。"他的文学作品,就像托马斯·品钦的一样,是从不为人知的数据和远离人世的陌生感中破土而出的。换句话说,他作品的一大特点就是与时俱进。即便这样,你也没法阻挡他早上给你打电话,好像这是世界上最正常不过的事情一样。罗贝托在我儿子出生前就去世了,尽管如此,我头脑中还是会浮现出可怕的一幕,我怀中抱着婴儿,他却在凌晨时分给我打来电话。关于文学,我们谈论得并不多,我从来没有读过任何他未出版的文本,同样,他也没读过我的。唯一一次是他出人意料地来我家,当时我正在电脑旁边工作,应该是在写《肯辛顿花园》。电脑开着,他坐下来看了看,什么也没说。也是那天,阿兰·保罗斯正好从布宜诺斯艾利斯打来电话,于是我介绍他俩在电话中结识。奇怪的是,他常常跟安娜——我的妻子——讨论他的书和他正在做些什么。安娜是墨西哥人,所以他经常打电话来询问她有关墨西哥的事情。我还记得安娜和罗贝托之间曾有过一段很长的对话,讨论了美洲鹫可能有多少种。他们还会讨论食谱、菜的配料等类似的东西。对于我未出版的作品,罗贝托唯一担心的就是里面是否会有孩子死去。他曾经说过,一个作家在书中杀死一个孩子是非常不应该的事。我告诉他,《肯辛顿花园》里确实有一个孩子快死了,于是他说他永远不会读这本书。他还告诉我,当我有了自己的孩子,我就绝不会在小说里杀死孩子了。这倒是真的。事实上,在我现在正在写的书中,我不得不做出令人难以置信的反转,以免杀死其中的一个孩子,孩子确实不应该承受这些。

12 当波拉尼奥杀了一个光头党

您是否在他的书房中看到过那幅著名的索诺拉地图[1]？

没有。我去过他的书房很多次，像一个塞满书的洞穴一样，我只看见书房的黑板上贴着《2666》的地图，地图上写着很多名字，画着很多箭头……

据说《2666》是按照他非常喜欢的战争游戏的规则写的……

我不清楚他是怎么写的。但我们都知道他那时沉浸在《2666》的创作中，写它的时候，几乎没时间去管别的要出版的书。他唯一告诉我的是，我也出现在了《2666》的一个章节当中，叫作"肯辛顿花园"，就这些。他对谈论他的书一点儿都不感兴趣。我想他把写作的过程看作非常私密和个人的过程，等到出版以后，我们才可以讨论它。当然，如果它已经进入编辑的阶段，他很可能会过来问你对什么感兴趣或者对什么不感兴趣。

---

[1] 波拉尼奥根据这幅地图创造了《荒野侦探》和《2666》故事发生的地理背景。——译者注

我猜波拉尼奥到死的时候都还以为他为您做的那顿海鲜饭是您这辈子吃过最好的……

是的,很可能是这样的。

从这个意义上来说,他是个非常固执的人……

我不知道"固执"这个词是否准确。他是那种激情饱满的人,随时可能情绪爆发。他谈话的时候可能会采取非常平和的方式,但过程中可能会突然拍打桌子,然后大声喊出某句口号,要求我们所有人进入战斗状态。有一天,我看了里卡多·奥斯的纪录片《未来的战役》的第一部分,里面是波拉尼奥朋友们的采访内容,我想象着罗贝托年轻时健康的样子,我认识他时,他行动上已经开始不便了。他曾经有过一个想法,就是将所有的拉丁美洲作家编成一个军队,然后出一本文集。他说要把大家分到不同的军种:海军陆战队、战术部队、秘密行动队……他常说,自己计划的最好的方队就是红十字队,他会把所有自己不感兴趣的作家编到里面,他们得承担基本的医疗保障职能,但又不用和自己一起并肩作战。

12 当波拉尼奥杀了一个光头党

那天他突然来敲您的门,您当时是怎么想的?

那天我们在加泰罗尼亚广场见面,然后我们一起去吃了肯德基。罗贝托从来没在这种地方吃过饭,所以我带他去体验了一次"考古人类"的感觉。他简直不敢相信,里面几乎全是拉丁美洲人。他跟我说:"罗德里戈,这里才是我们该经常聚会的地方。"那天下着倾盆大雨,我载他去了车站,好让他回布拉内斯,然后我也回了自己的家。半个小时后,门铃突然响了,打开门,我看到湿透的罗贝托站在那儿,脸色惨白。他看着我,说:"给我来杯茶吧。""怎么回事?"我问他。"我刚刚杀了一个人。"他回答。我瞬间僵住了。我记得他当时刚从《自由文学》拿了笔钱,那是我们俩有关菲利普·K.迪克[1]的一段谈话的酬劳(《城堡中的两个男人:一段有关菲利普·K.迪克的对话》,西班牙《自由文学》2002 年 6 月发表)。罗贝托说有人想从他那儿抢那笔钱,尽管数目不多,但对他来说,那是我们一起赚的钱,不能落到那些光头党手里。他告

---

[1] 菲利普·K.迪克(1928—1982),美国科幻小说作家,赛博朋克类型作品的先驱,代表作品《高堡奇人》获得 1963 年的雨果奖。——译者注

诉我:"他们拿出了一把刀,我夺了过来,捅向了其中一个人,然后他就在我面前死了。"我问他是否有目击证人,他说没有,站台上没有任何人。我告诉他车站里的闭路摄像肯定已经记录下这一切。"我不知道,我不想谈这个,我还有儿子、老婆,我该怎么办?""你愿意的话,我陪你去派出所报案,你就说是自卫行为。""一个阿根廷作家把一个智利作家亲手交出去,真棒啊!这就是你的想法?""好吧,罗贝托,还有一种选择就是你什么都不说,看看会怎么样。""行,我什么都不说,不过我今天怎么回家呢?怎么面对儿子呢?我没办法回家抱抱他,看着他的眼睛却不告诉他他的父亲杀了人。""罗贝托,我也不知道该说些什么。如果我跟你说你该去投案,你就怪我是叛徒,如果我跟你说你得保持沉默,你又跟我提你儿子,我也不知道该怎么办……这事儿确实很严重。"他坐了下来,问我:"你居然相信了?""问题不是我信不信,问题在于你怎么会又下了火车,全身湿透地来到我这儿,还敲我的门告诉我这一切。到底发生了什么?""行啦,其实是火车发生故障,我得搭出租车回布拉内斯,所以我是过来请你帮我叫辆车的。但如果我只说这个原因,似乎有点无聊,所以我想找点儿乐子。""妈的,你滚吧。"我回答他。

他总是喜欢开这样的玩笑……

对啊。我说了他周围的一切都会"波拉尼奥化",他也意识到了这一点。他时不时地就喜欢跟你开几个这样的玩笑。在伊格纳西奥负责收集出版的《括号间》("有关弗雷桑的一切")里,波拉尼奥最后写道:"非常奇怪,我和罗德里戈从来不会谈论死亡。"我想说的是,其实有的时候我们会谈到,但是罗贝托总是用幽默的口吻轻飘带过。

您从他身上学到了什么?或者您感悟到了什么?

作为一名作家,我对其他作家的要求就是读他们时能有阅读的乐趣。我不期望所有人都能像那些伟大的作家一样"传授我些什么"。而我从波拉尼奥身上学到的——我想他也是个非常好的榜样——就是在其作品中看到一个坚定的、有力的、活力四射地投身阅读和写作的人。你可以说年轻一代之所以喜欢波拉尼奥是因为他英年早逝,因为他到死似乎都没有取得巨大的成就,这点是很吸引那些想成为作家的人的。但我认为,随着时间的流逝,当围绕着波拉尼奥的神秘逐渐消失时,你会发现吸引你的是当你读他的作品时,你就会燃起自己写作阅读的欲望。我想这应该是对一个作家最好的褒奖。

比奥伊·卡萨雷斯也这样赞美过伟大的作家们……

是的。我想经典作品就是如此。而且,如果真的是好作品,一定会上升到更高的层次,值得人们一遍又一遍地反复阅读,每一遍都会让人发觉新的亮点。卡尔维诺说得很对:一部真正的经典作品是从不会被读完的。罗贝托的作品就是这样。我很高兴在认识他之前就读过他的四五本书,这样不至于因为和他的友谊而影响我的客观判断。

您认识他后,自己的写作发生了什么改变吗?

没有。如果一个朋友告诉罗贝托,认识他之后自己的写作风格就发生了改变,他一定会气得吹胡子瞪眼,然

12 当波拉尼奥杀了一个光头党

后给你几巴掌……

我的意思是他如饥似渴的工作方式,每天在电脑旁待上十个小时,也许会让某个只工作四小时的人……我不知道……

我不清楚他是否在某个时刻知道自己快要死了,我也不知道他那些与朋友们所进行的有关他死亡的怪诞又滑稽的言论是不是他想要驱逐病魔的一种方式。一件事情,说得越多,也许就越不会发生。我们这些作家总是会有些愚蠢的想法……但他全速写作确实有时让人感觉是在对抗什么。我不知道他思考的速度是否比下笔要快,所以他一直在与自己赛跑,对抗着他那个超级大脑不断迸发的新想法,我不知道。罗贝托在离开人世的十年之前,第一次因为肝病危在旦夕,当时他几乎就要死了,他却认为自己只要回到医院就必死无疑,不过后来确实也是如他预料。当我跟他说:"罗贝托,别再折腾了,签移植同意书吧,看看会怎样,毕竟医学每天都在进步。"他告诉我,他怀疑一旦入院就再也出不来了。罗贝托非常喜欢菲利普·K.迪克,他甚至像菲利普一样有着某种偏执的臆想，认为自己已经在第一次肝病爆发时死掉，而这之后十年所发生的一切并不是他在真实世界经历的。我告诉他，他说这些话有点伤害人，因为这意味着我们这些人都只存在于他的幻想中。他却回答我："罗德里戈，你要知道，如果你是伊莎贝尔·阿连德笔下的人物，那只会更糟糕……"

他说得有道理……

我不知道，我从来不会说这个好那个不好这种话。《2666》所谓未完成的结尾，显然和未来有关，阿图罗·贝拉诺可能变成某种超级物种，将所有的 2666 传送给库布里克，就像是在星际空间站中飘浮的胚胎一样。[1] 我记得一件事，在我家拐角附近的酒吧里，应该是我们最后的某次谈话，当时还有狗仔阿尔弗雷多·加洛法诺[2]，他们也刚刚成为朋友。罗贝托开始设想未来是怎样的，幻想

---

[1] 这里借用了斯坦利·库布里克电影《2001：太空漫游》的剧情。——译者注

[2] "布宜诺斯艾利斯摄影师阿尔弗雷多·加洛法诺，他是罗德里戈的童年朋友，现在也是我的朋友，更是任何一个有感情的人的朋友。"（《括号间》，罗贝托·波拉尼奥）

12 当波拉尼奥杀了一个光头党

着有没有可能生活在能够突破自己身体的时代,比如把自己安装在一个金属外壳上……[1] "我的身体已经垮了。"他说,如果能活在类似终结者的壳里,他会非常高兴地一直写作下去。

他也经常谈论有关电影方面的知识。这方面,他是真的很有了解,还是说也跟他的海鲜饭一样?

不不,他对电影方面了解非常多。他在深夜时分看了很多,他总是租很多的影碟,而且特别喜欢看烂片。我记得有一次我和伊格纳西奥在火车上的对话。当时我们俩一起去马塔罗介绍推广我的一本书,罗贝托陪伴了我四站路的行程。他一直跟我们详细地描述但丁《神曲》的电影版。他聊了电影的场景、拍摄角度等。我跟他说:"罗贝托,你说的电影根本不存在。"他回答:"罗德里戈,我真的看过。"他又说了导演、演员等。所以呢,我回家后就开始找这部影片,确实有这部片子[2]。而且,这部电影

---

[1] 斯坦利·库布里克曾执导电影《全金属外壳》。——译者注
[2] 《但丁的地狱》,1935年,由斯潘塞·特雷西、丽塔·海华丝和嘉丽·杜莉华主演。

都没有复刻的胶片了,只能在电视上看到。这难道不比电影是他胡编乱造的更让人觉得可怕吗?

音乐方面呢?您从专家的角度来看?

嗯,他的音乐品味真的太可怕了。他非常喜欢约翰尼·卡什和鲍勃·迪伦,但他也喜欢一些墨西哥摇滚,有时候他不仅对着我唱歌,还模仿一些表情动作,在我面前嘶吼,每次看到他这样,我就害怕,我是真的害怕。他看上去像个精神病患者,好像随时都会拔出刀子,然后割伤你的喉咙。他听的那些歌的歌词都很烂,非常朋克,也非常粗俗,可怕至极。他也非常喜欢猫王。对了,他最后爱上的是吗啡乐队的歌,我借过几张唱片给他,他再也没还我。吗啡乐队的主唱1999年在意大利去世,我想这也是吸引他的一个原因。罗贝托就是这样:某天你去拜访他时,发现他非常憔悴,他告诉你他快要死了,你一定会因为他说的这荒谬的话忍俊不禁。有一天,他躺在加洛法诺的汽车后座上,听着鲍勃·迪伦的刚出的专辑,应该是2001年的那张《爱与偷》。他躺在那儿,就像快死的人儿一样,不时地发出些评论。我让他别烦了,他却说:"金色

12 当波拉尼奥杀了一个光头党

的光芒,金色的光芒照耀了我,在这一刻包围着我……鲍勃,鲍勃,迪伦,迪伦,我把自己献给你……"突然间,他沉默了,不祥的沉默。那是夜色已经黑了,我们开始叫他:"罗贝托!罗贝托!"他却没有回答。我和阿尔弗雷多彼此看了眼,直到最后罗贝托醒过来然后说:"哈哈,是不是很可怕?"他总是玩这种把戏。

所以您是不是有时候还挺想制止他内心的这个顽皮的小孩的……

(笑)他很迷恋阿根廷评论家格拉谢拉·斯佩兰萨,但从未见过她。有时候罗贝托会半夜打电话给我,用很烂的阿根廷口音跟我说:"罗德里戈,我是格拉谢拉·斯佩兰萨,我到巴塞罗那了。"我认识格拉谢拉,她的声音是沙哑的,我跟罗贝托说,那并不是格拉谢拉的声音。"罗德里戈,你在说什么?为什么不回答我?等我回到布宜诺斯艾利斯,我会跟大家说你的坏话的。"他就是喜欢玩这些。他还喜欢《老大哥》这样的真人秀节目,把里面的人看成《火星纪事》里的角色。

即便他意识到自己的成功,也绝口不提,是吗?

如果你问我他这一生是否成功,我的回答是"否"。我非常佩服他的一件事是,他从来都不像一个拉丁美洲作家。虽然被迫流亡海外,他却从来不利用自己的这个身份,我想这点是有助于他写作的。

他像自己说的那样,是个苦行僧吗?

我认为贫穷的经历对他影响非常深。如果你曾过过非常穷的日子,你的需求就会降到很低很低。

您思念他吗?

非常。我无时无刻不在想他。我甚至幻想如果他没走的话,可能会创作出怎样的作品。罗贝托的离去,也许意味着我们损失了即将拥有的两百本书。他确实达到了巅峰,但他一定远不如此。我现在正在读《真警察的麻烦》,这个书名我觉得很可怕,除此之外,它确实又是部伟大的作品。我真希望罗贝托能看到我的儿子,我想看他们之间的互动,他与孩子们在一起时总是很开心。作为朋友,我当然思念他。我的妻子一家人都在墨西哥,而我的家在阿根廷,正常来说,有时候听到电话铃响,她就会以为亲人出了什么事。而就我而言,很长一段时间以来,每次晚上或者凌晨电话响起时,我都会以为那是罗贝托。

13 "现在大家都能说自己曾是波拉尼奥的朋友"

伟大的墨西哥作家

不可绕过的科塔萨尔

缺少批判的神化

耀眼又博学

感性的同源亲近

就像流行明星一样

后政治主义作家

魔幻现实主义的延续

金钱的力量

拉丁美洲作家文选

是塞维利亚杀了我

拉丁美洲的最后一个作家

13 "现在大家都能说自己曾是波拉尼奥的朋友"

"我很早就读过波拉尼奥。当时我在西班牙的萨拉曼卡大学攻读博士学位,也是在那个时候写下了《寻找克林索尔》。所以当《美洲纳粹文学》问世时,我就第一时间读了它,虽然当时并不知道作者是谁,只因为这本书的名字和我正在写的作品相关。从那时起,我就觉得他是一位出色的作家。"

这些话出自墨西哥作家豪尔赫·博尔皮之口,他是罗贝托·波拉尼奥文学坚定的拥护者和传播者,这也使得他在经营一家墨西哥文化电视台——22频道期间,成了纪录片《未来的战役》的制片人。

对于《织影者》的作者[1]来说,《遥远的星辰》是波拉尼奥最出色的作品之一,而《2666》毫无疑问更是其巅峰之作:"在波拉尼奥去世后才来读他的作品令人惶惑不已,我想尽管他已经有所成就,这些作品仍未被人们广泛且深入地阅读,而恰恰是这些作品为拉丁美洲文学,更是

---

[1] 豪尔赫·博尔皮。——译者注

为世界文学打开了许多扇不同的大门。"

自从第一次阅读《美洲纳粹文学》后,博尔皮就无法自拔地沉浸在波拉尼奥的作品中。他们因为在不同地方的会面,也开始有了私下的联系。但无论怎样,这位墨西哥作家对波拉尼奥文学世界的痴迷从未改变。

"现在大家都能说自己曾是波拉尼奥的朋友,但我们之间至少已经维持了好几年的私人交情了,到他去世前,他都不断地给我惊喜、让我着迷、令我感动。"他说。

对于博尔皮来说,波拉尼奥所有的文学想象都发生在墨西哥。他见证了很多次波拉尼奥是如何拒绝回到这个给了他无限文学灵感的国家。

"他好几次被邀请前往瓜达拉哈拉国际书展,但他总是最后取消行程,我想这是因为他把自己的想象空间留在了墨西哥。当然,他还继续写智利人,写阿根廷人,写拉丁美洲这片土地上的任何人,甚至还写加泰罗尼亚的故事,但他的想象世界的中心,比如《荒野侦探》和《2666》都发生在墨西哥,从这个意义上说,他也算一个伟大的墨西哥作家。"博尔皮确认道。

正如我们所知,博尔皮在他的文章《玻利瓦尔的失

13 "现在大家都能说自己曾是波拉尼奥的朋友"

眠》中宣告了拉丁美洲文学的终结,他说:"拉美文学的标志已经不复存在。"他将波拉尼奥置于拉美这片大陆的传统之中,认为他的文学正是在这片土地上生根发芽。

"他是最了解拉丁美洲传统的作家之一,却将自己定位为对抗传统的人。此外,他也非常清楚地知道在这种传统环境中自己想做些什么。他对于这一点确实非常确定,这就是为什么他与世界的关系如此独特,极大的仇恨、暴力,同时却能散发强烈的吸引力。"他说。

"对波拉尼奥来说,科塔萨尔是不可绕过的高山。他是整个时代崇拜的作家,而波拉尼奥自己呢,也变成了被另一个时代崇拜的拉美作家,他总是被神化,却少了些批判的声音,这点很危险。

"《跳房子》是拉丁美洲 代作家都奉为神作的小说,而之后拉美的读者们又以同样的态度对待《荒野侦探》。随着时间的流逝,当年崇拜《跳房子》的一代作家开始有了对这部作品的批判,甚至暴力相对,不难想象,以后那些读者会对《荒野侦探》发出怎样猛烈的抨击。

"实际上,波拉尼奥的书迷们可能不会原谅我接下来要说的话:我并不喜欢波拉尼奥的短篇故事;更确切地说,我认为波拉尼奥并不是故事讲得很好的人,尽管他确实有几个令人难忘的故事。我承认,我一直有这样的印象,波拉尼奥的短篇故事,某种程度上,就像他的诗歌,常常是一幅草图,或者只是他更擅长的长篇或中篇的笔记而已。这就是为什么在我看来,出版那些他本人并不想公开的作品是个错误,包括出版那些无法体现他的伟大之处的短篇故事、片段或者被删减过的诗歌。好像每一行出自波拉尼奥之手的文字都代表了奇迹。只能说,这些作品的出版无济于事,甚至一定程度上慢慢毁了他。"[1]

在豪尔赫·博尔皮的眼中,罗贝托·波拉尼奥从来都不属于他那一辈的拉丁美洲作家。当然,他也不属于同辈的西班牙作家,"他自己好像是想加入这个群体的,西班牙人却不理他"。

然而,博尔赫斯却一直都在那儿。"我想对于罗贝托来说,博尔赫斯自始至终都是非常重要的作家,但他并不

---

[1] 豪尔赫·博尔皮,《波拉尼奥,一种流行病》,发表于多家杂志,其中包括2003年《墨西哥大学学报》,也是散文集《传染的谎言》的结尾篇。

13 "现在大家都能说自己曾是波拉尼奥的朋友"

常常谈论博尔赫斯,更别提其他作家。"博尔皮说。

1998 年波拉尼奥出版了《荒野侦探》。1999 年博尔皮出版了《寻找克林索尔》。两位作家不可避免地会在一些新书推广活动上见到。

波拉尼奥在一次演讲中提到博尔皮的书,并且特别点到了他自己喜欢的一段内容,这件事传到了墨西哥作家的耳中。

他们第一次见面是在智利圣地亚哥的书展上。

"他那时候绝对算不上知名作家。他回到祖国只是为了让同胞和同行们不悦,这也许是我们见面能相安无事的原因,他对我们墨西哥人没那么大敌意。

"他讲话真的令人着迷,他那么耀眼,那么博学,那么不同寻常,他远离陈词滥调,一直在寻找你从未想过的属于作家间的秘密联系,这种动力一直使他坚持到生命的最后一天⋯⋯

"我与罗贝托曾有过一段难忘的回忆,那是在巴黎时。我们在那儿见了好几次。[1] 他是来推广他的几本书

---

[1] 2000—2006 年,博尔皮是比森特·福克斯执政时墨西哥驻法国的文化参赞。

的译本的,巴黎似乎是他第一个收获好评的地方,当时我正好在墨西哥驻法国大使馆工作。在那段时光中,我们一起度过的那天令我印象最深。卡罗利娜和他孩子们都在,贡萨洛·加尔塞斯[1]、法比耶娜·布拉杜[2]也和我们一起……我们一整天都漫步于巴黎。如果你问我,我想和波拉尼奥再做一次什么事,那绝对是那天的散步。我向他介绍着那座城市他感兴趣的景色和事物,同时我们进行着文学讨论,这一讨论持续了一整天,散步时讨论,吃饭时也讨论,他一会儿生气,一会儿激动,真是有趣的人,那天太棒了。

"我认为他作品的基调就是叙事。他写了几首很棒的诗,甚至是在墨西哥时就写了的,那些却太过于被他的理性意志引领,太过于想要煽动情绪,想要与拉丁美洲的诗歌传统发生冲撞并且突破它。不过,从他的诗歌中你还是能发现故事。之后,他把它们写进了小说中。"

---

[1] 贡萨洛·加尔塞斯(1974—),阿根廷小说家,作品主要关注身份、父子关系、婚姻关系等,代表作品有《焦虑的人们》《未来》等。——译者注
[2] 墨西哥的法语文学评论家,因撰写有关波拉尼奥的文章《荒野作家们》而获得了阿纳格拉玛散文大奖的提名。

13 "现在大家都能说自己曾是波拉尼奥的朋友"

于博尔皮而言,波拉尼奥的小说结构是与高度理性的本能一致的,每一部都有着清晰的架构。

"如何组织材料,如何构建文本,他几乎总带着音乐的敏感度,并怀揣着极大的野心,即便对待短篇文本也是如此。"博尔皮说。他认为,波拉尼奥热潮是我们的作家英年早逝所引起的一系列的不可避免的巧合堆叠而成。

首先是西班牙读者迷上了,然后才是拉丁美洲人,他们都是从《荒野侦探》开始着迷的,带着"感性的炽热"。最后打开的是英语市场,至此才走向全球。

在拉美大陆,"对于我们这一代和新一代的作家来说,波拉尼奥的作品标志着与'爆炸文学''后爆炸文学',或者其他潮流不一样的方向的开启,他使作品中叙事的多元可能性成了现实。我们当中的很多人可能会讨厌某些同行的风格,但对波拉尼奥,大家都是同样地钦佩。我认为在拉丁美洲,有一种感性的同源亲近,一旦传到英语世界,它似乎就变成另外一种东西。

"我们仍然很难解释为什么波拉尼奥今天像流行明星一样成功,特别是在美国。有人说,这也许不仅和他作品的出版有关,也和他本人的人物形象塑造有很大的关系,我想也是这样。在英语世界,波拉尼奥被看作反叛者、流亡者、瘾君子的代表,他是如此有争议。而这些在西班牙语世界中却并未过多提及,这些都不重要,重要的是他的作品。

"波拉尼奥的独特之处还在于,他能够代表一种文学信仰,这种信仰是英语世界一定程度上已经在文学游戏中丧失了的东西。波拉尼奥有着对文学的热情,他相信文学可以直接影响人们的生活,这也使得他站在传统英语世界的反叛一面,甚至可以变革社会。"

豪尔赫·博尔皮确切地说罗贝托·波拉尼奥是拉丁美洲新一代作家中最有政治性的。他所代表的政治意义与"爆炸文学"时期的很不一样:"他的这种主张,我们甚至可以叫作后政治主义,因为它在意识形态上并不与任何事情相关联,但本质上来说它仍是政治,我想这也是他引起英语世界关注的原因。他变成明星作家,显然也成了一种商业现象。"

哥伦比亚作家加西亚·马尔克斯的《百年孤独》问世

13 "现在大家都能说自己曾是波拉尼奥的朋友"

40年后,《荒野侦探》在美国重演了书的销售奇迹和关注热潮,这让博尔皮相信"魔幻现实主义与波拉尼奥的这种怪异的、愤世嫉俗的、激进的现实主义之间存在着延续性"。

这位墨西哥作家想在这次采访中明确表达的是,罗贝托·波拉尼奥绝不是一个穷乡僻壤的乞丐,在巴塞罗那的街头乞求施舍,相反,"他在布拉内斯过着中产阶级的生活,和与他同时来西班牙的其他拉丁美洲作家很不一样。在他的文学作品中,能够看到一个小资产阶级对金钱的痴迷,当然,这可能并不是他生活中真正的样子"。

阿道夫·比奥伊·卡萨雷斯曾经写道:"约翰逊博士,史上最出色的评论家之一,曾说过'只有傻子才为娱乐而写作'。他自己是因为需求而写作,为金钱而写作,而且他确实做得很好。"

正如安东尼·加西亚·波尔塔所说,这位伟大的阿根廷作家所言正好也适用于波拉尼奥的生活。波拉尼奥的第一本小说《莫里森信徒致乔伊斯粉丝的忠告》就是和安东尼·加西亚·波尔塔一起完成的,那时候他住在巴塞罗那的达耶勒斯大街上,穷困潦倒。

"我想那应该是他能找到的最便宜的住处了。冬天的时候,罗贝托在卡斯特尔德菲尔斯露营地做夜间看守。他靠这个营生,然后买笔记本、铅笔、书和其他一些东西。夏天呢,他就在营地待上四个月,这样就省下来钱让他足以支付一年里剩下时间的房租。"加西亚·波尔塔回忆说,当他有些钱的时候,他也会给波拉尼奥带去酸奶和香烟。然后他们抽烟、聊天。[1]

波拉尼奥曾给加西亚·波尔塔写过一首诗,叫作《金钱》。

> 亲爱的莫妮卡,
>
> 我所剩的故事不多了,能发表的也很少,我发给你一个,但我估计我永远拿不到这份钱了。在这方面,墨西哥人的懒惰与七十年代某些拳手的运动能

---

[1] 阿尔瓦罗·马图斯,《两个飘荡的勇者》,阿根廷《民族报》,2006 年 3 月 26 日。

13 "现在大家都能说自己曾是波拉尼奥的朋友"

力绝对是成反比的。无论如何,我反正是要安安静静地离开了。

吻你,

罗贝托[1]

"上帝不会给你金钱,只会给你一些异想天开的独特。"[2]

"他刚开始写作的时候,几乎没什么钱,是他父亲一直在养活他。莱昂每8天都会给他10个比索,这样他就可以买车票,那时候他还乘电车,每坐一次要付35分,但他从来不会多要钱。'拿着这20比索吧',我丈夫会跟他这么说,但他总是坚持10个比索就够了。"[3]

罗贝托·波拉尼奥对于物质一点儿不感兴趣,但他却不断提到金钱,这似乎是他的一个梦想(一个"癞蛤

---

[1] 莫妮卡为墨西哥版的《花花公子》向波拉尼奥约稿,这是波拉尼奥的回信内容。

[2] 出自诗歌《兰波回家》,发表在《回到南极》杂志上,1983年2月。

[3] 出自马格达·迪亚斯·莫拉莱斯对莱昂·波拉尼奥第二任妻子伊雷内进行的采访,刊登于《克雷塔罗报》的文化副刊《卫城》上,2011年10月。

蟆"的梦想,墨西哥人常这样描述不可能实现的事情),他希望能完全靠文学活下去。他的实际生活总是离浪漫的想象非常遥远,尤其是离英语世界里人们的想象更远,他们总以为作家都愿意为文学挨饿受冻,为文学放弃一切。

他的情况用玛格丽特·杜拉斯的文字来描述更为贴切:"生活中总有些时候是糟糕透顶的,你却无法逃脱,你质疑一切:婚姻、朋友,尤其是你伴侣的朋友们;孩子,不,孩子你从不质疑。……这些都会让写作变得原始。就像是史前的荒蛮一样。我们一直承认这点,这种荒蛮就如森林一般,和时间一样古老。对一切事物的恐惧,既不同于生活,又与生活本身密不可分。独自愤怒。没有身体的力量,就没法写作。想要进行写作,就必须要强于自己的身体,必须要强于自己写下的文字。……不仅是写作、写下的文字,还有夜晚野兽的嘶吼,所有人的喊叫,你们的,我的,狗的。这是社会中令人绝望的平庸。是疼痛……我认为是这样的。"[1]

---

[1] 玛格丽特·杜拉斯,《写作》,杜斯格兹出版社。

13 "现在大家都能说自己曾是波拉尼奥的朋友"

波拉尼奥的写作是很荒蛮的,就像他自己的文学作品中呈现的一样。这并不代表他不在乎金钱,有了钱,生活自然会容易些。

"他总是说自己想成为一位伟大的、著名的作家,而且他不会为了文学做出任何改变。"[1]

回到政治性的问题上,豪尔赫·博尔皮认为"从《美洲纳粹文学》到《遥远的星辰》,再到《智利之夜》,政治性是波拉尼奥绝大部分作品中非常关键的因素"。

他补充说:"《荒野侦探》中,这种政治性的呈现也许是以一种难以捉摸的方式,但在《2666》中,它却是非常明显的,政治性是至关重要的。"

博尔皮认为波拉尼奥"总是试图不让自己陷入政治正确的惯性中",所以不怎么谈论政治。他最喜欢聊的当然是文学。

"他会问一些墨西哥的事情,但并不多。"

---

[1] 出自马格达·迪亚斯·莫拉莱斯对莱昂·波拉尼奥第二任妻子伊雷内进行的采访,刊登于《克雷塔罗报》的文化副刊《卫城》上,2011年10月。

"罗贝托正在准备出版拉丁美洲年轻作家的文选。我的意思是,既然罗贝托的文字这么受出版社欢迎,那么是不是也应该考虑考虑出版他编选的这本文选呢。他很早之前就开始这项工作了,不过之后放弃了一段时间,因为开始写《2666》。这项工作也证明了他曾花很多时间和精力来读同辈和晚辈作家的作品。比如说阿兰·保罗斯、丹尼尔·萨达、胡安·维尧罗,这些都是波拉尼奥欣赏的作家。"博尔皮说道,他为自己能与波拉尼奥成为朋友感到莫大的骄傲。

"我必须指出波拉尼奥是我们那个年代最优秀的作家,同时,他就像我们这些作家的星探一样,这也是为什么他受到大家尊重。那时候他并不像现在所说的,是我们的宗师。他会突然点到某个作家,然后说他的一堆好话。那时,他还不像现在地位如此稳固。而且我们的年龄差距并没有那么大。他与这些年轻作家的关系都是相互的。"

在塞维利亚的那次神话般的会面,大家已经有很多说法了,那也是罗贝托·波拉尼奥的最后一次旅行。几

13 "现在大家都能说自己曾是波拉尼奥的朋友"

周之后,他就在巴塞罗那一家医院的病床上离开了人世。

"是塞维利亚杀了我",罗贝托这样描述他在塞维利亚与其他拉丁美洲作家的会面,而且这句话也被广泛传播。除此之外,他还写道:"那是一条宽阔且气势磅礴的大河,从河里至少钻出25个50岁以下、40岁以下,甚至30岁以下青年作家。有多少人会溺亡在这条河里?我想所有人都会。"[1]

博尔皮说,塞维利亚的那次聚会是"我们这一代人的圣典,而这刚好发生在他去世的10天前。留下的都是鲜活的记忆,因为,那都是关于他的最后记忆。我和当时负责我的书的出版商塞依斯·巴拉尔出版社和何塞·曼努埃尔·拉剌基金会的同行们非常积极地参与组织了这次会面活动。我们都觉得波拉尼奥应该到场,吉列尔莫·卡夫雷拉·因方特[2]也应该来,他也是爆炸文学中的重要一员,处于爆炸文学的核心圈,一直与年轻人走得很近。当时能在塞维利亚见到波拉尼奥和卡夫雷拉·因方

---

[1] 出自伊格纳西奥·埃切瓦里亚《括号间》,阿纳格拉玛出版社。
[2] 古巴小说家。——译者注

特实在是太棒了,他们俩现在都已经离开了我们。我们相聚了5天,一起到处转转。这是一次非常不寻常的会面,但并没有公开。没有其他人打扰我们,在一天天的接触中,我想罗贝托逐渐意识到他有多重要。我们有次出去散步,他买了份《解放报》,那上面登了篇有关他的报道。报道很长,全是赞美之词,这让他非常开心"。

"所有参加会议的人都必须带上自己的稿子,但罗贝托什么也没带。他只带来了现在非常流行的'是塞维利亚杀了我'那个段子。这似乎更像是一种声明,试图去揣测未来。他的发言像小说一样被出版了,但很可能那只是他本来就要写的文本的四分之一内容,在这段话里,他开了很多玩笑,对身边的人和事嗤之以鼻。一些评论家希望看到他的文本中有些严肃的内容,以此作为他去塞维利亚嘲弄其他作家的证据,这也是伊格纳西奥·埃切瓦里亚的观点,我呢,是完完全全不同意的。我想那只是他稿子一开始的一点内容,他之后肯定会涉及很多其他东西,只是他最后不想讲了而已。他在会上说:'我本想写篇文章,题目叫作——是塞维利亚杀了我,但我只能写出几段话,所以我就读读我为另一个会议准备的文章吧。'[1]的确,他后来读了另一篇文章。"

博尔皮多次提到,从某种意义上说,罗贝托·波拉尼奥是拉丁美洲的最后一位作家,"他真正把自己当成了拉美人;我仍然记得自己与他进行的那些长时间的交谈,他在拉丁美洲文学方面的学识非常渊博,读过很多19世纪和20世纪初不出名作家的作品,与他们以某种方式保持沟通对话。他自己的作品从本质上来说,也是拉丁美洲的。他的优秀的著作也许是对爆炸文学期间所有小说的回应,比如《绿房子》《我们的土地》和《百年孤独》等。"

---

[1] 《克苏鲁神话》,刊登于《侧边》杂志,之后又收录在《无法忍受的高乔人》中,阿纳格拉玛出版社。

14 与女性们的故事

她们都是他生命中的女人

你终于露面了!

得利卡多斯雪茄

广场上的晕厥

罗贝托爱情的确定性

与萨达姆·侯赛因同一天出生

皱巴巴的纸

别让我饥饿而死

我从未看到过他沾染毒品

女人多的是

即使你痛不欲生

14 与女性们的故事

认识波拉尼奥的人都说他对女人很有吸引力,尽管他并不是那么地帅气,而且年轻的时候就已经掉了很多牙(就像马丁·艾米斯和弗拉基米尔·纳博科夫一样)。

父亲莱昂帮助罗贝托成长为一个浑身充满征服感但又有些调皮的男人:"1982年,我去西班牙的时候,他把他的妻子介绍给我,尽管我根本不清楚那是不是他真正的妻子,实际上他在女人方面,总是有些鲁莽。他太喜欢女人了。"

"在墨西哥的时候,他和一个女孩走遍了很多地方。"他的父亲回忆说。"她是一个外国人的女儿,跟他一样也是个作家。他带她去库埃纳瓦卡,他们在那里待了一个月,一直到女孩的妈妈来找她。罗贝托有天晚上请我帮他拿走那些留在库埃纳瓦卡的东西。'她抛下我了,他们来找她了。'他跟我说。"

他是那种典型的感性的男人。在所谓典雅之爱的传统里,相比所爱的女人,他更爱的是爱情本身。这些女人都是波拉尼奥生命中的女人。数量可不少。

从不完结的重复的信,是一个天生的浪子最喜欢的浪漫手段,他有强烈地成为关注中心的情感需求。他可能会屈服于绝望爱情的烈焰,只为了让自己成为受害者,有时候,他又会扮演英雄的角色,牺牲自己,挥舞着爱的旗帜,似乎一切都只需要他一人来承担、忍受。

庞奇·普伊格德瓦说得很好:爱情并不是波拉尼奥的文学实质,性才是。他并不是深爱女人的男人,不是一个伟大的爱人,他似乎只是一个长不大的孩子,一直在寻求冒险,愿意在喷发的火山口跳舞,然后再迅速逃离,却并没有受伤。

当波拉尼奥所有的信件文档被公之于众时,一定会令全世界惊讶。如果收到过他的信的人都把内容公开的话,你会发现里面有很多重复的话语、重复的故事、以相同的方式讲述给不同的收信人。就像他的第一任出版商胡安·帕斯科说的那样,也许是因为波拉尼奥并不是为了某个特定的人写的,他只是为了未来而写,为了世界而写,所以任何一段爱情都没有成为例外。

这个男人一生中拥有过很多女人,但他只将自己的生命和财产献给了其中的一个人,那就是他孩子的母亲

14 与女性们的故事

卡罗利娜·洛佩斯。这让人想起澳大利亚演员杰弗里·拉什在电影《彼得·赛勒斯的生与死》中所扮演的彼得·赛勒斯,那是2004年由斯蒂芬·霍普金斯执导的电影。电影里展示了一个任性幼稚的男人是如何处理他的爱情关系的,53岁因心脏病发作去世后被发现他的钱包里只有一张照片:他的第一任妻子,也是他头两个孩子的母亲。

奇怪的是,所有因为这本书接受采访的与波拉尼奥曾在某个时段维持过亲密关系的女性在回忆他时都在为她们失去的爱而惋惜,她们自己都迷失在某种持久的氛围中:他们之间可能会是怎样,却没有如此发展,确实没有。

毫无疑问,就像所有的浪子一样,波拉尼奥也没能逃脱某种愚蠢的陈词滥调:这位伟大的魅力四射的征服者,向女性讲述她们想听的东西,这种模式在他的友情关系中也出现了。

很多人都认为自己是波拉尼奥的朋友,在某个时刻,我们的作家可能会让他们觉得自己是他最亲昵的相处对象。很多女人,即使她们没有到处宣扬,但也曾觉得自己是他"生命中的女人",只有深陷爱情的男人才会给予她们这种感觉。确实如此,就像诗人费尼希邬斯·迪摩赖斯在他著名的《忠诚之诗》中写道:"也许它不是永恒的,因为它是火焰。但它也许是无限的,只要它还存在。"

在墨西哥,很流行"老大"这个概念,说的是那些在某个组织中扮演重要情感角色的人。从这个意义上来说,波拉尼奥从心底里似乎很少当"老大":他的孩子总是在第一位;他的母亲,维多利亚·阿瓦洛斯;他的妻子卡罗利娜·洛佩斯,还有他的妹妹玛丽亚·萨落梅。当然,还有个失去的朋友,也许那是他的另一个自我,接受了他自己绝不会接受的极端的生活,尽管他一直将其视为失败的乌托邦,那人就是马里奥·圣地亚哥·巴巴斯奎罗。

另一方面,一旦我们发现他的书信或者阅读到接下来卡罗利娜·洛佩斯要出版的书,我们就不会对罗贝托以爱情来替代某种欢愉感到奇怪了。

他可能也是个偷窥者,偷偷地以不同的角度观察自己:他并不喝酒,却能够描述出酗酒的折磨;他从未去过墨西哥北部,却能写出——甚至预言——华雷斯城地狱般的境况,那里的故事比血腥的墨西哥其他穷困地区还要糟糕一百倍。

14 与女性们的故事

波拉尼奥的生命是如此短暂，但又如此有趣，以至于人们总是将他的生活和他书里的故事混为一谈。不幸的是，只有在他的文学里我们才看到他真正的实质所在。生活对于这个聪明过人的叙事者来说单调、可预测，也要无聊许多，他远能接收更丰富多彩的世界的信号，很多他的爱人、朋友和兴趣之所以能够吸引他，只是因为他们都被他吸纳进自己梦幻的文学世界里。

回到女人的话题上，所有人的发言都概括出一个在所有海域广撒网的男人的形象，他却只允许被一个与自己同住20年的女人的臂弯保护，他也将自己所有作品出版的责任托付给她，把自己最重要的书献给了她，却很少在采访中提及她。

尽管在生命的最后年头，罗贝托·波拉尼奥似乎与卡门·佩雷斯·德维加走得很近——很多证词都说明了这点（虽然只有很少的部分是罗贝托自己所说）[1]，他一

---

[1] 山白《阿尔瓦罗·罗赛洛的旅行》，收录在《无法忍受的高乔人》中，其中有一段献词："献给卡门·佩雷斯·德维加"，但在英文版本中却被波拉尼奥的遗孀要求去掉。在《括号间》中，卡门出现在了第一版的人名索引的字母 P 下。其中显示书里的第 363 页可以找到"佩雷斯·德维加，卡门"，但是书中此页却找不到这个名字。

直介绍说她是他的"女朋友",也是他生命最后阶段的伴侣,但不能否认他的妻子一直扮演的重要角色。他说卡罗利娜是自己尝试用各种方式给她煮饭的女人,也是他生命中最重要的人,除她之外,重要的还有他们的儿子和女儿。

女性们都认为他有很大魅力吗?他是否保留了年轻时让很多女孩叹息不已的幽默?没有人能比一位女性更好地描述这位伟大的作家生命最后几年里的形象。

身为记者,同时也是作家,佩奥拉·蒂诺科,目前是墨西哥阿纳格拉玛出版社的发言人。她于 2002 年陪同自己的挚友之一作家塞尔吉奥·冈萨雷斯·罗德里格斯[1]去介绍《沙漠中的尸骨》[2]时结识了罗贝托·波拉尼

---

[1] 塞尔吉奥·冈萨雷斯·罗德里格斯也是《2666》中的角色之一,"我认为这是一种荣幸,因为当我读小说时,这给我留下了深刻的印象。你很难去形容看到自己出场的感觉,即使是在文学作品或者说是在如此戏剧性的环境中出现,虽然里面的故事我自己也亲身体验过。只有像罗贝托·波拉尼奥这样大师般的作家把现实场景重现时,你才能理解人间戏剧的维度",《讯息报》,2010 年 9 月。

[2] 塞尔吉奥·冈萨雷斯·罗德里格斯的著作,2001 年由阿纳格拉玛出版社出版。这是一部关于华雷斯城女性谋杀案的报道作品,也是对波拉尼奥《2666》的创作影响最深的作品之一。

奥。好几个月的时间里,波拉尼奥和冈萨雷斯一直有频繁的书信往来。在这次介绍会上,他们终于要见面了。

他们第一次见面时,情况如何?

很混乱,因为他邀请我们去布拉内斯吃饭,而我们当时在巴塞罗那。我们本以为近郊火车和城际火车应该相差无几。所以我们就上了经过我们那个站台的第一趟车,车上写着"布拉内斯"的字样,却去了相反的方向。我们晚到了三个小时。下车时,我们打他手机,他说会和儿子劳塔罗一起来接我们,我们约在了车站的一个角落。我也不知道为什么我们后来突然换到另一个角落,所以他到的时候,我们已经不在原来的地方了,就这样,我们又等了1个小时才见到他们。我们当时还饿得要命。跟料想的一样,他和家人已经吃过饭了。不过,最终我们还是见到了,他请我们去他家喝了一杯。空着肚子干喝酒啊!我们连早饭都没吃。半小时后,我们实在忍不住告诉他我们快饿死了,好心的卡罗利娜给我们面包加番茄……这就是我们和波拉尼奥的第一次会面。

你还记得他家里是怎样的吗?

到处都是书,甚至那些我都够不着的高处也摆着书,当然他应该可以够着,不过那些角落可真够黑的。

那他呢? 是怎样的人?

不得不说,他不算是特别有吸引力的人,却有种莫名的扑面而来的魅力。在与女性打交道的过程中,他有某种东西总能够吸引你的注意力。我认为他的魅力在于挑战和对抗。他会问你这样的问题:"你呢,你读过谁的书?"或者因为你是女性,他会问一些你理应知晓的墨西哥女作家的相关问题。我回答:"你为什么觉得我会读女性文学呢?"他就会反问:"为什么? 因为在墨西哥有像玛尔戈·格兰茨和卡门·博洛萨这样的女人啊!""这两个我都读过。"我说,然后我们都笑了。

他和塞尔吉奥之间的会面呢?

"你终于露面了!"罗贝托对塞尔吉奥说。他们开始讨论自己正在写的东西,塞尔吉奥才得知自己也是《2666》里的一个角色。"我正在写人生中最长的一部小说。"波拉尼奥说。塞尔吉奥也不是第一次出现在小说里了,他也曾是哈维尔·马里亚斯作品[1]里的一个角色。不过他还是很开心。

你是什么时候再次见到他的?

我第二次见他,是在巴塞罗那的一家日本餐厅里。陪他来的还有个女孩,并不是他老婆[2]。这次我见到的是一个和善得多的男人,面带微笑。女孩似乎传递给他另一种能量。在她身边,罗贝托就像只"摇铃",充满活力,闪闪放光。他想要忍住不抽烟,但我一直引诱他,因为那段时间我一直抽烟,随身带着得利卡多斯雪茄[3],那是他在墨西哥时习惯抽的牌子。我记得他一直想表现出很严肃的一面,他内心却很温柔。我知道这么说很愚蠢,但这确实是我对他印象最深的部分。他给我起了个外号,叫作"魔女",因为我能让他的女儿亚历珊卓安静下来。亚历珊卓当时还很小,经常像旋风一样,从这头跑到

---

1 即《时间的黑背》,旺泉出版社。
2 这里是指卡门·佩雷斯·德维加。
3 Delicados,墨西哥雪茄品牌。——译者注

那头,但是和我在一起时,她就不那么闹腾。所以我是"魔女阿姨",这个称呼很棒。

罗贝托·波拉尼奥的书在墨西哥卖得怎么样?

他去世后,书的销量开始激增。去世之前,只有《荒野侦探》卖得还不错,不过之后,其他书也渐渐热销起来。《2666》为阿纳格拉玛出版社打破了墨西哥的销售记录。在波拉尼奥之前,只有保罗·奥斯特[1]和亚历山卓·巴利科的书畅销过。

你是怎么看待罗贝托死后出版的作品的?

我认为罗贝托想说的话在已出版的书里表达得很清楚。在我看来,《2666》之后出版的作品,包括《未知大学》,都是波拉尼奥不想让人们读到的文字。那些都是没经过他同意就公之于众的东西,不过也经过一些人许可的,也许是他最信任的人,这我并不怀疑,但是没有人

---

[1] 保罗·奥斯特(1947—),美国小说家、诗人、剧作家、翻译、电影导演,代表作品有《4321》《纽约三部曲》《布鲁克林的荒唐事》等,2006年获得阿斯图里亚斯王子奖。——译者注

能比作者更合适来决定自己的作品是否要出版。

你是什么时候得知波拉尼奥快要去世的消息的?

是最后一次回巴塞罗那的时候。我记得我看到了一条他的留言,他觉得自己在广场上突然晕厥过去很可笑。他是开玩笑的,所以你也会把它看作玩笑。之后,我才知道他之所以晕倒,是因为他情况已经很糟糕了。他应该接受肝移植手术,却因为他一直抽烟而延后。他试图想要减少吸烟量,我可以证明这点,但是这似乎很难,他还是一直在抽。有件事很感动我。塞尔吉奥给他带了一包哈瓦那咖啡,罗贝托长时间闻着那包咖啡的气味,带着极大的怀念和遗憾,因为他再也不能喝咖啡了。他每周四都会去巴塞罗那看医生,也会去看看卡门,她似乎成了他治疗的一部分。事实上,罗贝托和卡门在一起时,他的情绪就会发生翻天覆地的变化。当她出现时,他会看着天空,说着笑话,甚至要去逗笑别人……卡门是个美丽的女人,她的面孔似乎告诉别人,她不欠任何人任何东西。他俩在一起时总是很美好,我没办法想象罗贝托和其他女人在一起的样子。

圣地亚哥·奥赛隆的歌经常在未来广播台响起,歌中唱着:"如果你向我的真心宣战,如果你伤害了我,那我就把你唱进我的歌里。"如果生活也像歌里唱的一样,那么罗贝托·波拉尼奥一定曾深深伤害过他年轻时的女朋友,以至于30年后,她写出了《致幽灵的信》[1]。这本书是一张诉状,当你读到"如果罗贝托是和我在一起的话,他就不会死掉",你会不禁生起气来。

书的作者是艾德娜·里博曼,她21岁时和波拉尼奥恋爱,当时,他26岁。他们一起在巴塞罗那达耶勒斯大街那间简陋的小隔间里短暂地生活过一段时间。她也算是一位给波拉尼奥书中角色创作带来灵感的人。

里博曼是波拉尼奥的诗集《浪漫主义狗》(2000年)里诗歌《缪斯》《艾德娜·里博曼的灵魂》的灵感来源,是小说《通话》(1997年)里的"墨西哥女人艾德娜",是《荒野侦探》(1998年)里的"埃迪斯·奥斯特",是诗集《三》里"在亚特兰蒂斯消失的陌生女人",是诗集《安特卫普》

---

[1] 陶瓦出版社出版。

(2002年)里的"脸上有雀斑,腿很细,头发是红褐色的墨西哥犹太女人",也是《未知大学》(2007年)里的"艾德娜"及《2666》里的"艾德娜·米勒"。

30年后,上面提到的所有文学作品让艾德娜发现波拉尼奥从未忘记她,因此,她有必要写一本书以同样的姿态回敬波拉尼奥。

"当我于2007年4月从巴塞罗那返回时,我确信罗贝托曾深爱过我。这并不只是基于我自己的猜想,在我和波拉尼奥的母亲维多利亚·阿瓦洛斯见面时我也跟她确认过,我和她一直走得很近,直到她住院,然后遗憾地离开人世。那次旅行回来后,我决定将个人经历、失败的情感及许许多多的感受写成文字。我进入自己的想象世界(这是小说创作的基本要素),试图给予可能发生的事和从未发生过的事一种合理的解释,这是我当时强烈的愿望。就这样,《致幽灵的信》开始逐渐成形。"艾德娜2010年在接受智利《号角报》采访时这样说道。

里博曼以截然不同的结果重复了罗贝托所做的事情,试图将过去转化为文学。她在此刻写信给幽灵,用胡安·维尧罗的话说,这是给"私人写的信",她混淆了现实和虚构世界,以至于某些章节对波拉尼奥身边一些重要的人产生了冒犯。例如她称卡门·佩雷斯·德维加"假金发女郎",并且贬低波拉尼奥的妻子卡罗利娜·洛佩斯在其生活里的重要程度,还暗示她外貌有缺陷。

这部艾德娜的作品将她带入狂躁的极端,以至于人们有时会怀疑她的心理健康状况,也怀疑三十年前年轻的她是否真的和波拉尼奥有过浪漫的爱情故事,毕竟当事人已离开人世,无法证明某些回忆是否准确。

认为诗歌中的奉献精神或是故事中角色的隐喻构成了"罗贝托爱情的确定性",这就像是一个少年的迷思,而认为爱情的真谛只在于情歌的歌词中,这也唯有青春期的人才能相信。

然而,里博曼的书中也记录了26岁波拉尼奥的一些性情故事,尽管并没有得到可靠的证实,却能够突出一个坚强而充满激情的男人形象,这种形象一直持续到波拉尼奥生命的尽头。

艾德娜说波拉尼奥把她关在达耶勒斯大街[1]的那间

---

[1] "当他黎明时分到达时,看到我缩在梯子和墙壁之间,半醒半睡着,盖着不是自己的衣服,他很惊讶,然后喃喃自语:'宝贝,我带错了钥匙,把你的拿走了。原谅我吧,我不是故意的。'"出自《致幽灵的信》,艾德娜·里博曼著,陶瓦出版社。

14 与女性们的故事

隔间里,正是由于他的自私和畸形的嫉妒心,他们开始恋爱关系几个月后她就被抛弃了。

您是不是把爱过的人的名字刻在了一棵树桩上?
我还有过更大的过失,但我们至少可以遮掩一下。[1]

无论如何,艾德娜·里博曼的回忆和悔恨里似乎并没有盖上这份遮掩的面纱,也没能阻止她犯下最大的错误:她说每当听凯丽·金[2]时,就会想起波拉尼奥。

另一位在波拉尼奥生命中重要的女性,是他年轻时在墨西哥的好友,帕洛马·迪亚斯。她说自己是"一位带有瓦哈卡和尤卡坦血统的墨西哥女画家",并且说自己一点儿也不介意能赚点小钱,不过名声这种东西她倒是完全不在乎。

帕洛马对于罗贝托的去世感到非常震惊。她才刚刚和1976年就结识的这位老友恢复来往。她是Suma组

---

[1] 出自罗贝托·波拉尼奥在《最后的采访》中所说的话。
[2] 美国萨克斯管演奏家、音乐家。——译者注

织的成员,这是一个与现实以下主义者合作的艺术运动组织。

"我与他没有学识或是艺术上的关联。罗贝托是我的朋友,他是个很慷慨的人,我们的生日恰巧是同一天(4月28日)。他住在通往墨西哥城中心维拉区的一条道上,是座很简单普通的房子[1]。有一次,我不记得我们在他家干了什么,他突然从他那张非常简易的行军床底下拿出他的护照,只为了向我展示我们是同一天生日,不是在开玩笑[2]。之后,我们就变成了兄妹。和我们同一天生日的还有萨达姆·侯赛因,我很有必要在这里提一下。"

于帕洛马而言,罗贝托是一个"伟大的浪漫主义者"。她那时不喝酒,不抽烟,不吸毒,她总觉得自己应该躲藏起来画画,"因为在我的观念里,画画是一种异教行为。相反,罗贝托却非常欣赏我的画"。

在她的记忆中,波拉尼奥并不企图成为"一位伟大的

---

[1] 瓜达卢佩特佩亚克区萨穆埃尔大街 27 号。
[2] 出自里卡多·奥斯为《未来的战役》对帕洛马·迪亚斯进行的采访。

作家"，而是希望成为一个可以写作的人，因为"除了写作，他别无其他"。

"他从不停止写作，身上总是带着皱巴巴的纸。当我们互相写信时，他的信总能逗得我哈哈大笑，因为他的信总配上插图，他也是个爱画画的人。"

波拉尼奥非常喜欢哥斯达黎加诗人宁法·桑托斯[1]，她是帕洛马的外婆，所以很快便也和她搭上了关系，并且从来不会忘记在信件里问候她。

帕洛马和罗贝托之间有着非常深厚的兄妹情，"这种感情通常在亲兄妹之间都不太有"，我们的这位艺术家也

---

[1] "她嫁给了埃尔米洛·阿布瑞尤·戈麦斯，与他维持了一段艰难的婚姻，并且生了女儿胡安娜·伊内斯（1939）。一结束哺乳期，她就和丈夫离了婚。后来，她的女儿嫁给了波菲里奥·迪亚斯的曾孙贝尔纳多·迪亚斯，但宁法保守了这个秘密，没告诉别人，这激怒了埃尔米洛·阿布瑞尤·戈麦斯。宁法搬到了墨西哥，开始住在她的姨妈卢佩家里，但是她很快就离开了那里，因为她的姨妈试图给她强加很多严格的限制。1953 年，她在美洲国家组织的墨西哥代表团工作。在那里，她开始了自己的外交生涯。1958 年，她被提拔为副领事。1963 年，她前往纽约。1967 年，她又远赴意大利罗马，在那里住了 13 年。之后她回到墨西哥，于 1990 年 7 月 26 日去世。"出自哥斯达黎加作家米格尔·法哈多·科瑞艾于 2008 年所写的文章。

经常去巴塞罗那拜访他。那些会面,总是非常愉快,波拉尼奥总是把自己不多的时间腾出来给她,"即使他总是忙于处理自己某段焦头烂额的感情"。帕洛马在巴塞罗那期间也会去看看布鲁诺·蒙塔内和他当时的女友,因玛,她们也是非常好的朋友。

把我的吻献给你的外婆宁法,献给罗马,也献给我那留在墨西哥城的灵魂。你外婆身体怎么样?替我亲亲她,握握她的手。当然也把我的吻献给你,同时邀请你带着画笔和颜料来寒舍一聚。[1]

"他写信给我是为了回应我在芬兰访问时所说的一段话。因为我想看雪,所以是1月去的,那里确实银装素裹。"帕洛马说。

有时,我会想一个人就这么结束,当然,这是我好奇的事。所以你和一个智利人在一起了?那也替

---

[1] 出自罗贝托·波拉尼奥在赫罗纳写给帕洛马·迪亚斯的一封信。

14 与女性们的故事

我问候他一下。我真希望现在能和你在一起,听听你给我讲讲墨西哥的笑话,讲讲你的爱情故事,说不定我们还能睡在一起,在被子里打来打去。你什么时候会回墨西哥?布鲁诺和因玛会在梅诺卡岛待到9月份,如果你来的话,还能认识些新的朋友。我有可能10月份会去意大利。记得联系我,别让我饥饿而死。

"当然,他一直都在挨饿,因为他什么都没吃,只抽烟。在我看来,他生活得如此糟糕,似乎也算是浪漫的一种形态。"帕洛马说。

我的小说难产了。我正在写的事情不断究化游走,就像打一局《阿帕奇:空中突袭》,你也不知道对方是想给你一击,还是想亲吻你。[1]

帕洛马·迪亚斯所认识的罗贝托·波拉尼奥是"马

---

[1] 出自罗贝托·波拉尼奥在布拉内斯写给帕洛马·迪亚斯的一封信。

里奥·圣地亚哥身边的小猫,而我们却很怕他。他其实很和善。当然,我们的关系也仅限于他和我之间,因为我并没有参与他们的冒险行为。罗贝托是一个很敏感的人,当然也很亲切。任何一个曾成为他朋友的人,今天肯定还是他的朋友,当然前提是他还活着。罗贝托不会主动切断友谊的纽带"。

美丽的帕洛马,我给你写了封特别悲伤的信,但我不想再告诉你悲伤的事情了,所以我就把它给撕了,是的,我经历了些艰难的时光,包括爱情,包括我那无从下笔的小说,还有钱。你跟我说你夏天会来,你知道的,我家永远欢迎你。我很想见你,想和你说说话,也想和你出去吃吃东西。如果我继续给你写信的话,我会忍不住告诉你我所经历的痛苦,这可不行。我想可能有的人会选择这么做,毕竟他们可以给你递一张手帕。你到巴塞罗那的话,记得通知我,别忘了写信告诉我你的情况。给你很多很多吻。再给你一个拥抱。

罗贝托

14 与女性们的故事

烧焦塑料的气味[1]

献给帕洛马·迪亚斯

如果我真的认识你,我会潜入消防队

那么所有的大火会像那比派的画

磨坊将无法挽回地燃尽

倚在水桶上,我时常梦见你

热和紧张会让楼梯汗毛竖起

被困在七楼的人

会从空中跳下,大喊着继承人的姓氏

一个流浪汉会拿地心引力定律开玩笑

火焰会在云朵胃里写下你的名字

红色的小鸽子[2]

水管会向被定罪者的胸膛喷洒可乐

空中别墅的居民哼着民歌死去

受辱的行李员会和我一起在人行道上笑

---

1 本诗的翻译得到文学博士张悦的帮助,特此感谢。——译者注
2 Paloma 既是帕洛马的名字,又是鸽子的意思。这里具有双关的语义,理解为作者对帕洛马的昵称。——译者注

>然后我们会因一个温暖的日落
>
>一起走向你的小屋
>
>在那里,回忆和照片因为缺席而闪耀
>
>烧焦塑料的气味

"罗贝托在他的房间给我读了这首诗,我异常悲痛。那时,我只有十八九岁,自然从没有人给我写过诗。我确实有些紧张,因为我真的感到害怕,但是我喜欢这首诗。它仍然在那儿。罗贝托非常照顾我,我曾陷入狂热的诗人和画家的世界中,诗人和画家都像是缺失纽带的人,所有的一切都让我感到害怕。罗贝托总是确保他没有愚弄我,没有让我感到烦恼,这也是我会如此喜欢他,感激他的原因。

"我认识罗贝托的时候才刚刚在意大利罗马读完高中。我来到墨西哥,以为自己会进入墨西哥国立装饰艺术学院学习画画。结果他们并没有接受我的申请,原来在墨西哥人们已经不再画画了,所有人都在做概念艺术,这对我来说一点儿都不真实。但我还是加入了街头艺术运动,那是段让人难以忘怀的经历。我也成了墨西哥城

14 与女性们的故事

的一部分,这个美丽又令人恐惧的城市。我们所有人都游荡在大街上。在哈瓦那咖啡馆,从一次行动到下一次行动,从一家到另一家。那是一段辉煌的时期,很神奇,也很可怕。

"当我听说罗贝托可能因吸食海洛因要死的消息时,我非常震惊。我从来没看他吸食过任何东西。我的意思是,他是很疯狂,但他只抽烟啊。我听到人们说他吸毒成瘾时真的感到不快,因为不管是在墨西哥,还是在西班牙,我都从未看到过他沾染毒品。"

卡拉·里皮是1970年代时在墨西哥认识罗贝托·波拉尼奥的。这位美国艺术家就是《荒野侦探》中的卡塔利娜·奥哈拉的原型。她曾在智利住过一段时间,从1985年开始定居在墨西哥。

她对波拉尼奥的记忆让人非常感动,她也是他很亲密的朋友。罗贝托起身去西班牙后,她一直与他保持着频繁的通信往来。63岁的她,仍然是一位美丽动人的女性,她的艺术生涯更是热烈而势不可挡。

罗贝托是魔鬼吗？

（笑）他确实变成了鬼，虽然他对我来说，自从失踪后就变成了鬼，我已经27年没见过他了。他26岁时，我25岁，是我陪着他去墨西哥城的机场，带着我的儿子卢西亚诺，罗贝托很喜欢他，还有我抱在怀里的儿子安德烈斯。那时，我见到了罗贝托的父亲，他也去机场同他告别。他的母亲我之前就已经认识了，是在罗萨区伦敦大街上的一间公寓里，她和女儿玛丽亚·萨落梅在那住过一段时间。

当时你认识的那个年轻人身上有没有什么迹象预示他会带来今天这样大的文学风潮？

我一直对此深信不疑。甚至在1995年前后，我开始想："真奇怪，罗贝托怎么还没出名！"我很荣幸收到过他的很多信，如果我写信也能写得很好，我可能收到更多。有一段时间，我不再回他信了，所以我们断了联系。1994年，我收到了一封他写得很长的信，那是他给我的回信，回应我之前寄给他的我自己的展览目录。之后，我又失去了他的消息。几年后，我开始寻找他。我很懒，不喜欢给他写信,而且也不知道他的地址还对不对。他去世那年我开始在网络上搜寻他的消息,我联系上一位记者,他刚刚在智利采访了罗贝托。我给这位名叫费利佩的记者写了邮件,请他把罗贝托的邮箱转给我。

像你所说的,你是他早期的读者,那么你是怎么看待他的文学作品的呢?

首先,我读了他那些令人眼花缭乱的信,我觉得它们都值得被出版。他的诗歌也很棒。罗贝托认为他们这个团体中最好的诗人另有其人,那就是马里奥·圣地亚哥。罗贝托去世前一个月,在我和他的一次谈话中,他跟我说,他真希望有时间能够亲自去汇编马里奥的作品。

他是个温柔亲切的人吗?

和他的朋友们一起时,是的。对待马里奥、布鲁诺·蒙塔内、我、我的孩子们,还有我的前夫,他都非常好。但他和现实以下主义者的关系呢,似乎要更加紧张些,没那么亲密。他对于他真正在乎的人都非常关心。我曾收到过他的一封信,信里告诉我他在西班牙看见我的前夫[1]上电视了,出于本能,他想拥抱电视。

卡拉认识罗贝托时,她肚子里正怀着卢西亚诺,如今,卢西亚诺已经37岁了。就像波拉尼奥在《荒野侦探》中描述的那样,她是组织里第一个怀孕的女子。

你读《荒野侦探》时有什么想法?

我们所有认识罗贝托的人,第一时间所做的事都是在小说里找自己出现的地方。对于有些人,比如玛拉·拉罗萨和贝拉·拉罗萨姐妹来说,读完所有自己出现的段落可是个力气活——因为她们俩是第一部分的重要角色[2]——特别是还会发现自己被描绘的与现实完全不符。至于我,我确实有个孩子,而且刚刚离婚,尽管罗贝托并没有目睹我的这些经历,他离开墨西哥时,我还和我前夫在一起。我们分开后,我在书信中告诉了罗贝托整个经过。书里也有不真实的描述,比如与之相反,我家其

---

1 卡拉·里皮的前夫是墨西哥政治家里卡多·帕斯科。他是左翼政党民主革命党的创建者之一,2003年他离开了该党。他是比森特·福克斯当政时(2003年—2006年)墨西哥驻古巴的大使。通过里卡多,罗贝托结识了胡安·帕斯科,他的第一任出版商。
2 小说中的玛丽亚·丰特和安赫利卡·丰特。

实经常会有聚会。我当时参加的那些激烈的政治活动也没有出现在书里。皮诺切特军事政变发生时,我和我前夫就在智利,而且我还曾是波士顿女权主义运动的参与者。

你们会谈论智利或者墨西哥的情况吗?

实际上,我们那时唯一关心的是彼此间相处融洽,并且对相同的东西感兴趣:艺术,以及我们想要拥有的生活……

你为什么会认为他不想回墨西哥?

显然,罗贝托在墨西哥建立了一块对他的文学世界来说非常重要的个人领地,而且他想一直维持着这块领地。说起这个,我想起了我在哈拉帕住的那五年,我在那里还嫁给了个当地的小伙子。第一次去那儿真的令人印象深刻,但是去了几次以后,对那儿的回忆似乎渐渐就淡了。所以我的感觉是,如果罗贝托真的回了墨西哥,那他的墨西哥文学就将不复存在。

只有这样,他才能写出被很多人评为墨西哥最伟大的现代小说《荒野侦探》……

对我来说,《荒野侦探》是他和马里奥·圣地亚哥私下里开的一个玩笑。我想,罗贝托一定觉得《2666》是他最优秀的作品。至少在1994年他给我写的一封长信里,他是这样告诉我的,当时他刚刚开始创作《2666》。《荒野侦探》是他青春的漫长旅途。墨西哥城是他心中的圣地。这从他的信里也能看出,他还跟我稍微讨论过一些,他说他出生在小镇上,长在小镇里,他不是个来自大城市的人,不过最后……

你觉得他最好的作品是哪部?

《2666》,尽管有点恐怖。罗贝托文学作品中让我喜欢的特点之一是,即使他讲述了最最可怕的事情,他仍然能找到一种让读者抽离的方法。《2666》并不是他最有趣、最具娱乐性的作品,但是里面三位老师之间的对话真的很有意思。

他写作时有什么规矩吗?

当然有。他一写作就停不下来。抽烟,写作,抽烟,写信,这就是写作时的他。

你从他口中得知了他的病情吗?

1995年他写给我的最后一封信中,他告诉我:"快回我信吧,我再告诉你其他一些事情,包括一些疾病的事。"但他并没有说得很清楚,如果他很明确地告诉我,我肯定会立即回他信的。事实上,我当时也有相当多的抱怨要写给波拉尼奥。我很爱他,如果我一直给他写信会影响我的正常生活,因为我没办法像他那样把所有的事情都分得非常清楚。我可能会开始爱上他,如果那样就太糟糕了,也不会有之后我去西班牙等诸多事情了。我想这是我没让自己陷入这种境况的原因。

你对此感到内疚吗?

当然,非常内疚。最遗憾的是,我永远失去了他。我是从报纸上读到他生病的消息。在他病情已经很严重的时候,大概是三四个月前,我在网上开始联系他,我自认为这样会减轻我会失去他的痛苦,不过显然,这对我打击反而更重了。他去世前,我们通了一个小时的电话。我俩之间能说上话真不容易,因为他从未找到过我,而当我想给他打电话时,又总是没有他的号码。他说因为粉丝,他没装电话……在生命的最后一段日子,他一直想找丽萨,他曾经在墨西哥交往过的一位女友。他想和她和好,据他所说,他以前对她很不好。所以我找到丽萨,和她谈了谈。但是她不想知道任何事情,她说她与罗贝托的恋情已经是过去时了。我才得知,罗贝托曾经让他的妻子卡罗利娜·洛佩斯给丽萨留言,之后,丽萨通过卡罗利娜把话传回他,也不知道是不是真的,我不清楚。在我跟他的通话中,他告诉我他会带女儿亚历珊卓去海边,每次回家时都筋疲力尽。那时候,他还没有完全放弃与死亡的抵抗。他的血型让移植手术变得更加复杂,他死的时候还排在等待接受肝脏移植名单的第三个。也许说不定,他的手术能成功,谁知道呢。他很担心术后的康复,不知道手术结束后他家人该怎么生活。

他写作时开心吗?

我认为不写作的话就不是他了。在一封信里,他告诉我他被诊断患有躁郁症。我不知道他是不是真的有躁郁症，但是他的性格确实很极端。在我看来，当他得知自己快死的时候，他加快了写作的速度。我们曾有过一段非常特殊的关系。我的大伯胡安·帕斯科是他的第一任出版商，而且他和我的前夫关系也很亲密，当然他们俩之间的关系更为正式一些。我想因为他是男人，我是女人，所以我俩关系会更为紧密，因此我那时决定切断这种关系。你怎么可能长距离地保持这种亲密关系？

你是不是曾经爱过罗贝托·波拉尼奥？

不算吧。好吧，其实我们在一起时，这绝对不会发生，因为我那时深爱着我的丈夫。过了一段时间，我确实开始有这种念头，但那时他已经去西班牙。我很喜欢罗贝托，也喜欢跟他在一起的时光。当我们分开后，我首先想到的是罗贝托不在墨西哥真是太糟糕了。我的大伯胡安总是说"你亲爱的罗贝托"，但我也知道，罗贝托对待他喜欢的人都像爱人一般。除了他的女朋友们，他也爱他的朋友们，比如马里奥·圣地亚哥，罗贝托也把他当爱人。另一方面，我必须说，是罗贝托的人文关怀促使他成了如此优秀的作家。你没有办法把这部分从他身上剥离出去。当然也有人，比如伊莎贝尔·阿连德，他们认为罗贝托是个混蛋，不过我是没看过他可怕的那一面。我只看过一次他沮丧的模样，但并不可怕，也不凶恶。

他一点儿也不帅，但仍然很有魅力……
谁告诉你他不帅的？他很帅啊。

你认识他的妻子卡罗利娜吗？
不认识。因为我们1994、1995年恢复联系的时候，他们已经分开了。我和卡门有些来往，她是个非常谨慎的女人，从不希望给自己的家人带来任何麻烦，也不想成为任何事情的主角。

如果你现在还能给他写信，你会写些什么内容呢？
我会在里面写上令人发笑的事情，让他知道他死后的公众形象变得如此高大，他会笑得很开心。虽然，老实说，他应该知道自己的死亡会带来什么样的重要影响。实际上，他活着时就已经声名鹊起了。所以，我想他大概

14 与女性们的故事

从那时起就左右着我们对他的所作所为。我记得在我们最近的某次电话交谈中,他告诉我:没人愿意告诉他马里奥·圣地亚哥已经死了。还是胡安·维尧罗在两三个月后才鼓起勇气跟他说起。我就像是《荒野侦探》中的卡塔利娜·奥哈拉,一个爱哭的喜欢尖叫的外国人,我确实很爱哭,当我得知罗贝托离开我们时,我哭了很久。

罗贝托·波拉尼奥在最后一次采访中提到他因为爱情第一次感受到了痛苦。"之后我就学会了以幽默的方式去对待它。"他也说他一生中曾多次想要自杀,"有些时候能够幸存下来,正是因为我知道如果情况变糟的话,我可以选择自杀"。

因爱情而受苦和自愿选择死亡,这是两码事,这都和他年少时期的初恋有关,那个女孩叫丽萨·约翰逊,她听从母亲的命令,把我们年轻的罗贝托抛弃在瓜达卢佩特佩亚克简陋的家里。

"罗贝托曾带着他的女友丽萨·约翰逊住在那个房间。但只住了一个月零几天,丽萨的母亲就去找她,劝她离开我们年轻的作家。罗贝托很沮丧,也很伤心。有一次,我不记得为什么我提早下班,听到他隐隐的呜咽声,我敲他的房门,他没给我开,于是我自己走了进去,他躺在床上,哼哼唧唧,突然口吐白沫。"伊雷内赶紧跑到附近的诊所求救,他们给他"洗了胃,因为可怜的罗贝托服了很多药"。回到家之后,罗贝托和他的父亲关上门深谈了一次。"'怎么能为了一个女人而自杀,天下的女人多的是。'这是莱昂后来告诉我的。"波拉尼奥的继母伊雷内说道。

他们很相爱,但女孩儿的母亲强硬地把他们分开了。"你能从一个一无所有的作家那里得到什么?"她妈妈教训她。罗贝托情况很糟糕。他不睡觉,他深爱着她,于是想到了自杀。"我劝他,为了一个女人自杀简直是胡扯。"莱昂·波拉尼奥说[1]。

"她本是他该结婚的对象。她很迷人,也是一流的作家。对我来说,她就像另一个女儿;不过,你也知道,这是

---

[1] 出自2002年5月26日安德烈斯·戈麦斯·布拉沃为智利《时代评论者报》对波拉尼奥进行的采访。

14　与女性们的故事

他们自己的事情,别人不应该插手。"罗贝托的母亲维多利亚·阿瓦洛斯对智利记者安德烈斯·戈麦斯·布拉沃说道。

丽萨的这记烙印深深地刻在了波拉尼奥的生命里,所以艺术家卡拉·里皮在和他最后的通话中,听到他说他想要和年少时的女友(《荒野侦探》中的女诗人劳拉·豪雷吉)重归旧好,"因为那时他对她太不好了"。

丽萨的嘴唇,于波拉尼奥而言,是他所拥有的对拉丁美洲作家最清晰的记忆,他在最后一次采访中也证实了这点。此外,她还常常在波拉尼奥的作品中出现,比如像诗歌《丽萨》(有时我梦到她,看到她很幸福/又很冰冷地在墨西哥/犹如洛夫克拉夫特设计的人物一般……)和《关于丽萨的回忆》(我叫墨西哥/我叫墨西哥城/我叫罗贝托·波拉尼奥,正在寻找公用电话/在混乱和美好中/只为打给他唯一的真爱……)。

丽萨·约翰逊如今是联合国教科文组织著名的生物学家和研究员,她并不想谈有关罗贝托·波拉尼奥的事。她还住在墨西哥城。

在布拉内斯,罗贝托还结交了一位年轻美丽的女性朋友——玛尔塔·马塔斯。她曾在好几个夏天收留过他。之后,我们的作家和他的新婚妻子才在美丽的加泰罗尼亚海滨定居下来。

80年代中期的时候,玛尔塔在做保姆,她陪当时的一名雇主曾去过维多利亚·阿瓦洛斯的杂货店,而波拉尼奥呢——玛尔塔说"他绝不会错过任何一个和女孩儿搭讪的机会"——立马就试图和她攀谈起来。

杂货店里卖的东西都是些常见的小玩意儿,"这些跟其他商店都差不多",罗贝托不是个很勤快的售货员,"他当时完全分心了"。

玛尔塔记忆中的这位朋友是个"很有魅力、很亲切的人,我们很快就成了朋友"。他还拥有"很柔性的一面",这促使他们的友情可以发展到很亲密的程度。

"也许和他生活在一起,共度每一天并不容易,我不知道,但如果你见到他,和他交谈一番,相处一会儿,你会很快感受到和他在一起是件愉快的事情。"玛尔塔回忆说。

"他说他很喜欢倾听,但事实上,他最喜欢的还是诉

14 与女性们的故事

说,用他那低沉的声音,手指间永远夹着根香烟。"

谈到爱情,波拉尼奥始终坚信女人们应该试试和一个拉丁美洲男人谈谈恋爱,因为"他们是最棒的"。这也是他给像玛尔塔这样的朋友最主要的建议。

玛尔塔·马塔斯说:"他经常来我家,因为有段时间,他很孤独。有一次,我在医院照顾一位生病的亲戚,他也进了那家医院。他举着点滴瓶来找我。一直找,一直找,终于找到了我……说真的,我也很想念他。

"我目睹他经历的许多经济上的困境。他那时很穷,没有几个朋友。在布拉内斯仅有的几个朋友,还死去了好几位。你也知道,这群垮掉的一代都迷上了毒品,罗贝托也和瘾君子成了朋友[1]。他总是对遭遇困境的人奉上特别的关怀。

"他的儿子劳塔罗是他的一切,尤其是他病情恶化之

---

[1] "我在布拉内斯结交的第一批朋友几乎都是瘾君子。这听起来很可怕,但事实确实如此。如今他们中的大部分人都已经死了。有些死于服药过量,另一些死于艾滋病。我认识他们的时候,他们都还是年轻英俊的小伙子。他们不是好学生,没有人上过大学。但是他们的生命如此短暂,就像是一幕希腊悲剧。"出自《布拉内斯街头公告人》,罗贝托·波拉尼奥,1999年。

后。他每时每刻都要与他待在一起,去游泳,去海滩,去玩那些战争类游戏。[1]

"在认识罗贝托之前,我最喜欢的作家是哈维尔·马里亚斯。当他的作品开始出版时,我非常高兴,因为我可以把他的书放在马里亚斯的作品旁边了。罗贝托也非常喜欢马里亚斯。

"如果他缺钱或是缺食物,他不会问人要,他会跟我说:'玛尔塔,今晚我要去你家吃饭。'有一年的圣诞节,他也是这么做的,当时他孤独一人,于是来了个自我邀请。我和我的家人们在一起,罗贝托就这么出现了。共同举杯后,我们玩了一局智力游戏。

"有时候我很烦他觉得自己什么都懂。我有时会说:'那这是什么?'有一次,他居然说:'我是这里的知识分子。'当然,他说这话的时候,已经开始出版作品了。之前,没有说过这样的话。罗贝托还是有些改变的。也许

---

[1] "'他非常非常非常照顾我。'劳塔罗·波拉尼奥对埃里克·哈斯诺特说道。"出自纪录片《走近波拉尼奥》。对玛尔塔·马塔斯进行的采访是在一家海滩边咖啡厅的露台上进行的;当她讲述劳塔罗对波拉尼奥的重要性时,劳塔罗正从她眼前经过。他停了下来,与录制团队友好地交谈了几句。

改变是不可避免的,但是在他获得认可之后,有些事情就是跟以前不一样了。成名之后,就会有很多人徘徊在他的周围。

"他走了以后我非常想念他,其实我很早前就开始想他,应该是在他出名的时候就开始了。我知道他和以往身边的人有了距离,一点儿都不好,但我知道这是正常的,当你变得重要的时候,就会这样。

"除了耗费很多精力处理恋爱关系,罗贝托在布拉内斯的生活还算平静,也算是中产阶级的生活。他不吸毒,也不喝酒,他的生活习惯很健康,当然,除了抽烟。他爱过很多人,每段爱都不持久,他最爱的,在我看来,不是哪一个具体的女人,而是爱情本身。

"他不喜欢借书给别人,也不喜欢别人在他的书上写写画画。有一次他想让我送他一本伊塔洛·卡尔维诺的书,因为他说他书房缺这本,而他的书房又是全世界最重要的书房,所以我该送给他。我当然没给他,为此他有点不高兴。

"有时他会忘记去看医生,然后自己吃很多药,我想他可能不知道自己患的病有多严重。我呢,当然也没想过他会因为这病离开。

"他很瘦,没错,但是他有肚子。他每天都是差不多的状况。突然有一天,一个朋友告诉我,他听说罗贝托死了。我那时还不相信,我还在想他可能只是出去旅游了,很快就会回来。我去了他的葬礼,然后我就离开了巴塞罗那。在葬礼上,我痛苦万分,甚至没法看他最后一眼。我们还是不要谈这个了。

"如今,当我听到很多人谈论罗贝托时,我都不知道他们在说谁。关于他的形象有很多不同的声音,有时我觉得他们谈论的这个人根本不是我认识的罗贝托。他们混淆了他的作品和生活中真正的他。我知道他写了非常复杂的作品,但是他的生活,至少在这儿的生活,是非常简单的。一个作家就是故事的创造者,但并不意味着他自己是故事的主角。"

本书中所有关于罗贝托·波拉尼奥的母亲维多利亚·阿瓦洛斯的回忆都是愉快的。罗贝托的朋友们和女友们都觉得她是个善良、包容、没有偏见的女人,最重要的是她很有教养。

毫无疑问,波拉尼奥是她的亲儿子,这位数学老师在

14 与女性们的故事

教育自己的儿子时遇到了很多麻烦。"我不知道该怎么办",她在智利人帕特里西奥·哈拉对其进行的电台采访中说道,"有一次,我们去瓦尔帕莱索,他那时才3岁。我们经过瓦拉尔德电影院,他看了看招牌,然后开始拼读电影院的名字。起初我以为他在默念,后来发现他是大声朗读出来的,我被吓到了,所以带他去看了医生。他们告诉我,我得拿走罗贝托的书,太危险了,他可能会在某个年纪陷进去而无法自拔。实际上,他是个非常聪明的孩子。"

《遥远的星辰》是继《荒野侦探》和《2666》之后波拉尼奥获得好评最多的一部作品,作者将这本书的版权献给了自己的母亲维多利亚·阿瓦洛斯,她也是唯一能够让罗贝托安静的女人,他小时候的朋友们都确认了这个事实。

维多利亚2008年在加泰罗尼亚菲格拉斯镇因呼吸衰竭去世,享年81岁。她赞扬自己儿子对待"在海滩救下的年轻的瘾君子们"时展露的慷慨大方,尤其是他的同情和善心。"他是个非常好的人,每个人都喜欢他。"

小的时候,"他很顽皮,也很有意思,喜欢装扮成牛仔,喜欢跳来跳去,也喜欢骑自行车到处转转。他对自己的朋友都很够意思,算是罗宾汉的代名词:他总是送给他们东西。后来,他长大了,仍然非常关心自己的朋友和年轻的人们"[1]。

与罗贝托父亲的意愿相反,维多利亚支持她的儿子全身心地投入文学中,并且始终坚信他在这行的天赋。她的影响从罗贝托的文学创作上就能看得出。只要他需要,她就在身旁。

"我不喜欢听人们说他太穷了。事实上,他从不缺任何东西,只是他总是想自己照顾自己,他也确实能应付过来。"维多利亚说道。她把自己经营的杂货店也带到了布拉内斯,带到了罗贝托身边,而罗贝托再也没离开过布拉内斯。

卡罗利娜·洛佩斯是罗贝托·波拉尼奥的遗孀,也是他 20 年的妻子。她 50 来岁,魅力十足,也是个谨言慎

---

[1] 出自安德烈斯·戈麦斯·布拉沃在智利《时代评论者报》上发表的文章,2006 年。

14 与女性们的故事

行的女人。自她丈夫、她两个孩子的父亲去世后,她只接受过两次采访。

他们1981年在赫罗纳认识,那时候波拉尼奥很年轻也很穷,已经有抑郁的倾向了。1985年他们结婚了,从那以后,他们总是想法设法地在一起好好过日子,直到2003年作家去世。很多证词都说他们从1994年就已经分居,且各自都有自己的伴侣。在分开后的某次亲密接触中,他们有了女儿亚历珊卓。"他是个愿意倾听的男人,总是陷入各种关系中,难以自拔。他也非常健谈,随便遇到谁都可以聊起来。他最初结交的朋友就是渔民、服务员等,之后才有了文学圈的朋友。"洛佩斯在纪录片《走近波拉尼奥》里对埃里克·哈斯诺特说道。

1998年,波拉尼奥在一次采访中宣布:"我们家每个人都在,我们也很好。我跟我的妻子已经在一起17年了,她也是我的朋友,所以我们绝对尊重彼此的自由空间。我很推荐这种模式。"

这对夫妻搬到了布拉内斯,这样罗贝托可以在维多利亚·阿瓦洛斯的杂货店帮忙。不久之后,洛佩斯在市政府获得一个公务职位,基本都靠她一个人的工资来维持家庭开支。

在接受记者何塞普·马索特为西班牙《先锋报》进行的采访中,卡罗利娜回忆说自己的丈夫很过分,她不能原谅他的不忠及他对策略类游戏的着迷。

在她几次公开谈话中,她都一再否认波拉尼奥是靠着吸毒或者靠着文学比赛而活着的谣传。

卡罗利娜最近因为她丈夫对作品处理权的决定而深受打击,她还迫切想要抹掉波拉尼奥最后一位女友卡门·佩雷斯·德维加的所有痕迹。有传言说,卡罗利娜也要出一本回忆录。

卡罗利娜也是波拉尼奥遗作的唯一管理者,她在采访中这样说道:"罗贝托死后,我们发现有些盒子里装了大量的手稿、笔记、提纲,尤其多的是诗歌和打印稿……这些资料很多都是打字机打的,所以我们很容易确定它们的日期——因为1993年家里才买了台电打字机,1995年我们又添置了台电脑。还有些电子文件,其中的一些,罗贝托没有存盘或者备份。我们已经开始对这些材料进行分类,并且开始初步的阅读工作。目前正在研究阶段。"

14 与女性们的故事

玛丽亚·萨落梅是波拉尼奥的妹妹。她不喜欢公开露面和讲话。她性格内向、腼腆,甚至有些阴沉。不过,她却破例参加了罗贝托·波拉尼奥大街的落成典礼,陪同的有她的丈夫和儿子。

"是的,他是我亲爱的哥哥,但也是个经常惹我生气的哥哥。"波拉尼奥唯一的妹妹承认说。

在典礼上,玛丽亚·萨落梅说她在母亲去世后去清理母亲的公寓,发现了罗贝托保留的很多份报纸,其中还有份报纸里包了张纸条,上面写有 12 条建议,这让她很开心。这或许也是在如此苦难的境地能让她感受哥哥存在的一种方式:

1. 爱自己,也爱他人。
2. 学会不断发现事物的美好,即使痛不欲生。
3 对朋友微笑,让他在记忆里留存你的笑。
4. 不要害怕孤独,相信自己的未来,被爱的人永远不会消失。
5. 用心触碰,用心看,用心听,用心去闻世界的变化,你要记住,你是唯一能治愈自己的医生,也许布鲁诺也可以。

6. 一百个人的冷漠,不代表一千个或者一万个人的冷漠。

7. 成为忠诚、有批判性的人,保持客观,但要减少客观带给你的偏执。

8. 请记住,你的身体很美丽,即便是缺少爱,你的身体也美丽依然。

9. 不要恨别人。同情他们,爱他们,帮助他们,亲吻他们。

10. 毫无疑问,即使你痛不欲生,也要继续生活,也要爱自己,看看生活能给你什么。

11. 沉默,欢笑,相信。

12. 如果你孤独终老,请在医院或者花园里将你所知的秘密写下。

15 最后的日子

他注入了很多的幽默。旁观着这个神话

像阿图罗·贝拉诺一样魅力十足

我所谓的欠我的晚餐

被困在布拉内斯的植物园里

你觉得他是凶手吗?

既朴素又骄奢

圣周总是有很多事故

巨人的战斗

平静,镇定,优雅

作品-人

罗贝托死了

15 最后的日子

"他注入了很多的幽默。旁观着这个神话。"加泰罗尼亚人卡门·佩雷斯·德维加在一封邮件中写道。她是罗贝托·波拉尼奥的最后一任女友,是生命最后六年一直陪伴他左右的挚爱。

卡门毫无疑问是位美女,是我们的作家一生中不可或缺的见证人,也是无法避之不谈的主角,正如伊格纳西奥·埃切瓦里亚所说,她是最了解罗贝托作品的人之一。

除此之外,她也是有关波拉尼奥生平的一个禁忌话题,犹如幽灵般的存在,有些人甚至否认有她这个人,只因为她给波拉尼奥的遗孀、合法遗产继承人卡罗利娜·洛佩斯带来了巨大的烦恼。

你很难从卡门的口中,至少很难从任何可以出版的笔记或者书本中来了解她和波拉尼奥的遗孀卡罗利娜之间发生的各种事情。

洛佩斯(他们应该是事实离婚,虽然没有走官方程序)对这个陪伴她丈夫最后时光的女人充满了仇恨。而卡门围绕波拉尼奥私人生活和职业生涯所做的决定也几乎达到病态程度。

卡罗利娜和卡门双方只对一件事上的态度保持一致，那就是在记者提问时表现出质疑和担忧。沉默似乎总是比那些未说出口的话语表达了更多的含义。

因为想要隐藏"真相"（好似复杂的人物关系中存在一个真相，无法想象在罗贝托·波拉尼奥复杂的感情生活中到底有多少真相），2003年7月波拉尼奥去世后，你几乎不可能看不到围绕洛佩斯和佩雷斯·德维加两人的各种消息和各种声音，这两位年轻、有活力、坚强又脆弱的女性同时陷入不公正的泥潭中，只有时间，唯有时间才能平复一切。

在这场争议中不乏各种鸡毛蒜皮的小事，比如在罗贝托的新书中所有提到卡门的部分都被删除了，而其实收录在《无法忍受的高乔人》里的《阿尔瓦罗·罗赛洛的旅行》就是献给卡门的。然而，人们常常忘记，就因为这样，作者的权利和收益也受到了伤害。

英年早逝的作家的至亲们总是会遭受极大的痛苦。卡罗利娜失去了丈夫，孩子们失去了能陪伴他们长大成

15 最后的日子

人的父亲,卡门也失去了她所爱并且爱她的男人。

不过,双方仍会不停地跳脚,相互挑衅。然而最后总是卡罗利娜·洛佩斯取胜,因为她是波拉尼奥遗作的唯一合法执行人,她坚信那是罗贝托是为自己最爱的孩子劳塔罗和亚历珊卓留下的生活保障。

卡罗利娜的朋友们都否认卡门的存在,而与卡门交好的人也把洛佩斯拉入了黑名单。

2011年在赫罗纳举行了波拉尼奥大街的揭幕仪式,卡门和伊格纳西奥·埃切瓦里亚(他也是佩雷斯·德维加的密友)参加了,而洛佩斯因为孩子们还太小,所以没有出席。

整件事有点无聊,和欣赏波拉尼奥的作品一点儿关系都没有,而真正重要的只有作品而已。这些都是家事,只有被卷入其中的相关人员才会感兴趣,其中的细节确实揭示了一个非常普遍的现象:当人们发生争执的对象引起公众关注时,就会不断涌现更多会引起争执的琐事,毕竟管理波拉尼奥作品也是可盈利的产业。

发生这样的情况,我们的作家肯定也没预料到。罗贝托从未想过(可能也不愿看到)他的遗作和他的公众形象会带来这么大的影响。

有传言说,陪伴罗贝托经历贫穷和无名时代的卡罗利娜在布拉内斯的市政厅多次用波拉尼奥的作品的版权费支付家庭开支,她还听从文学经纪人安德鲁·怀利的意见撰写与罗贝托·波拉尼奥有关的回忆录。

这样的一本书,由唯一一位能直接接触到我们知名作家遗留稿件的人来写,毫无疑问会产生深远的影响。

另一方面,卡门·佩雷斯·德维加还未决定将她的故事讲述出来,帮助成千上万的波拉尼奥的狂热读者了解更多关于作家的事情。如果随着时间的流逝,失去爱人的痛苦能逐渐减弱,也许她会用自己的声音叙述自己的宝贵经历。

贡萨洛·迈埃尔在为智利期刊《事件》撰写的报道中提及:2002年底,也就是波拉尼奥因为不可逆的肝衰竭死亡的前一年,他把他当时的女朋友卡门带来,介绍我们认识。对于在智利熟悉他的圈子来说,这绝对不算是段地下关系。更不是一个秘密或者什么禁忌话题。实际上,2003年4月28日,罗贝托·波拉尼奥最后一个生日,在和朋友们的聚会上,陪伴他的就是卡门,而不是卡罗利

15 最后的日子

娜·洛佩斯——他的妻子和他两个孩子的母亲。

正如阿根廷歌手利托·内比亚的那首歌所唱,"历史是由获胜者来编写,这也意味着一定有另一个版本的历史"。(此处引用,也是因为波拉尼奥没法不折服于通俗音乐,尤其是在他生命的最后阶段。在后文的叙述里,我们还会提到)

接下来是我们在巴塞罗那兰布拉大道对卡门进行的采访。你会发现,她无疑是位迷人的女性,拥有超乎寻常的才智和敏感度,她讲述了属于她那个版本的历史。波拉尼奥的最后一夜是在与时间赛跑的汽车里进行的一场冒险,是她用尽全力试图挽救她所爱的男人的过程,虽然结果是徒劳一场。

在谈话中,一个男孩还偷走了我们放在桌子上的手机。另外一次,在我和卡门·佩雷斯·德维加的会面中,我们还目睹一场轿车和摩托车相撞的事故,轿车司机不幸身亡。"这是波拉尼奥发出的信号。"我俩都这么说,难以免俗,就像波拉尼奥喜欢的那样。

卡门,您觉得罗贝托是怎样的人?

他很温柔,但也确实很复杂。我从来没有考虑过如何去定义罗贝托是怎样的人。真的,我没怎么想过这个问题。我的意思是,我也时不时地会考虑,但不到常常去想的地步。我也不知道他具体哪方面吸引我……他是个极其聪慧的人,很忠诚,又看重朋友间的友情和彼此间的尊重。他对我来说是老师,有时甚至算是严格的老师。但我想如果他在学校教书的话,应该是个好老师,就像他母亲一样。从他身上,我学到了很多东西,我一直说他是能让我对自己充满信心的人。罗贝托具有领导者的气质,所以他总是坚持强调自己的理论,想说服他或者让他改变不是件容易的事。我总是说,我遇到他时,罗贝托已经有些上了年纪,身体也不好。当然,随着时间的流逝,他的性格也逐渐变得柔和,尽管从本质上来说,他还是很难认同道理掌握在别人手中。最近,他倒是会说:"好吧,好吧,你有道理……"(笑)这于他而言,可是意义非凡。

所以就像大家所说,他是比较强势的人,对吗?

可以这么说吧。我认为他首先是个魅力十足的人,有种你无法定义的神秘感。他的文学之所以被大家喜欢是因为他的魅力体现在他故事的主角身上,比如贝拉诺,当然也体现在一些别的角色上,男男女女都爱这些角色。

他是那类需要成为一群人的关注焦点的人吗?

这个要看情况。我想世界上每个人都有虚荣的一面,我们都喜欢在某个时刻某个地方成为焦点或者中心。我不认为自己是个虚荣的人,但我昨天给你提的那个例子(指的是赫罗纳罗贝托·波拉尼奥大街的揭幕仪式,帕蒂·史密斯、伊格纳西奥·埃切瓦里亚、豪尔赫·埃拉尔德及波拉尼奥的妹妹玛丽亚·萨落梅·波拉尼奥都参加了活动),当大家都说"卡门,让卡门也来",我的虚荣心自然会得到满足。关键是你自己要会处理这个问题,而不是让虚荣心控制你……

罗贝托会处理吗?

当然,他会。有时候他会过于激动和兴奋,因为,就像我之前说的,他有领导者的气质,他也从不否认这点。

而且罗贝托从不欺骗任何人,当然这不包括他文学创作里的文字游戏。

昨天有人告诉我,波拉尼奥已经不再是现实生活中的人,他变成了故事里的角色……

我认为我们其实都已经变成了某个故事中的角色。罗贝托去世后,我最先想到的事情,就包括他的作品会继续和我们在一起,罗贝托身边的人都会变成他所创作的角色。我现在也是这么想的。罗贝托的好友、《侧边》杂志的主编、已逝的米哈利·德斯,写了一篇很棒的关于罗贝托去世的评论,在文章里,他也跟我说了类似的话[1]。你那天问我,罗贝托是否曾经出去旅行,我可以回答你:"有过,罗贝托旅行过,问题是他总是放大一切,因为他就是这么看世界的……"

什么意思?

---

[1] "我觉得自己像是你的一个角色:失落,溃败,不了了之。"德斯写道。

就像他说自己是个好厨师一样。可能他还能算个厨师,有的菜他做得好,有的做得不好,有的做得很一般,但他坚信自己是位大厨。他母亲也是这样。他有种表达自己的方式,试图想要说服你,用夸张的方法,放大一切。而且他还会跟你玩游戏。罗贝托是个很好的演员。很多时候,他真的会让你相信一些事情,然后第二天告诉你:"你这个傻姑娘,你真的相信了?"他很爱玩,很调皮,是一个在作品里和在生活中都享受一切的人。就好像小朋友一样,他们通过游戏创造自己。他总是很幼稚,很青春,我是在褒义层面上使用这两个词的。他的文学作品有很多自传的成分,但是他并不是在讲述现实,而是让他讲述的一切变成可信的现实。让别人相信你的最好方法就是把你的故事变成文学作品,将虚构和幻想加入你的叙事中。

您是怎么认识他的?

我是在火车上认识他的。我从萨劳特斯上车,而他是在潘普洛纳上车的。我是通过一位一起喝咖啡的女士认识他的,这位女士也是我在车上刚认识没多久的,就像之后罗贝托说的,我们女人能在10分钟内变成朋友。那位女士当时跟我讲述她的生活,我想我应该没跟她说太多关于我的事,毕竟我的故事没她的有意思。她很有教养,也读过很多书。喝完咖啡后,我回了我车厢,她也回了她的,大概是在我前面两三节车厢。我当时跟她说我头有些痛,她让我好些了之后去找她。一两个小时后,大概吧,我也记不清了,我就去找她了,我到的时候,她正在和罗贝托说话。她书读得很多,所以她认识波拉尼奥。于是她给我介绍了他。那是1977年8月。就是在那节车厢里,罗贝托告诉我他正开始修改《荒野侦探》。然后我记得那位特别的女士,好像叫希莉娅或者赛希莉娅,问我是否认识罗贝托,我回答说不认识。我自认为自己书读得还挺多的,但不得不承认我当时还没读过波拉尼奥。那位女士在雷乌斯下的车,她在那里有套公寓,去那里度几天的假,所以车上就只剩我和罗贝托了。我开始想:这个人文化和才华都在我之上,我该怎么办?他们两位刚刚谈论的东西我似乎都没法参与,不过我仍然觉得超级

15 最后的日子

有趣。我记得那位女士下车后,还在站台上抬头问罗贝托:"那博尔赫斯呢,你怎么看?"罗贝托回答:"博尔赫斯是神。"我们俩当时站在两节车厢之间,这样,他能抽烟。我突然觉得有些不舒服。我告诉自己:"这个人太厉害了。"我急着想要离开,他肯定不愿意知道我当时有这样的想法。之后,他送了我一本《遥远的星辰》,还给我签了名。到了巴塞罗那桑兹火车站后,我们一起喝了杯茶,然后就告别了。他坐上了去布拉内斯的车,我也回了家。在回家的路上,我就开始读那本他给我的书。我不得不说,在那个时候,我已经开始被吸引了。我知道我被那个男人吸引了,之后我发现他也被我吸引了。《遥远的星辰》征服了我,让我陷入了痴迷的状态。我开始爱上他的文学世界。《遥远的星辰》意义非凡。我一直渴望能读到好的作品,因为我一直在朋友的推荐下读些畅销书,但是那些书让我感到空虚。《遥远的星辰》对我来说是罗贝托最完美的作品,也是我为数不多的反复阅读爱不释手的几本书之一。

他是去潘普洛纳推销书的吗?

他是去参加赫苏斯·费雷罗[1]组织的一场聚会,可能是为移民举办的聚会,我不太记得了。罗贝托在那儿做了演讲。他随身带着一个红色的背包,上面印着加泰罗尼亚旗帜,很典型的那种,书包很旧很旧了,但他一直用到最后。他带了几本书,我猜应该是想在潘普洛纳的聚会上推广下吧。不知道为什么,我记下了他的地址,他也记下了我的电话号码。我跟他说,我读完书后会给他写信。三个月后,我确实这么做了。大概又过了15天,

---

[1] 西班牙作家赫苏斯·费雷罗生于1952年,他在博客里写道:"一天下午在潘普洛纳,罗贝托告诉我:'我正在写一本小说,准备取名为:索诺拉的声音,你喜欢这个书名吗?'我跟他说挺好的,我很喜欢。听上去像是一团嘈杂的混乱,迷失在荒漠中的感觉。有一种有毒的、可怕的疯狂。响尾蛇、冒烟的枪、俄罗斯轮盘赌、墨西哥轮盘赌。泛红的黎明、繁星点点的夜晚,用那种毁灭性的美丽击垮你。还有石块。我想那本小说就是之后的《荒野侦探》。那些饥渴到快被燃烧的侦探们,穿越欧洲和非洲,实现了兰波和罗素的宿命。那些顽强而疯狂的侦探,寻找着失踪的女诗人:原始的母亲、原始的爱人、在荒漠中拯救你生命的人,因为救你而死去。一天下午在潘普洛纳,罗贝托告诉我:'我正在写一部可能会让我自杀的小说。'不过,他最后逃过了这一劫,也逃过了其他的作品可能带来的劫难。我为他举杯,在这个冬天的夜晚,在这个真实疼痛的夜晚,因为他已经不在了。然而,他会在,他永远都会在。"

15 最后的日子

他给我打来电话。起初我根本没听出是他,然后他笑了,嘶哑的笑声就像他的嗓音一样。"你不知道我是谁?"他问我。"我是罗贝托。"他说,他在回我的信。我突然想起来,他曾经承诺如果他来巴塞罗那会邀请我吃饭。他在电话里说:"我不记得我说过要邀请你吃晚餐。""可是确实说过啊。"我提醒他。"好吧,好吧,再等等,"他说,"我再给你寄我的另外一本书。"于是,《溜冰场》就这么寄到了我家。我又给他写了信,他也给我回了。12月的一天,他打电话来,告诉我他要来巴塞罗那,因为他得去瓦尔德希伯隆医院做一些检查。如果我愿意的话,他会邀请我共进"我所谓的欠我的晚餐"。我去医院找了他,我们一起吃了饭,在拉瓦尔大街上散了步。他给我看了看他在达耶勒斯大街上的房子,然后到了大教堂附近。那时候,圣女露西娅圣诞集市已经摆出来了。因为晚些时候我还得去找我女儿,所以只能把他放在加泰罗尼亚广场好让他搭火车回布拉内斯。接下来的一个周末,他邀请我去他家,于是我又去了布拉内斯。我们一起吃了早餐,然后去了植物园,结果我们待到太晚,被关在了里面。罗贝托说:"我们这么饿,现在该怎么办?"于是我们开始找出口，植物园的后面有一栋楼，有个女人正好从里面出来，我们问她怎么才能离开那里。她告诉我们，有一块篱笆围栏坏了，然后给我们指了大概的方位，我们这才得以离开植物园。出去之后，我们吃了海鲜饭。

从那里，你们开始了恋情……

是的。他跟我讲他的家庭生活。从那里我们开始了恋情。

他那时候正要出版《荒野侦探》……

当时他正在修改《荒野侦探》……这对他的病很不好，确实会让他不舒服，是项不容易的工作。他在圣诞节后看到了校样版，1998年初把小说交去印刷。然后发生的就是你知道的事情：他得了埃拉尔德小说奖，一切随之而来。他开始写《护身符》，开始关注华雷斯城受害的女性。有一天，他读了一篇关于埃及人阿布多尔·拉提夫·沙里夫的报道，他问我："你觉得他是凶手吗？"他对这件事非常关注，一直跟踪着整个调查过程。他甚至开始写一本小说，叫作《奔》，不过之后又放弃了。当然，他

15 最后的日子

还忙于写《真警察的麻烦》,后来变成了《2666》的一部分。

他的病会引发身体上的疼痛吗?

不太会,肝脏一般不会疼痛。但是确实会让他变得很容易疲劳,在最后的日子里,他每天都很累。我认识他的时候,他已经是个行动缓慢的人了,像猫一样走路,但是这些特征与他的病无关。他一直就是那样的。他的病让生活变得困难,是因为他感到越来越疲劳,而修改那本里程碑似的小说无疑让他筋疲力尽。他说:"这确实让我很沮丧。"

人们谈论他的病情时总是很冷漠。这是真的吗?

我不知道。我认识他时,他一直在很认真地服药,尽管他很喜欢美食,但因为生病,还是在饮食方面非常注意。罗贝托在最后的时间里最享受的事情之一就是能吃一顿丰盛的晚餐,再伴随一段愉快的谈话。我们会一起去买计划好的菜,比如走到某家特定的肉店,因为我俩都喜欢那家的肉。他会请我为他准备他最喜欢的菜肴,尽管他平时也不算是个讲究的人,可以用米饭和速溶蔬菜汤度日。他既朴素又骄奢,两种特质同时体现在他身上。

所以一切都是从《荒野侦探》开始的吗?

我想想,实际上在我看来,一切都是从《遥远的星辰》开始的,那是分水岭,因为它代表了某种文学类型崭露头角。从那本小说开始,罗贝托似乎开启了人生的第二阶段。我想,他一直对自己作为作家的价值是自信的。

得了埃拉尔德小说奖以后,他有什么反应吗?

他很激动。"那是为数不多的公平的奖项之一。"他这么跟我说。他对于得奖是有一定渴望的,所以对他来说,让我知道埃拉尔德小说奖是公平的很重要。他很高兴,钱正好也派上了用场。罗贝托知道如何用自己的方式维持名望,这并不代表他不享受名望。如果一个人要出书,那他一定还是希望他的书能被广泛阅读。我坚信每一个出版自己作品的作家都希望能有机会占据畅销书榜首的位置,就算只有一个星期也好。波拉尼奥在这方面也不例外。

15 最后的日子

关于他的病,他不想做移植手术?

其实,在我记忆里,他没有说过不想接受移植这种话。这点,卡罗利娜应该比我更清楚,我确实也没想过,他会拒绝手术。还有个说法就是他一直否认自己的病,我也不太同意。我认为罗贝托没有否认自己的病,只是在否认他患病的严重性。他会时不时地去做检查,却不按照固定周期去,尽管他在服药,也是按照自己所理解的方式照顾自己。他还是想逃避这个话题,想要尽可能地推迟手术时间。他知道唯一的治疗方法是肝脏移植,他在瓦尔德希伯隆医院的主治医生(维克托·巴尔加斯·布拉斯科)常常提起这一点。因为你无法亲眼瞧见病灶,你就会迷信地想:"我没看到,它就没发生。"总有些人不去看医生,因为他们认为只要去看医生他们总会发现你有什么问题。我自己也是这样。我很不愿意看医生,所以在这方面我很理解罗贝托,但我也不断地提醒他该做什么检查了。时间就这么过去了,他的病也没发生什么大动静……一直到他终于在移植名单上签字。他等移植手术等了一年半,直到死去。

他的母亲有没有让他好好照顾自己？

他母亲很担心他，也很害怕。你没办法告诉罗贝托他该做什么。坚持要和他谈论那些他不想涉及的话题，就意味着你要接受之后他对你的疏远。他并不傻。接受移植手术是个很艰难的决定，也是他个人的决定。你的脑袋里总有很多很多事情。你需要某个人去死，这样你才能活，你认为你已经尽了全力，然而现在一切都完了。我不知道。每个人都有自己的活法。罗贝托不喜欢把自己的命运交给医生，让他们操纵他的身体，为他做出决定。我想这也是个为难的问题，一切都让他感到恐惧。最后，他终于还是接受了自己病重的事实，排在了移植名单上。等待接受移植也非常折磨人，他排在大概 30 的位置，然后慢慢往前倒数。圣周时，他排到第四位，罗贝托说："估计他们很快会给我打电话，圣周总是有很多事故。"他死时已经排在名单上的第三位。

他最后的日子是怎样的？

他 6 月 28 日从塞维利亚回来。我去机场接他。周日下午我去巴塞罗那接我女儿，她和她爸爸在一起。6

15 最后的日子

月30日周一的早晨,罗贝托给我打电话说他很不舒服,咳血了。两个月前,他也有类似的症状,当时他不想好好解决,之后就这么过去了,我们有时都会这样。我立马去找他,因为他有食管静脉曲张,我知道这可能会致命。罗贝托持续咳嗽,还有点便秘、发热,这对他的静脉曲张很不利,你也知道,高温会导致全身肿胀……我去了布拉内斯,之前,我一直在和卡罗利娜忙一些手续。那一天,他正好写完了《无法忍受的高乔人》,本想把它交给出版社的。我跟他说:"我们可以在巴塞罗那把它打印出来,我们先出发去医院。"我当时只想把他送去医院。但是他说没关系。他的脸色很难看,很显然他睡得不好,几乎没睡。前一天,他和儿子劳塔罗在一起,并且给儿子做了些通心粉,然后早晨把他送回他母亲家里,因为罗贝托知道自己得去巴塞罗那一趟。罗贝托想先去交《无法忍受的高乔人》,然后再去医院。我到了布拉内斯,看到他的状态后,知道这不是个好主意,但我也拿他没办法。我们去了巴塞罗那,我去买了些东西,然后到了我家,把《无法忍受的高乔人》打印出来,我把磁盘拿出来还给他,他让我自己保留着。所以这张磁盘现在还在我手里。之后我们去了出版社,我把他放在那里,他待了两个小时左右,与此同时,我去医院替他拿之前检查的报告,因为他不想再去医院了。我一度想让他下车,然后开车走,因为他这种态度让我很生气,但我知道这不是解决问题的办法。结束之后,我们回了布拉内斯。我们在一个我俩都很喜欢的高速公路服务区停了一会儿,吃了土豆鸡蛋饼,然后继续开去他家。送到后,我准备离开,我不得不回巴塞罗那照看我的女儿,但那会儿我确实很犹豫要不要回家,我还是很担心罗贝托。我打电话给一个朋友让她去照顾我女儿,这时候,罗贝托走到阳台跟我说:"卡门,你到家后记得给我打个电话,我手机话费没余额了。"我跟自己说:"我不会把他一个人留在家里,他甚至连电话都没法打。"那时候,已经夜里11点了,我们俩都很累。大约凌晨两点半,他叫醒了我,跟我说他想吃饭。确实,下午以后他就没吃过东西,导致他低血糖。我坚持要带他去医院,因为我怀疑他可能把血咽进了肚子里,但是他坚持要做饭。刚吃第一口,他就吐了很多血出来。到这时,他才同意去医院。去医院前,他还给自己放了音乐,

15 最后的日子

《巨人的战斗》[1],甚至洗了个澡,我想他可能觉得做这些都能帮助他和病魔斗争,尽管事实完全相反。《巨人的战斗》是他经常听的歌曲,也是他生命中听的最后一首歌。他洗澡的同时我收了两三件东西,然后催他快一点……有一刻,我是想叫救护车的,但我了解罗贝托,知道这肯定不是个好主意,所以只好自己开车带他过去。我依然记得空旷的马路上跑着的我那辆小车,好像在和迎面吹来的大风斗争一样。最后我们凌晨四点半到了医院。停了车,我们朝急诊室的方向走去,那是个上坡路,他突然停下看着我:平静、镇定、优雅。他拉住我的手问我:"你还好吗?"我们等医生的时候,我一屁股坐在了病床上,而他呢,则坐在椅子上讲着他一贯不会忘的烂笑话。他又

---

[1] 这是已故的安东尼奥·维加为那扎·波普乐队所写的歌曲。我们特别确定的是波拉尼奥都不知道这首歌的来源,这也许是他和墨西哥的另一种冥冥中的联系。亚历杭德罗·冈萨雷斯·伊纳里图所执导《爱情是狗娘》改变了过去十年的墨西哥电影,1999年底,这首1987年创作的歌曲《巨人的战斗》成了这部电影的配乐,而这部电影也让包括盖尔·加西亚·贝纳尔在内的一众演员变成了国际巨星。而巧合的是,盖尔也是被提名最多的适合扮演电影版《荒野侦探》中的主角阿图罗·贝拉诺的人选,虽然这个改编计划最终失败了。

把在塞维利亚说的那个出名的笑话给我重复了一遍[1]。我想那是他用来摆脱自己处境的一种方式,而我已经崩溃了,虽然我极力想要掩饰自己不表现出来。我们在急诊室待了好几个小时。我陪他过了一夜,直到第二天下午他需要被转到重症监护室,但是那儿的床位不够了。罗贝托也不想去那儿。他说他想待在急诊室里,当时有个医生,我现在已经不记得她的名字了,我也不确定现在是否还能认出她来,她很照顾我们,对罗贝托和我都很好。当时罗贝托的主治医生维克托·巴尔加斯不在巴塞罗那。那天晚上,罗贝托问那位医生:"大夫,我不会离开这儿,对吗?"医生说:"不,不,您得离开这儿。"罗贝托确实不想去重症监护室,最重要的原因是那里不允许家人的陪同。我们在急诊的时候,我能整晚地陪着他,然后卡罗利娜也会替换我来陪他。他的情况很差,但直到最后一刻,他还是表现得很难为情。他不想要护士碰他,也不希望任何陌生人靠他太近。当他全身淹没在针管和检测

---

[1] 这个玩笑是这样的。有个伙计在酒吧走近一个女孩儿:"你好呀,你叫什么名字?"他问她。"我叫努莉娅。""努莉娅,你想跟我上床吗?"女孩儿回答:"我原以为你永远不会问我这个问题。"

仪探头之下时，我想，他肯定是快走了。他们把他带去重症监护室时是我最后一次见到他。他把眼镜递给我，现在回头想想，那是他决定向死亡投降了。只有在那个时候，而不是像很多人说的之前的某个时刻，他才看到死亡真的降临到他头上了。罗贝托总是拿命做赌注。他当然知道自己会死，但他也知道自己可以活着。他有孩子，孩子对他最重要，他欠孩子很多。你也不能说他是预见了自己的死亡，所以写了《2666》，以给孩子一定的经济保障。这不是真的。那本书就是他打算要写的，无论什么情况他都会这么做的。

事实上，《2666》并不是他写的最后一本书……

我也这么说来着。你很难将罗贝托的个人生活和职业生活拆分开来。正如布鲁诺·蒙塔内所说，他是一个"作品-人"。《2666》至今尚未完结的部分就是"罪行"那一章节，罗贝托先写了"阿琴波尔迪"。他在2003年的2月写下了这本小说的最后一个字。之后就一直在努力生活和做其他事情。"罪行"里的主题可能对他来说太过了点。那是项很艰苦的工作。"我没办法再写'罪行'了。"

他说。他想保留点体力坚持到移植手术。那段时间,他又开始忙着弄《无法忍受的高乔人》。他写了两个新故事,取名叫"无法忍受的高乔人"和"老鼠警察"。他之所以编凑这本书是因为他希望给术后的生活一些经济保障。他说:"这本书能让我之后有空把《2666》写完、修改好。"而且他也不需要花费大把经历在它的写作上。他甚至可以两天都不开电脑。人们都说他直到生命的最后一个夜晚还在写着很棒的文学故事,这不是真的。

罗贝托去世后,您就退居幕后了,您觉得这是他所期待的吗?

就目前来说,我还没想过他期待我怎么做。我只是在做我认为自己该做的事情。对他来说最重要的仍然是他的孩子们。他的孩子还不大,尤其女儿更是年幼,他们必须得到照顾。给他制造麻烦肯定是不对的。我和罗贝托彼此之间唯一的承诺就是友谊和尊重。这是我曾经想要的,也是我以后一直想要留存的。我自认为算是他的爱人,他有一次也告诉我,我是他一生最后的爱。就是这样的,我觉得这样挺好,但是没人能预见他死后会有怎样

15 最后的日子

的影响。在我看来,罗贝托死后的名望是个自成一体的贪婪的存在,可能会吞噬一切。罗贝托已经尽可能地安排身后的事情了,毕竟那个时候我们都认为他会顺利接受移植手术,然后活下去。

我了解有关友谊和尊重的事,我也知道您应该会感到很愤怒。面对各种不友好的评论,您却在任何场合下都没有表达您的愤怒……

我想想啊。在一场战斗中总有很多的阶段。当你的亲人离世时,肯定会有人说这是假的,还有人会愤怒,会将很多事情混淆起来。当然也包括责怪这个阶段。我自己也为很多事情感到自责。自从在医院开始的那一刻……谈论过去的事情多么容易啊。但是在那样极端的情况下,对我来说很艰难。对所有爱罗贝托的人来说,从那一刻开始,很多事情就不在我们的掌控之中了。他的母亲、妹妹、卡罗利娜、布鲁诺都在医院……

罗贝托去世后,您第一个寻求的是谁的安慰?

我的一个朋友。玛丽亚·萨落梅从房间里走出来,对我说:"卡门,一切都结束了……"我跑出了医院,痛哭流涕,我感觉眼泪都快流干了。我不停地哭泣流泪。直到他死后的第二天下午,我才回过神来。那是 6 月 15 日,我在他的一个朋友家里。从他家出来后,我踏上了和罗贝托常常一起走的那条路,就在那一刻,我感受到了围绕着我的空虚和恐惧。我在火车上又流下了眼泪,然后对自己说:"罗贝托死了。"

16 塞壬之歌震耳欲聋

小心提防

整洁

狗屁风暴

佩索阿的箱子

16 塞壬之歌震耳欲聋

在豪尔赫·埃拉尔德记忆中,罗贝托·波拉尼奥是与他有着最亲密情感接触的作家之一。他与他畅聊过文学,罗贝托很喜欢阿纳格拉玛出版社的书单,这对它的创立者豪尔赫来说意义重大。

"我们出的书,有很多是他喜欢的作家写的,从纳博科夫到佩雷克[1],从皮格里亚到皮托尔[2],还包括很多其他的作家。在我和波拉尼奥的工作和私人交往的8年中,我们出了9本还是10本他的书。第一本是《遥远的星辰》,那绝对是一本宝藏小说。《荒野侦探》是他广受赞誉的开始。自此,年轻的拉丁美洲作家开始崇拜他,而年长的前辈们则开始小心提防他。

"然后就是他死后出版的遗作《2666》,那是巨大的成功。过去50年来,西班牙语文学世界最不寻常也是最有

---

[1] 乔治·佩雷克,法国作家。——译者注
[2] 塞尔希奥·皮托尔(1933—2018),墨西哥作家、翻译家、外交官,代表作品有《逃逸的艺术》《阴谋激情》《爱之巡礼》等,2005年获得塞万提斯文学奖。——译者注

趣的现象之一。罗贝托在《荒野侦探》中取得了质的飞跃,即便是一贯反对翻译文学的美国评论家都这么认为。"

如果你必须将波拉尼奥掀起的热潮和拉丁美洲"文学爆炸"比较,你有什么看法呢?

呃,众所周知,"文学爆炸"是好几位高水平作家共同带来的繁荣现象。但波拉尼奥的情况呢,则是更加独立,就像是一个狙击手,从巴塞罗那附近的小城布拉内斯突袭而来,他没有任何在物质上想要获得成功的愿望。他只是想为文学而活,这一切的成功,完全在他的预料之外。

他自己好像本来就想成为一名狙击手……
哈哈。是的,是的,确实是这样。

他是个很有文化素养的人吗?
文化素养?我觉得他是入圣超凡。他对法国文学,特别是法国诗歌有着广泛的了解,这一点在《荒野侦探》

中也可以体现。他常读和他同时代作家的作品。这在其他作家中不常见，而且他是充满热情地去读他们，或支持或反对。还有一点不寻常的是，他很少谈论自己的作品。相反，他经常提起别的作家的作品或者他感兴趣的其他话题。

他不谈关于他写的东西。他只是在写。

他写作，读书，看电视。这基本上就是他平常做的事。

作为出版商，你会在出版前和他讨论关于作品的问题吗？

会。但我必须说，他提交书稿时，会从各个方面把稿子整理得非常好，这点其实不太常见。书稿都是电子版，保存在电脑里，他会把稿子整理成纵长狭窄的格式，几乎没有拼写错误，非常整洁，是深思熟虑后完成的。你也知道，我们曾经因为《智利之夜》的命名产生过一点儿分歧，他当时想取名为"狗屁风暴"……我这个人呢，也不算是非常谨小慎微的人，但连我都觉得如此出色的作品可能会因为这个书名惹恼某个类型的读者,我指的是那些假正经的人。因此,我跟他说:"哥们,我认为'智利之夜'会比较好。"与此同时,胡安·维尧罗也坚决反对"狗屁风暴"这个书名,我当时不知道他也这么反对,于是我俩都劝说他。这可不是件容易的事,因为罗贝托很固执,也很相信自己的选择。他觉得用这个书名可以一上来就重击皮诺切特一拳,这也是他写这本书的目的。在《荒野侦探》中间的部分,有很多小插曲和小故事,我当时认为去掉四个会比较好。这个问题我们争论了很久,最终达成了和解。他接受去掉两篇,另外两篇,他说"想都别想"。我告诉他,书是他的,这么点"细微差异"不会有任何影响,"无论如何,你的作品都是杰作"。

你觉得你们俩对彼此来说是完美的吗?

我不知道能不能这样说,不管怎样,我们俩之间相处得还是很和谐。我还获得了他的翻译版本授权,也出任了他的经纪人,这点我很高兴。我们很幸运,在德国、法国、意大利等出版了他的作品。

你怎么看待他死后出版的新书？

我觉得有点奇怪。伊格纳西奥·埃切瓦里亚正在研究罗贝托留下的所有资料,根据他的说法,应该是只剩一些短篇故事,一些不完整的小说草稿,不多的诗歌和随笔,都是些意义不大的东西。所以呢,伊格纳西奥负责了他最后一本短篇合集的出版,以及之后问世的《未知大学》,这本书主要收集了波拉尼奥的诗歌。当安德鲁·怀利出人意料地拿出一本名为"帝国游戏"的小说时,我们开始了漫长的谈判,这一过程复杂且微妙,最终我们收购了这本书的版权。在我看来,《帝国游戏》是波拉尼奥还是新手作家时的作品,它并不完美,却也有值得欣赏的地方。换句话说,如果他活着时,给我寄来这本书稿,我有机会读一读的话,我还是会选择出版它的。几天前,我们收到安德鲁·怀利的一封邮件,告诉我们另一本小说已经出版了,就是他在法兰克福书展上给我的那本[1]。据说那本书是《2666》和《荒野侦探》的雏形。呃,这搞得有

---

[1] 指的是《真警察的麻烦》。

点像佩索阿的箱子[1],一个取之不尽的箱子……我也不知道。

你会偶尔和卡罗利娜聊一聊吗?

不会,我已经很长时间没和她说过话了。

你觉得罗贝托为什么再也没回过墨西哥?

他不愿意去,也不想去……我不知道他对墨西哥的回忆是否美好。此外,那确实是很久之前的事了,那段流放的经历,也不算是真正意义上的流放,他也没经历过流放的痛苦。他和他父亲的关系不好。后来,他们有一次在马德里见了面,当时他父亲和他的新婚妻子路过马德里。碰巧我也在马德里的惠灵顿酒店,我给他们推荐了惠灵顿酒店,因为我跟罗贝托常去那里。大约9点,我和妻子拉利·古奔,还有阿尔瓦罗·庞波先离开了,罗贝托和卡罗利娜留在那里,和他父亲一起。那一天,他似乎都

---

[1] 佩索阿是葡萄牙诗人、作家,去世后,人们发现了他藏有的著名的箱子,里面装有 27 000 份文件,都是他以片段形式写成的作品。——译者注

不太开心。

他和他母亲很亲近吗？

是的，他很爱他的母亲。而且是他母亲先来加泰罗尼亚的，他们俩一直在一起。

你觉得，在罗贝托生命的最后阶段，谁才是他最亲近的人？

生命的最后阶段的话，那应该是他母亲。他还有个妹妹，好像也住在菲格拉斯，但他俩不怎么往来，没什么感情，不过也算是相处融洽。如果说是朋友的话，我觉得应该是伊格纳西奥·埃切瓦里亚、罗德里戈·弗雷桑、安东尼奥·波尔塔，我们这些人和他走得最近。

他是个很难相处的人吗？

不，不。怎么会？恰恰相反。他可能在智利的时候不是很友善，或者更委婉地说，他对伊莎贝尔·阿连德和斯卡尔梅达这些好像不容侵犯的"圣人"不太友好。其实大部分还算优秀的作家都不抗拒与波拉尼奥做比较。伊莎贝尔·阿连德被他惹得很生气,说罗贝托是个非常讨厌的人,说他不喜欢任何人。这显然不是真的,罗贝托只是反对某些类型的作家而已,这些作家和他没有任何共通之处,不管是文学作品还是写作方式。波拉尼奥其实非常包容,尤其是对待年轻作家。

你最喜欢他的哪本书?

这很难选。他的两部长篇小说《2666》和《荒野侦探》都是大师级的充满野心的作品,也获得巨大的成功;但他也拥有诸如《遥远的星辰》和《智利之夜》这样宝藏级的著作;还有类似以阿根廷作家安东尼奥·德贝内代托为原型的短篇《圣西尼》,讲述了对罗贝托非常重要的那些文学竞赛的故事。虽然这些比赛没有给他带来巨大的利益收入,但确实也算在他经济最困难的时候拉了他一把。

卡罗利娜·洛佩斯从你这儿把罗贝托作品的版权拿走了,你是不是很伤心?

当然,非常伤心。尤其是我觉得她显然不配。我从未和波拉尼奥吵过架,也从未和卡罗利娜·洛佩斯有过

16 塞壬之歌震耳欲聋

争执,事实上我根本不知道她是怎么了。要么就是她脑子短路了,要么就是有其他人怂恿她。是她单方面决定和负责罗贝托出版工作的伊格纳西奥·埃切瓦里亚,和我及阿纳格拉玛出版社决裂。对我来说,出版罗贝托的作品无疑是非常棒的工作,虽然不容易,甚至可以说很复杂,但也正是这一特质给我带来了极大的欢乐和巨大的失望。就像坐过山车一样。我在一篇文章中也提到过,这份工作就是给予和接受痛苦。给予痛苦是因为你不得不拒绝其中的一些稿子,如果这些稿子是你不认识的作者写的,那么拒绝的痛苦由他来承受,但波拉尼奥是你已经合作过好几本书的作者了,当你决定不再继续的时候,对于我们这些出版商来说,是非常难熬的,当然作者本人也很痛苦。至于接受痛苦,那就是当我们和作者——尤其是那些我们所爱的作者——发生分歧时,而他们决定只听塞壬之歌、震耳欲聋的塞壬之歌。

17 小波拉尼奥们

绝望地阅读
园丁、泥瓦匠、出租车司机
他阅读的作品和我们差不多
和阿图罗·贝拉诺相遇
长兄
从新斯大林主义到主业会
21世纪是从1998年开始的
不改编，不出售，也不配合
智利的先锋
小波拉尼奥们
特佩亚克的圣女看着我，朝我眨眼，保佑我
学校旁、河岸边
空旷的街道
海滩边一个人和一条狗
和他相比，我什么都没读过
感情专业顾问
没有爱
我的甜点总是被他吃掉，如果是巧克力做的

17 小波拉尼奥们

阿道夫·比奥伊·卡萨雷斯曾经说过,好作家能够强迫他的读者们也开始写作。

自2003年罗贝托·波拉尼奥逝世以来,新一代作家们不断地回应着我们伟大的作家,让他的影响无限传承下去。

毫无疑问,波拉尼奥一定会向他们所有人提出比奥伊·卡萨雷斯的建议:"我提议大家写作,因为它可以为你生活的空间增加维度。那里有生活,有对于生活的思考,也是另一种深入生活的方式。"

在墨西哥,罗贝托也被认为是半个墨西哥人,新型小说,比如朱利安·赫伯特的《坟墓之歌》,或是胡安·巴勃罗·维拉罗伯斯的《凌晨的聚会》,似乎都是沿着波拉尼奥标记的路线在前进。

沃尔夫勒姆·舒特曾在德意志广播电台评论维拉罗伯斯的小说:"这部作品像是从罗贝托·波拉尼奥的《2666》里'罪行'那个部分突然迸发出来的一样……作者用了大量的黑色幽默,极具讽刺意味地描绘了其国家的男性心理的基本特征。这是本令人惊叹的迷你小说。"

"科塔萨尔的影响我不是很确定,因为读他的作品实在是太久之前的事,但罗贝托·波拉尼奥无疑是我们所有现在正在写作的人的有力标杆。"[1]

"我三天就读完了《荒野侦探》。那三天我只做了三件事:边读书边吃比萨,边读书边上厕所,边睡觉边梦见我读过的内容。我曾经经历过一段糟糕的时光,那时候我唯一想做的事情就是读波拉尼奥,绝望地阅读,好似能在622页中的某一页找到我自己问题的答案,就好像不停阅读是我运行的程序,是奇幻的魔咒或是神圣的祈祷。不过,它确实起了作用。当我读完整本以后,我更加绝望,也更加愤怒,但我对文学有了新的信仰,也坚定了自己要成为作家的决心。"[2]

---

[1] 出自本书作者为阿根廷的《12页》对胡安·巴勃罗·维拉罗伯斯所进行的参访。

[2] 出自一篇题为"我们都很爱罗贝托·波拉尼奥"的葡萄牙语文章中胡安·巴勃罗·维拉罗伯斯的谈话,巴西文学出版公司。

17 小波拉尼奥们

对于墨西哥作家埃德森·莱楚加[1]来说,"罗贝托·波拉尼奥是最后一个冒着生命风险写作的作家。他像是一个从六楼纵身跳下的男人,睁大眼睛想要探究坠落瞬间所发生的一切。罗贝托·波拉尼奥是能够与加夫列尔·加西亚·马尔克斯、胡安·鲁尔福,以及诗人莱萨玛·利马和塞萨尔·巴列霍齐名的作家"。

"他给了我方向,我希望他能给更多人,给我们这一代人指明方向。他影响了朱利安·赫伯特、胡安·巴勃罗·维拉罗伯斯、瓦莱里娅·路易塞莉,影响了我,而且对我的影响是显而易见的。"埃德森·莱楚加评论说。

波拉尼奥指引着整个文学世界建立一个新标准,很多作家在向这一标准靠拢,其中包括秘鲁零点运动的诗人们,他们与现实以下主义有着不可分割的关系,另外还有来自智利文坛的新声音,例如1977年出生在智利圣地亚哥的年轻作家罗德里戈·迪亚斯·科尔特斯。他初创了一种独特的文学风格,无疑未来还会有更多的

---

[1] 1970年出生于墨西哥普埃布拉市的帕瓦特兰。埃德森·莱楚加的作品包括《萤火虫的光》和《水星泪滴》。

读者和评论家会讨论他。他还凭借《银三叉戟》获得了第12届马里奥·巴尔加斯·略萨小说奖的第一名。该小说讲述的是在智利圣地亚哥和瓦尔帕莱索1980至1990年代间发生的一段故事。罗德里戈用奖金买了一辆出租车许可证,以此在巴塞罗那营生。他的书《海下的诗人》也获得了西班牙年度阅读奖和巴尔巴斯特罗城市文学奖。

罗德里戈在巴塞罗那生活了十多年,大家都说他是跟随罗贝托·波拉尼奥的脚步来到西班牙的,尤其是他到西班牙后为了维持生计不得不尝试从事各种行业。他得照顾四肢瘫痪的姨妈。他是个园丁,也是泥瓦匠,此外,还在一家金属组装厂做过工人。现在,除了开出租车外,他还在格拉西亚的一家文学和电影学校的写作课上教授叙事文学的写作技巧。

他最近刚出版了小说《最糟糕的战士》。

智利新一代的叙事文学是不是都受到罗贝托·波拉尼奥的影响?

我想是的。我最近和智利的联系不太多。据我对某

17 小波拉尼奥们

些作家的了解,他们中的大部分人是模仿阿尔贝托·富格[1]写作,另一些则跟随波拉尼奥,这是两个极端。无论如何,关于这点,我没法给出准确的答案,毕竟很少有智利的书能漂洋过海到达西班牙。

对你来说,罗贝托·波拉尼奥更像诗人,还是更像小说家?

我想两者都是。我认为他是一位叙事诗人,也是一位诗歌小说家。我读的罗贝托的第一部作品是《遥远的星辰》,那本书我很小的时候就在智利读过。之后,我又读了很多他的短篇,非常喜欢。最有趣的是,我将他视为孤立无援的一代作家的代表,没有前辈作家的支持。他用《荒野侦探》和《2666》将文学带向不可思议的境界,这也是他的天赋。

你为什么决定参加以他命名的大街的落成典礼?

---

[1] 阿尔贝托·富格(1964—),智利记者、作家、电影制作人,代表文学作品有《超剂量》《汗水》《红墨水》等,电影作品有《同居损友》。——译者注

对我来说，陪伴我的诗人朋友们是非常重要的，其中包括豪尔赫·莫拉雷斯，他绝对是个全能型选手。其次是，那有一定的象征意义，自此你有了一条街，有了空间，有了地方，就像豪尔赫所说，我们有了可以剪剪杂草的地方。我想所有人到那里都是为了以某种方式和罗贝托分享某一刻，即便是假象中的罗贝托，他对于我们这些年轻的智利作家来说，就像兄长一般。我想智利的文学之父应该是曼努埃尔·罗哈斯[1]吧。

罗德里戈·迪亚斯·科尔特斯知道如何与阿图罗·贝拉诺相遇。他梦想着能为波拉尼奥的作品策划特别版面，用加泰罗尼亚语和西班牙语在豪尔赫·莫拉雷斯主办的《恶狼》杂志登出。

"那个疯子坐了下来，告诉我，很快我们会穿过隧道。瞪大眼睛，注意力集中，因为那一刻你很容易变成混蛋。

---

[1] 1886年1月8日生于阿根廷布宜诺斯艾利斯，1973年3月11日死于智利圣地亚哥。智利作家，创作了20多部作品，1957年智利国家文学奖获得者。

黑暗之后,就是灾难的到来。"[1]

在智利文学年轻的声音中,最常拿来与波拉尼奥比较的是小说家、诗人亚历杭德罗·桑布拉。他1975年生于智利圣地亚哥。他的作品有《盆栽》(获得智利文学评论奖)、《树的隐秘生活》、《回家的路》(获得智利阿尔达索尔文学奖),都由阿纳格拉玛出版社编辑出版。他已经多次参加以波拉尼奥为议题的会议了,其中包括在伊格纳西奥·埃切瓦里亚倡导下,2010年在马德里由美洲之家举办的致敬波拉尼奥大会。

在这场会议中,桑布拉确定地说:"和我们一样,许多读者都觉得离波拉尼奥很近,因为他阅读的作品和我们差不多。特别是在智利文学方面,他阅读得最多的就是尼卡诺尔·帕拉和恩里克·利恩。我觉得他就像一位兄长,你总期待着他给你讲述他的冒险经历。"

当问到桑布拉,罗贝托对于他来说更像是一位诗人还是一位小说家时,他毫不犹豫地将这种分类视为"人

---

[1] 原作中没有标点符号。

为"的刻意。

"它们是统一文学的不同方面而已,"他说,"波拉尼奥的诗歌从某种意义上来说是由他创作的角色写成的,反之亦然。小说一边要叙事,一边也需要与传统的叙事机制保持距离。因此,我认为如果你脱离他的小说,你会很难读懂他的诗歌,而他的小说也一定程度地依赖着他的诗歌。"

"波拉尼奥逝世后,突然有些人站出来宣称自己是他的朋友,也同时引发了一些隐藏的小冲突,这些冲突可能会被刻上'波拉尼奥'的烙印。之后,《2666》的出版更是引发了与小说根本无关的争辩。这场争辩中最可笑的一刻是一位受伤的作家不同寻常的回答:他向《水星报》承认自己并没有读过小说,但这并不妨碍他发表自己的观点。智利文学向来将自己视为一个骄傲的孤岛,张开双臂欢迎游客,却对自己流浪的孩子毫不信任……波拉尼奥毫无疑问是他这一代中最杰出的西语美洲作家。忘却文学上的争论,事实上,我们还将带着满腹激情继续阅读数十载他的作品。那么,波拉尼奥是不是智利文坛的新

17 小波拉尼奥们

帕拉或者新何塞·多诺索[1]呢？这是一个荒谬的问题，在一篇有名的关于多诺索的文章中，波拉尼奥已经回答了：'从新斯大林主义到主业会，从右翼到左翼，从女权主义者到圣地亚哥男权者，在整个智利，所有人，无论是否是公开地，都宣称自己是多诺索的门徒。大错特错。真希望他们先读读他再说。如果他们能停下笔，先去读书，那真的再好不过了。'这也正是波拉尼奥让博尔赫斯走进自己的方式，而且再也没让他离开——波拉尼奥没有继任者，只有先驱者：有些声音我们尚未发现，但它们无疑隐藏在《护身符》《智利之夜》或者《2666》中。波拉尼奥的智利读者们，也是威尔科克、恩里克·比拉-马塔斯、塞尔吉奥·皮托尔、里卡多·皮格利亚、罗德里戈·弗雷桑、费尔南多·巴列霍[2]，和恩里克·利恩的读者。而这些

---

[1] 何塞·多诺索(1924—1996)，智利作家，拉丁美洲"文学爆炸"的参与者，1990年获得智利国家文学奖，代表作有《淫秽的夜鸟》《旁边的花园》等。——译者注
[2] 费尔南多·巴列霍(1942—)，哥伦比亚出生，墨西哥籍作家、生物学家、思想家、电影人，代表作有《蓝色的日子》《杀手的童贞》。——译者注

作家通常不会出现在文学必读目录的名单中。"[1]

　　罗德里戈·弗雷桑说很多人会抢着购买赫罗纳罗贝托·波拉尼奥大街2666号的房子。

　　这条街的揭幕仪式于2010年6月18日举行,参加的人包括波拉尼奥的妹妹玛丽亚·萨落梅,他的女友卡门·佩雷斯·德维加,他的出版商豪尔赫·埃拉尔德,还有美国创作型歌手帕蒂·史密斯。那是城市郊区的一条荒凉的路,在多梅尼街区,被林荫树和石筑广场包围着。

　　以波拉尼奥的名字来命名街道用以致敬我们伟大的作家,这项计划的发起人是智利诗人、小说家豪尔赫·莫拉雷斯,他还和阿尔伯特·康普特在2011年共同创立了文学杂志《恶狼》。豪尔赫·莫拉雷斯承认罗贝托·波拉尼奥是一种"激情"的存在。

　　"我在2002年第一次读到波拉尼奥。米兰·昆德拉

---

[1] 亚历杭德罗·桑布拉《致敬罗贝托·波拉尼奥》,刊登在《恶狼:艺术与诗歌》,2008年9月,豪尔赫·莫拉雷斯负责的特别版,西班牙语和加泰罗尼亚语双语出版。

曾经解释说,文学世界能给人的震撼感是你通过书籍走近作家,随着时间的流逝,你发现也许他们并不是如此的重要,但是确实能帮你在某一刻给你自己的创作带来启示。"莫拉雷斯说道。

"我身上的这种启示作用就是波拉尼奥带来的。我读的他的第一部作品是《杀人的婊子》和《通话》。当我开始阅读故事《圣西尼》时,我也在赫罗纳,当时非常穷,甚至连合法身份都没有,跟波拉尼奥住在这里时一样。我是2001年到的赫罗纳,只为寻找一条能以诗歌为生的道路,读了波拉尼奥就让自己理解一切皆有可能。"

当然,莫拉雷斯这样的人,像一只凶猛的狼,在文学素养方面有着敏感的嗅觉,他能够组织波拉尼奥大街的命名工作并不仅仅只是巧合。

"对我来说,21世纪是从1998年《荒野侦探》的出版开始的。这话我应该已经说了很多遍了。"莫拉雷斯总结道,他有一本未出版的小说,叫作《不幸》。

你是26岁的时候体会到你所谓启示作用……我们是否可以说波拉尼奥的作品应该被归到年轻人爱好的文

学中?

我不这么认为。比如说《2666》,毫无疑问,它一定是现代文学的一部伟大作品。我所读过的关于20世纪最好的描述就在这本书里。可以肯定的是,年轻一代最早以热情和欣喜接受了罗贝托·波拉尼奥的作品。我想这是因为作者本身从来没有停止过让自己继续停留在年轻时期。他不改编,不出售,也不配合,一直保持着叛逆精神,直到最后。正是这种精神促使他1976年创立了现实以下主义运动,也是这种精神让他在1973年回到智利为革命和社会主义而战。

他说,如果他不做作家,他会成为一名侦探,而我觉得,他会成为摇滚明星……

但是问题是他得会唱歌才行。无论是侦探,还是作家,我们每个人可能都有在淋浴间唱歌的经历,不过……

罗贝托的作品中会淡化我们所谓的"智利性",你也是智利作家,你同意这个说法吗?

关于这点,我最近在《国家报》上读到一个智利青年作家的访谈,他说罗贝托不是智利作家,而是墨西哥作家或者加泰罗尼亚作家。我呢,因为10年前也住在赫罗纳,我可以说加泰罗尼亚进步的知识分子们一定会很骄傲地说波拉尼奥是加泰罗尼亚作家,但是对于普通的加泰罗尼亚人来说,波拉尼奥只是一名优秀的拉丁美洲作家而已。他自己也回答过这个问题:"我是拉丁美洲人。"宣称自己是拉丁美洲人,并不只是一个单纯的肯定。"拉丁美洲"这个概念是智利著名的思想家弗朗西斯科·毕尔巴鄂提出的。我们这些拉丁美洲的居民们有着共同的身份,最重要的是,我们面临着共同的问题。就波拉尼奥而言,他的文学中有很多智利元素。例如洛斯安赫莱斯这座城市,我在小时候的某个暑假也去过;或者是我们国家近期的政治历史等。此外,在对于智利近年来历史的政治评判方面,波拉尼奥也是先锋人物。他摆脱了左翼和右翼的教条,诉诸更为普世的价值观。

智利文坛仍有很多反对的声音,他们拒绝接受罗贝托·波拉尼奥……

首先,智利并不属于智利人,就像墨西哥也不属于墨西哥人一样。在智利,右翼吹嘘了很久,说那里是拉丁美洲最像英语国家的地方。当我在赫罗纳的22号书店发现一些我们这一代的作家,比如写了三部新型风格的小说亚历杭德罗·桑布拉,我何必再去为所谓的标准而担忧呢?我去谷歌搜索人们对于桑布拉的看法,纯粹都是些胡说八道。比如他们说有些作家比桑布拉更值得被归入阿纳格拉玛出版社的名录……你可以想象,只要智利文学评论界一直这么庸俗或者说这么低级,我一点儿也不在意他们接不接受罗贝托·波拉尼奥。我更关注世界其他地方是如何评价那些能征服我们的文学作品。

在这么多智利文学的新声音中,你还会提到谁呢?

我想提到卡多·雷蒙、阿尔瓦罗·比萨马、罗德里戈·迪亚斯·科尔特斯……我们在智利称他们为"小波拉尼奥们"[1]。他们都有正直的批判精神,也都逃离了西班牙文学的影响,力求在幽默和讽刺上做到更加极致。

---

[1] 波拉尼奥称何塞·多诺索的继任者们"小多诺索":"他的追随者们,那些高举多诺索大旗的人们,那些小多诺索们,试图像格雷厄姆·格林、海明威、康拉德、冯古内特和道格拉斯·库普兰一样写作,无论遭遇怎样的命运,无论是否遭受排挤,通过阅读那些糟糕的翻译,他们开始了解他们心中的大师,开始公开解读这位伟大的智利小说家。"

17 小波拉尼奥们

你是如何摆脱波拉尼奥的神话的?又是如何看待他死后围绕他在身上的媒体、市场光环呢?

我认为这对于罗贝托·波拉尼奥的新读者,对于那些从未读过他作品的人来说是个问题。关于神话,我一点儿也不感兴趣。我读到一些出处可疑的文章,不断描绘他的私生活或者强调所谓的其实根本不存在的毒瘾问题。这都是美国市场喜欢玩的那一套,把他归于"垮掉的一代"。一看到这类文章,我立马就会扔掉。比如说,"赫罗纳这座拥有 70 万人口的小城首次有了以拉美人名字命名的街道"的这条新闻,《时代评论者报》的评论文章只关心:到底是波拉尼奥的遗孀还是他最后的情感伴侣出席,这简直是无聊至极。这根本就不是文化新闻,什么也不是。这种报道只应该出现在《你好!》这种杂志上,而不是报纸的文化版上。

赫罗纳时期的波拉尼奥是什么样的?

那时,他是个 28 岁的年轻人,已经在文学世界开启了自己的事业。他发起了现实以下主义运动等。他刚到这座城市的时候,一定很艰难。赫罗纳近些年发生了很大的变化。波拉尼奥是偶然来到这里的,只因为他的妹妹在这儿。玛丽亚·萨落梅和一个叫纳尔齐斯·巴塔切的加泰罗尼亚人结了婚。之后,他们决定离开赫罗纳去墨西哥。赫罗纳不是波拉尼奥选择居住的地方。现在你也许可以在赫罗纳开展自己的文学、文化项目,但是25年前,这是很难的。波拉尼奥刚到的时候,这座小城里的所有活动都集中在一条街上,人们一早就从家里去上班,很晚再从工作的地方回家。罗贝托到这里只为了那个不用交房租的住所。那时候,他会在夏天去卡斯特尔德菲尔斯露营地工作。他是在一个秋天来到赫罗纳的……

赫罗纳时期是他最贫困的时候吗?

呃,我也不清楚他在巴塞罗那时有多穷。但经历过那段时间的人都告诉我,波拉尼奥当时真的很贫困。不过,所有人的日子那时都过得紧巴巴的。你想象一下,那时候甚至没有现在这种公共图书馆,你连想去读书、逛一逛且比较暖和的地方都没有。

17 小波拉尼奥们

所以你一到赫罗纳就已经听说过有关罗贝托的事迹了……

你读某个故事,然后你突然身处故事发生地,这是非常棒的一件事。后来我渐渐认识了22号书店的一些人,比如庞奇·普伊格德瓦和姬兰·特里巴斯。你在这里很容易就能找到罗贝托·波拉尼奥留下的痕迹。他在这里写下了《赫罗纳秋天散文》,留下了《莫里森信徒致乔伊斯粉丝的忠告》的一些笔记。[1]

一个人——应该说一个陌生女人——抚摸你,跟你开玩笑,和你亲昵,还把你带到悬崖边。在那里,主人公一声呻吟或脸色苍白。仿佛在万花筒中看见凝视万花筒的眼睛……于是秋天开始,在奥涅尔河与佩德雷拉山丘之间。[2]

---

1 波拉尼奥的第一本小说,和安东尼·加西亚·波尔塔合著完成。
2 出自《赫罗纳秋天散文》,献给作家庞奇·普伊格德瓦,收录在诗集《三》当中,阿坎提拉多出版社。(此段译文出自罗贝托·波拉尼奥:《未知大学》,范晔、杨玲译,上海人民出版社,2017年。——译者注)

"有时,布卡雷利大街会被人们叫作罗贝托·波拉尼奥路。"你很容易就会有这种联想。想象一下,在靠近墨西哥城《新闻报》办公楼的哈瓦那咖啡馆附近走一走,那里有不同的,甚至立场对立的新闻记者聚集在一起:在布卡雷利大街,有《宇宙报》,拐个弯有《改革报》《新闻报》和《至上报》;再过几个街区的莫雷洛斯街,有《千年报》。这多么有吸引力,多么神奇啊。

你也不会感到奇怪,在瓜达卢佩特佩亚克区,波拉尼奥目睹成千上万从他家门口经过前往瓜达卢佩圣母大教堂的信徒们,从男孩长成了男人。这座大教堂里保存着胡安·迭戈的遗体。据说,1531年,圣母玛利亚曾在这个印第安青年身上显灵。也许有一天,萨穆埃尔大街也会以我们《荒野侦探》的作者的姓名来命名。

波拉尼奥和阿瓦洛斯的家距离大教堂只有十多个街区,所以那里总有大量的游客涌入,这里是大部分来墨西哥旅游的人的首选目的地。罗贝托也曾陪着智利诗人海梅·克萨达参观过,海梅当时想买些宗教性质的纪念品送给他在圣地亚哥的母亲:"我骑在一匹硬纸板和石头做的小马上照了张相。罗贝托,也学着我的样子,说:'我也留个纪念。'……在大教堂的门口,我买了印着圣母像的贡品,里面还有彩色的卡片……罗贝托呢,在我的旁边说:'特佩亚克的圣女看着我,朝我眨眼,保佑我。我向她鞠个躬'。"[1]

然而,正是在赫罗纳,1980年罗贝托·波拉尼奥刚满28岁时到达的地方,那个据姬兰·特里巴斯的说法,他"糟糕地"住了六年的地方,罗贝托·波拉尼奥有了一条以自己的名字命名的街道。

在赫罗纳,他认识了他的妻子、他两个孩子的母亲,卡罗利娜·洛佩斯。在赫罗纳,据他的妹妹玛丽亚·萨落梅所说,他找到了一个"能够幸福生活"的地方。

豪尔赫·莫拉雷斯说:"学校旁、河岸边,现在已经变成了运动场,有很多花园,绿树成荫,是我们理想中可以在夏天去散散步、抽根烟、读读书的地方。"

跟我说说罗贝托·波拉尼奥大街的事情吧。

---

[1] 出自《成为波拉尼奥前的波拉尼奥》,海梅·克萨达著,加泰罗尼亚出版社。

那得追溯到2008年。当时我们正准备启动《恶狼》的项目。我们将杂志第8期的整个版面都献给了罗贝托·波拉尼奥,希望能够好好分析他的作品。我们刊发了亚历杭德罗·桑布拉、阿尔瓦罗·比萨马、庞奇·普伊格德瓦的文章,也摘录了罗贝托和他的朋友布鲁诺·蒙塔内合创的杂志上的一些片段——那本杂志叫《贝尔特·特雷帕》,是用来纪念胡里奥·科塔萨尔《跳房子》里的角色[1]的。我们在一次大型活动上推出了这期特别版的《恶狼》,同时我们正式向市政府提出想要以罗贝托·波拉尼奥的名字来命名一条街。2009年12月,赫罗纳市议会议员一致同意将在2011年6月18日举办罗贝托·波拉尼奥大街的揭幕仪式。

你是如何得知政府的决定的呢?

我当时人在智利。我在巴塔哥尼亚旅行了很多天,

---

[1] "我们取名为'贝尔特·特雷帕',因为他贫穷却诚实。我们希望你能给我们写篇稿子。杂志还没出来,所以你还没看到,不过我向你保证,我们会出到第10期的,你一定要给我寄稿子来。"罗贝托给他的朋友海梅·克萨达写信时提到。

17 小波拉尼奥们

有一天,我终于能联上网了,我才看到市政府发来邮件告诉我他们的决定。我当时跟伙伴在一起,周围有几个智利人,那些常年与动物打交道的人显然不认识波拉尼奥。罗贝托讲的很多故事都是发生在大街上的,更不用说他那些与朋友马里奥·圣地亚哥·巴巴斯奎罗一起度过的具有传奇色彩的旅途时光了。何塞·马蒂说诗人这份职业就是赞美一切美好,点燃人们对高尚的热情,激发人们崇拜伟大。美好、高尚和伟大,是我们工作的源泉。一个人读了很多书,而且大部分是好书,但他在某一刻与另一人相遇,此人能把他带至文学的高地,这是值得庆祝的事。在罗贝托·波拉尼奥大街的落成典礼上,伊格纳西奥·埃切瓦里亚邀请在场的人"开心大笑,就好像罗贝托知道了这里以他的名义开通了一条街道,而且还是一条空旷的街道"。

"罗贝托·波拉尼奥写了很多有关被遗忘的作家的文章。我想能拥有一条以自己名字命名的街道,他会很高兴的,就像得到一种遗忘的承诺似的。他希望在一两百年后,在他渴望实现的未来幻想中,到处都是杂货店、电影院和酒吧，儿童、青年和成人口里都说着这个属于他的地址，'罗贝托·波拉尼奥大街25号，第二个阁楼'，这些人根本不知道罗贝托·波拉尼奥是谁，街道的名字总是有这类问题。"豪尔赫·莫拉雷斯补充道。

庞奇·普伊格德瓦像是从罗贝托·波拉尼奥小说里走出来的人。不是忧郁的那类，也不是沮丧的那类，他很孤独，就像罗贝托第一次在赫罗纳的街道和他唯一的陪伴者——他的狗盖塔——闲逛时那么孤独。这位写了《干燥的沉默》《是个秘密》《加尔梅斯相册》和《安静的一天》的加泰罗尼亚作家，在圣费里乌德古绍尔斯的兰布拉大道漫步，带着他名叫"竹子"的德国牧羊犬。狗好似主人，狂吠但并不咬人。

可以想象波拉尼奥见到庞奇立马就会产生共情，因为庞奇这样的人会以悲剧的眼光看待整个世界和居住在这个世界上的人，他将自己包裹在一个坚硬的外壳里，而那只会更加突显他真诚的脆弱。

17 小波拉尼奥们

你读罗贝托·波拉尼奥的第一部作品是什么？

塞依斯·巴拉尔出版社的《美洲纳粹文学》。那段时间，我一直致力写文学评论，之前从未听说过罗贝托·波拉尼奥。我不知道他是谁，但是这本书的书名和封面都引起了我的注意。我读了，真的很喜欢，之后我又读了阿纳格拉玛出版社的《遥远的星辰》，这本书对我来说代表了一种崭新的面貌，它属于拉美文学，却又和我们所了解的这片土地没有任何关系。我们所有读书的人都会直接受到爆炸文学的影响，因为我们有加夫列尔·加西亚·马尔克斯和马里奥·巴尔加斯·略萨。然而，波拉尼奥的作品属于另一个时代，更加接近我们的文学、美学趣味。波拉尼奥是一个新发现，他与年轻人的联系更加紧密。

关于他写作的方式，哪一点最能引起你注意？

最引起我注意的应该是勇气。一本类似于《美洲纳粹文学》的书，没有任何羞怯，也没有虚伪的谦逊，完完全全就是另一个版本的《恶棍列传》。从这本书，你就已经可以瞥见罗贝托·波拉尼奥文学作品的特点之一——道德和审美上的勇气，甚至可以和博尔赫斯相提并论。他是个相当大胆的作家。此外,这本书里也体现了波拉尼奥另一个不变的主题,那就是文学本身。《美洲纳粹文学》可以说是虚构类作家的宝典。当然,这本书还体现了作者新颖的创作本能,他可以用简单的手法复杂地描绘出让人能亲身感受到的陌生气氛。

还有远离陈词滥调的高潮和缘于苛刻幽默的绚丽笔墨……

是的,这些都是他的特点。具有讽刺意味的幽默,在他需要的时候,甚至会变得有些粗鄙。

你是怎么认识他的?

呃,我那时候也悲惨地生活在赫罗纳,我经常去22号书店,认识了那里的一位书商菲利普·奥尔特加[1],他后来在巴塞罗那管理一家图书之家[2],之后又成立了自

---

[1] "我唯一能说的是,在22号书店我看见有个人本来是取报纸的,结果带走了四本《没有个性的人》,就像我看见菲利普·奥尔特加招募那些愿意为了加布里埃尔·费拉特、博尔赫斯或者拉法埃尔·桑切斯·费洛西奥粉身碎骨的粉丝一样。"哈维尔·塞尔卡斯在《国家报》写道。
[2] 西班牙连锁书店。——译者注

17 小波拉尼奥们

己的书店。他是位不太寻常的书商,因为他会读自己所卖的书,所以我们总是讨论他的一些新发现。波拉尼奥出版《通话》后,我让他赶紧也读一读,他读完后立马决定要在自己的书店办一场活动。他们就这样联系上了,奥尔特加让我介绍这本书。那一晚对文学圈来说非常重要,因为大家见证了哈维尔·塞尔卡斯和罗贝托·波拉尼奥的会面[1]。之后,当我出版《是个秘密》时,我也请波

---

[1] "我仍记得很多关于波拉尼奥的事情,因为我非常爱他,如果我没记错的话,他也很爱我。我记得我见到他的第一天,我甚至不知道那是他;也记得我们见面的最后一天,不知道那居然是我们的最后一次相见。我仍记得我们连续数小时不间断的通话,真的是这样。我记得最后一次通话,应该是在深夜时分。挂掉电话时,筋疲力尽,手因为一直拿着电话都发麻了,他却又给我打了回来,他恐惧地告诉我,埃塔组织刚刚杀死了埃内斯特·留奇。我记得那天下午,他在家里告诉我他病了,也记得他并不喜欢跟别人说他生病的事,除了我姐姐,因为他们同病相怜。我记得那些欢乐的呼声,在他打电话告诉我《荒野侦探》获得了罗慕洛·加拉戈斯文学奖时。我记得有一晚他兴奋地打电话给我,只为了给我读《萨拉米斯的士兵》的第一篇评论。我记得所有取笑过他作品、看不起或者忽视他的人,他们现在都在写关于他的文章,就好像曾是他的密友一样。我记得无数其他事情,但我印象最深的还是他的书。它们是唯一重要的东西,波拉尼奥的一切都在其中。剩下的文学作品,你根本不用说,都是不好的。"哈维尔·塞尔卡斯在 2006 年接受秘鲁《商报》的周末杂志《我们是》的采访中说道。

拉尼奥来当我的推荐人,在那次新书会上,他认识了之后变成他诗集出版商的约姆·巴尔科瓦[1]。从那时起,波拉尼奥和我就成了朋友。我们时不时地会见面,他不开车,我也不开,所以我们常常打电话聊天,而且他不知道在想什么,居然住在布拉内斯,去他那儿太麻烦了,要坐公交,还要坐火车,但是我们还是会经常设法见个面。

你会如何描述他呢?

首先引起我注意的事情是他不喝酒;其次是他烟抽得跟我一样凶,甚至抽得比我还多;再来是我以为自己已经阅读面很广了,谁知和他相比,我就跟没读过书一样。我还以为自己看过所有的电影,而且能把这些电影的每一帧每一幕都记在脑海里,事实证明我错了。他还会给我很多的建议,关于生活,关于日常的东西,我现在很后悔当时没有采纳他任何建议,事实证明我总是错的。波

---

[1] "我越来越少和人谈论文学。这很奇怪。我曾经跟罗贝托·波拉尼奥聊得很多。我们一起吃饭,讨论很多关于诗歌的东西。但波拉尼奥死了。"约姆·巴尔科瓦在 elmalpensante.com 网站的采访中说道。

拉尼奥还有一种幽默感,可以抚慰那些常年沮丧或者情绪低落的人。

他总是坚持他那些建议……

(笑)是的。你自然的反应就是不理会他,但如果我当时听了的话,可能对我还是有很多好处的。尤其是在感情方面。我在把自己卷入乱七八糟的事方面是专家,而罗贝托呢,则是这方面的专业顾问。

他的加泰罗尼亚语怎么样?

他阅读没有任何问题,但是不太会说。他在《赫罗纳日报》上的专栏都是找人翻译的。这也是挺奇怪的事。一个已经拿了罗慕洛·加拉戈斯文学奖的作家还在为这种地方级别的报纸写专栏。《赫罗纳日报》当然挺好的,我的意思是波拉尼奥完全可以有更大的野心,我想这可能是因为他对在报纸上发表文章不感兴趣吧。另外,很有意思的是,赫罗纳在罗贝托文学中所展现的模样。当地的很多作家都是写民间故事的,他们笔下的赫罗纳是老城区的奇景,有着穿过城中的干涸的河流。而在波拉尼奥文学作品里，赫罗纳只是个无关紧要的小城，和别的地方一样，发生着各种人间炼狱的故事，它能给出的唯一答案，也是所有城市都能给出的答案：一无所有。

除了告诉他你的那些情感纠纷，你还跟他说过什么？

我记得有一次，是圣胡安节的晚上，我和恩里克·比拉-马塔斯在一起，在他布拉内斯的出租屋里，当时还有贡萨洛·埃拉尔德、哈维尔·塞尔卡斯和另外几个人。我那晚留宿在他家。我醒来时，罗贝托已经在写作了。为了让我摆脱困意，他给我读了几首古希腊诗歌。早饭时，他给我讲解了他前晚写的东西。中饭时，他给我介绍他下午会写些什么。陪我去火车站的路上，他又开始跟我讲他晚上打算写的内容。那是我的一种特权，因为波拉尼奥的一个优点，就是他是个极好的讲故事的人。你有两种方式可以处理文学：一种是危险的，另一种是安全的。安全的方式是，在你文思泉涌时就将它写出来，而不是让它变成你生活的重心。危险的方式则相反，你会将生活里发生的所有场景变成用以平静或者激动地写作的时机。就像佩雷·吉费尔勒[1],波拉尼奥非常崇拜的作家,他从头到脚都是为文学而生,我们看不见他内心发生了什么,我想那里只会有更多的文学吧。

你也在这条路上吗?

不,我不在,但我希望我在。我写作是因为当我写作时,我会忘记很多事情,这样我就可以不用陷入纠结。

你怎么看待《2666》?

这是一本你第一遍读它时就不会感到疲倦的书。这可是很难做到的。它像所有的那些纯粹利己主义的书要求的那样,会让你全身心投入。我想如果有人开始寻找《2666》里隐藏的线索、秘密和玄妙,那只会有永无止境的活儿等着他。

你目睹了一个作家的作品变成了一代人的灯塔,这

---

[1] 佩雷·吉费尔勒(1945—),西班牙诗人、散文家、文学评论家、译者,1985年成为西班牙皇家语言学会委员,1998年获得西班牙国家文学奖,代表作品有《弗坦尼》。——译者注

会给你带来什么影响吗?

一方面有惊喜和愉悦;另一方面也有悲伤和沮丧,尤其是因为围绕在他身上的那些谣言。我真希望波拉尼奥能继续写作,希望他还没像现在这么成功,也希望根本没有以他的名字命名的街道。这些谣言跟他的文学根本无关。

是不是有条街以他的名字命名让你感到很好笑……

是啊,尤其是它还在赫罗纳的郊区,周围连建筑物都没有……如果波拉尼奥知道,应该也会乐死了。

你觉得我们应该从波拉尼奥的哪部作品开始读起?

我会建议从短篇故事开始,这样你可以理清他作品中不变的主题。然后再开始看那些更知名一些的,如《荒野侦探》和《2666》,接着是其他的一些虽然没那么出名但同样重要的,如《智利之夜》之类的……

正是这些不变的主题让我开始思考文学中的主题是否有价值。实际上,波拉尼奥的作品里没有多少主

17 小波拉尼奥们

题……

是的,他的主要主题就是文学本身。作品里的角色都是作家或者和写作有关的人。当然还有暴力和性。他小说里的女性角色也非常有趣,但他的主题似乎没有爱。

你有因为深受罗贝托的影响而写的作品吗?

没有,是这样的,我所做的就是延续他的狂热。我不得不说,波拉尼奥是非常狂热的,我沿用了一个他经常用的角色,就是比利时诗人索菲·波多尔斯基[1],我把他塞进了我的一篇小说中,这也是致敬波拉尼奥的一种方式。

如果有人问你有关波拉尼奥的事,你会怎么样?

我觉得我把能说的都说了。至少是我知道的都说了。我们经常通电话,偶尔一起吃饭,我的甜点总是被他吃掉,如果是巧克力做的。

---

[1] "有一个比利时的诗人叫索菲·波多尔斯基。他1953年出生,1974年自杀。他只出了一本书,叫作《一切都可被允许的国家》,蒙福孔研究中心,1972年,280页临摹本。"出自《杀人的婊子》中的故事《跳舞证件》,阿纳格拉玛出版社。

18 马里奥·圣地亚哥和垃圾艺术

一个强迫症作家的日记

书不属于他

环境让文本成立

新传统

我有时梦见马里奥·圣地亚哥

来找我,或一个没有脸的诗人,

头上没有眼睛,没有嘴和鼻子,

只有皮肤和意愿,而我什么也没问[1]

---

[1] 此段译文出自罗贝托·波拉尼奥:《未知大学》,范晔、杨玲译,上海人民出版社,2017年。——译者注

18 马里奥·圣地亚哥和垃圾艺术

西班牙喜剧演员何塞·莫塔说他总是在洗澡时阅读,所以所有的书他都只能看一次。在他之前,马里奥·圣地亚哥也会拿波拉尼奥的书这么做,波拉尼奥自己在智利的电视访谈中甜蜜地"抱怨"过。

我们很少对罗贝托·波拉尼奥生活中的事情存疑,他和马里奥·圣地亚哥·巴巴斯奎罗(1953—1998)之间的友谊和感情就更不用说了。马里奥出生时的名字叫作何塞·阿尔费雷多·塞德哈斯·皮内达。之后,给自己取名马里奥,为的是不和墨西哥伟大的创作歌手何塞·阿尔费雷多·希门尼斯重名;他还给自己加了圣地亚哥·巴巴斯奎罗这个姓氏,用以致敬作家何塞·雷维尔塔斯的出生地。

困苦的生活,强势的性格,再加上从小酗酒,马里奥在一场荒谬的交通事故中英年早逝。这位诗人身上似乎集合了所有波拉尼奥想成为的样子,使他不能抗拒或者没有选择地走上了马里奥的道路。换句话说,圣地亚哥将被诅咒的诗人的姿态演绎到了极致,甚至让波拉尼奥愿意用自己的生命去冒险一试。

当时的目击者都说,这位现实以下主义的创立人在1970年代是个狠角色。你很难跟上他的步伐,他自己本身就是一部诗歌作品。

卡拉·里皮说,在马里奥·圣地亚哥生命的最后几年,邀请他来自己家很难,因为"他压根从来就没离开过",而作家卡门·博洛萨也毫不犹豫地肯定马里奥是她最害怕的人。

拉蒙·门德斯是马里奥创立现实以下主义的伙伴,他口中的马里奥比波拉尼奥"更聪明,更有见识,也更有文化"。在波拉尼奥离开西班牙之后,胡安·帕斯科、何塞·马利亚·埃斯皮那萨、何塞·比森特·安纳亚这些人都会时不时地继续和马里奥见面,而且大家都认为他是个独一无二的人:黑暗的生活;全身心地投入波希米亚风格和非正统的诗歌创作中——在笔记本上,在零散的纸张上,在墙壁上……

就像路易斯·费利佩·法布尔在《自由文学》中写的那样,马里奥·圣地亚哥"对于刚接触他的人来说,是个有文化的作家。他在别人书的空白处,在餐巾纸上及其

18 马里奥·圣地亚哥和垃圾艺术

他一些废纸上写了超过2000首的诗作,尽管他一生中只出版了一本书——《天鹅的嗥叫》(1996年),还有一本题为'永恒的吻'(1995年)的小册子,这两本都没有很高的传阅度"[1]。

"他每天都在写作,无时无刻不在写作,即便手上没有笔,他也是在以诗歌的方式处理所有的事情。他经历的所有事情都和他正在看的读物、电影和画作交织在一起。"[2]

"他整天都在到处走,走到哪儿就写到哪儿,也不管手边有什么,写在报纸上,或者他阅读的书上。他停住脚步,写一会儿,然后继续走,写在地铁票上,写在餐巾纸上。"[3]

2006年,经济文化基金会出版了马里奥的诗集《圣人的脸》,由马里奥的妻子,也是他孩子的母亲蕾维卡·

---

[1] 出自路易斯·费利佩·法布尔《自由文学》,2008年10月。
[2] 蕾维卡·洛佩斯·加西亚(1966—2011),马里奥·圣地亚哥的遗孀,在接受亚历杭德罗·弗洛雷斯为自己命名为"经济学家"的博客所进行的采访中提到。
[3] 出自里卡多·奥斯拍摄纪录片《未来的战役》时对莱昂·波拉尼奥进行的采访。

洛佩斯和他的朋友马里奥·劳尔·古斯曼共同负责出版事宜。这个项目是罗贝托·波拉尼奥向阿坎提拉多出版社提出的,但是在达成自己的心愿之前,我们的作家就不幸离世了。最后是胡安·维尧罗和亚历杭德罗·奥拉[1]促成了该诗集的出版问世。

据《艺术与垃圾:马里奥·圣地亚哥·巴巴斯奎罗诗选》[2]的汇编者和序言作者,研究员、诗人、作家路易斯·费利佩·法布尔[3]所说,"马里奥·圣地亚哥·巴巴斯奎罗就是他本人最好的作品。他的真名叫何塞·阿尔费雷多·塞德哈斯,新的名字就是他文学创作的一部分,他创造了一个角色"。

对法布尔来说,马里奥的诗歌是"一种自我的缩影,尤其参照了他自己所创造的这个人物"。当他的支持者感到沮丧,强调马里奥·圣地亚哥就是马里奥·圣地亚哥,是个真实存在的人,不是罗贝托·波拉尼奥《荒野侦

---

[1] 亚历杭德罗·奥拉(1944—2006),诗人、墨西哥文化官员,也是作家卡门·博洛萨的丈夫,和她两个孩子玛丽亚和胡安的父亲。
[2] 木筏出版社,2012年。
[3] 1974年生于墨西哥城。

探》中的角色时,法布尔评论说:"我认为他自己在这方面没感觉有什么问题。在我看来,马里奥本人从一开始就在为创造神话而准备各种元素"。

"于我而言,乌利塞斯·利马就是马里奥·圣地亚哥,但是马里奥·圣地亚哥并不是乌利塞斯·利马,"法布尔说道,他是通过《荒野侦探》认识马里奥的,"因为这就是你读罗贝托的小说常常发生的事情:生活就是他写作的参照,我们所有的读者都会化身成侦探。"

法布尔是一名散文家,同时也是研究员,他的研究领域主要是诗歌,从这个领域出发,他又阅读和分析了《荒野侦探》,他认为《荒野侦探》这部作品在小说这个领域有着非常重要的影响。

"小说中的环境使得不可能的文本成立,波拉尼奥从不会给你写诗,但是他会提供让诗歌产生的环境。"法布尔说道。

法布尔很难接触到马里奥·圣地亚哥未出版的作品。为了摆脱这种失望的心情,他翻阅了成千上万的论文和著作,只为找到诗人作品中的浆液和根源。

"我很害怕找到作品,再否决它,让它在我的心里死亡。当开始读他的诗歌时,我会说:'呃,其实也没什么。'我不喜欢波拉尼奥的诗。我想,他在诗歌这类体裁上创作的失败可以用他叙事的能力来弥补。缺席的诗,不可能的诗,这样的想法让我找到了马里奥·圣地亚哥的一些诗歌,这对我很有用。一开始,还是挺令人失望的:有些不错的,但是在我的标准下,他不是一个理想的诗人。越深入研究,你就越发现他不是费尔南多·佩索阿,也不是兰波。突然之间,我意识到这确实是不可能完成的任务。这项工程太过浩大,一个人只能完成其中的一部分。因为实在有太多东西了,其中有太多的垃圾甚至根本没法出版。布鲁诺·蒙塔内从西班牙给我发来信:'我们这里有准备出版的马里奥·圣地亚哥的诗。'总之,马里奥是个强迫症作家,在任何平面上随时都能写作。

"我的观点是,即便是他活着的时候出版的书也都只是文选而已。他所做就是选出一些他的诗,他甚至都不能算是书的作者。我认为那些书不属于他。还有就是文学评论并不像艺术评论那么现代和先进,我们仍很落后,我们从不去看文字被创作的环境是什么。我们仍然将文本作为唯一的形式拼装起来,事实上,马里奥·圣地亚哥就是他的文字,而他本人也是一种表演形式。如果你读马里奥·圣地亚哥的一首诗,你可能会感到失望,但如果我告诉你:这首诗是在阿方索·雷耶斯诗集内页的空白边缘创作的,那你就会觉得它是一种'干预'。是的,用艺术评论的术语来描述,这叫作'干预'。你不是在看一个完成的作品,而是在看一部尚在不断创作的作品,或者说创作进行中的作品。

"在我看来,马里奥·圣地亚哥最有趣的地方在于:相对那些完美的、纯粹的、精致的墨西哥神圣的诗人们,他一直在以某种方式拒绝创作杰作。

"另一方面,我认为墨西哥的诗歌不是古典诗歌,而是表达阶级意愿的诗歌。"

你是怎么认识马里奥·圣地亚哥的孩子们的?

我是通过胡安·维尧罗认识他们的。我先是尝试联系后现实主义诗人,比如拉蒙·门德斯等人。这些人都是迷茫的醉汉,每次见面,他们都会问我要钱,而且他们好像绑架了马里奥·圣地亚哥的形象似的。他们对罗贝托·波拉尼奥很恼怒,而且可以肯定的是,他们会很不满我们要出的这本诗选。《圣人的脸》出版以后,他们也非常生气,主要是因为书是由经济文化基金会支持出版的。他们觉得我们是在消费他们心目中的圣人。只要是任何与马里奥有关的事情,而不是他们自己的事,他们就会拈酸吃醋。

我想,马里奥的孩子可能对有关他父亲形象的这些讨论完全不知情吧……

呃,其实我觉得他们对此还是很害怕的。他们最后成了两个孤儿,虽然成年了,但在这世上孤孤单单,没了亲人。一对兄妹安稳地住在母亲给他们的公寓里,这母亲应该也算是处事有条理且负责任了吧。他们崇拜父亲,这让我觉得马里奥应该是个好爸爸,尽管他们的家庭情况很混乱,而且还面临那么多困难,尤其是马里奥还是个酒鬼,有时你不得不把他从大街上拖回家。最终,他确实死在了大街上的一场交通事故中。男孩叫莫格利,和《丛林故事》的主人公同名;女孩叫娜嘉,出自安德烈·布勒东的小说。孩子们给父亲布置了一个祭坛以向他致敬，上面放着照片和他喜欢的所有东西。他们和我分享了很多，他们一直害怕成长过程中听到朋友说他们的父亲总是臭骂"文学当权派"。实际上，对于诗人来说哪有什么文学当权派。写诗就是被边缘化的。他们父亲的书房几乎没有任何变动，每次，某个"朋友"过去时，总会偷几本书走。他们是会说墨西哥诗人坏话的那些人，却偷走了马里奥·圣地亚哥写的东西。

马里奥·圣地亚哥的孩子跟你谈论过波拉尼奥吗？

我们不太聊这个。我想对于他们来说，波拉尼奥也不是个轻易能说的话题，尤其是当他们听到人们是怎么谈论波拉尼奥时。我想，人们对波拉尼奥成功的羞辱正好代表了他们不曾拥有的一切，因此他们对他感到愤怒。另一方面，我认为罗贝托对马里奥，要比马里奥对罗贝托好。当然我不得不说，马里奥甚至无法与自己相处，但是有趣的是，我发现一首未发表的诗，那是献给波拉尼奥的，里面提到了现实以下主义。也是我们要出版的诗选里最好的几首之一。我想对罗贝托·波拉尼奥来说，马里奥·圣地亚哥代表着最好的他自己,罗贝托宁愿将其在自己心中理想化,而不是与走下坡路的他日日相处。罗贝托将青春的纯粹贮存在了马里奥身上。"那就是我的理想",他是绝不出卖自己的纯粹诗人的形象。也正是这样的形象从根本上导致了他的失败。马里奥让波拉尼奥既害怕又着迷。"你把我不敢做的事都做了":我想他们之间是有很多相似之处的。

年轻一代,将会读到马里奥·圣地亚哥,对此你怎么看?

原则上说,我认为墨西哥是一个没有先锋文学的国家,至少我是秉持着这种信念长大的。突然,你面前出现了这么个人,从杰出的文学先锋国家出生,比如智利,他写下了《荒野侦探》这样的小说,告诉全世界墨西哥是有先锋文学的。波拉尼奥的所作所为,在某种程度上,改变了1970年代人们阅读诗歌的方式,这将马里奥·圣地亚哥推到了大众的视野,他也是墨西哥另一种非传统文学的代表。人们常说墨西哥缺少大街上的声音,而马里

18 马里奥·圣地亚哥和垃圾艺术

奥·圣地亚哥的诗歌就是极度市井的声音。

我的老友罗贝托[1]

世界上所有的爱/带着他所有的血和病毒

在这历史性的沉醉里我给你写下:诗选？/

没有铭刻我们的

夜

阴道嘲笑她的蜜液

温顺的阴茎牺牲了/有去无回/

佩德罗·达米安说:墨西哥诗歌

分为两种:墨西哥诗歌 & 现实以下毛义！！！

欢呼的浪潮

作品 & 姓名？

信封的疑问

是关于这座 15 年的桥((迷幻/饥渴))

---

[1] 马里奥·圣地亚哥·巴巴斯奎罗献给罗贝托·波拉尼奥的诗,收录于《艺术与垃圾:马里奥·圣地亚哥·巴巴斯奎罗诗选》,木筏出版社。（本诗的翻译得到文学博士张悦的帮助,特此感谢。——译者注）

哎呀 这一吻

——卡洛缇阿诺 & 卡西莫多——(郑重的)

布莱/洛威尔/齐默曼[1]

你的手势

你的生死

你坚不可摧的西蒙·玻利瓦尔

我是来自阿亚库乔的秘鲁人

红土就是我的毛孔

即使在梦中,我也会纵身跳下山谷

"我是另一个"[2]纵队

---

[1] 美国诗人、歌手,鲍勃·迪伦的原名。三位名人的名都是 Robert,和波拉尼奥同名。——译者注

[2] 原文出自兰波十七岁时写给好友保罗·德莫尼的长信,其中第一次热烈而直白地谈到他作诗的"创作实验"(词语的炼金术),许多"兰波名言"都在这封信里,比如"真正的诗人应该是通灵者/预言家""我是另一个"。兰波体验到创作中所谓"通灵"状态,即超越正常的理性、逻辑、线索,似乎有另一个"我" 在我之外/之上,在诗的海洋中"忘我"创作。——译者注

18 马里奥·圣地亚哥和垃圾艺术

阡戈·卡萨诺瓦[1]却将鬼马戏王[2]驱逐

我和你回忆着安娜·卡里娜[3]
唱着一首反对金钱的美丽歌谣

玛尔塔·马塔斯说她不明白罗贝托·波拉尼奥喜欢布拉内斯的什么,这个地方对她来说就是"和其他地方一样的小城,没什么特别的"。庞奇·普伊格德瓦更夸张,他说波拉尼奥"品味差",选择住在这个海边小城,而胡安·马塞也是在那里"与特蕾莎共度了最后几个下午"[4]。

然而,波拉尼奥1985年到了那儿以后,就和妻子卡罗利娜·洛佩斯定居下来,直到他离世那天。波拉尼奥如此成功地融入布拉内斯的环境中,当他成名后,被选作

---

[1] 原名鲁道尔夫·卡萨诺瓦,墨西哥轻量级拳击手。——译者注
[2] 墨西哥喜剧大师。——译者注
[3] 模特、演员。——译者注
[4] 《与特蕾莎共度的最后几个下午》是胡安·马塞的小说。——译者注

在这座小城的守护神日来宣读祝词。那是1999年。

"我很高兴在1999年当面结识了他。几个月前,我被加泰罗尼亚社会党选为布拉内斯市政厅议员。在市政厅里,人们习惯在守护神日(圣女安娜节),邀请一位文化或政治方面的知名人士来宣读祝词。市长和所有市政厅议员都坐在中心广场的台子上,座无虚席。通常,市长身边坐着的就是将要宣读祝词的名人,他被先介绍给市长。祝词宣读完毕后,市长又将他介绍给所有议员。然后,大家一起在市里的某家餐厅共进晚餐,由政府买单。那一年,我们的祝词宣读人就是罗贝托·波拉尼奥,我们吃饭的餐厅是布拉内斯的豪里佐酒店。"[1]

如今,布拉内斯已经不再神秘,不仅是因为马塞的小说,也因为波拉尼奥曾经生活在那里。波拉尼奥的房子在兰布拉华金约亚金·路伊拉大道上,离卡罗利娜·洛佩斯和两个孩子住的房子很近。他曾经打工的地方,也就是他母亲经营的杂货店,在哥伦布路28号。布拉内斯市政图书馆还有一间罗贝托·波拉尼奥厅,门上挂了一

---

[1] 据社会党议员胡安·拉莫斯·佩尼亚所说。

18 马里奥·圣地亚哥和垃圾艺术

块牌子,印着这样一句话:"我只希望被视为一个还算体面的南美作家,生活在布拉内斯,也爱着这个小城。"

波拉尼奥俨然已成为这座城市绚丽风景的一部分,在他去世后,一直有狂热的读者来布拉内斯寻找他的足迹。很多人会去纳尔齐斯·塞拉的音像店,波拉尼奥称他是"布拉内斯的宣言":"我现在仍然记得纳尔齐斯·塞拉,他曾经开过,当然现在仍然经营着一家音像店,我觉得他是这个小城最幽默的人之一,他也是个很友好的人,我曾好几次和他共度一整个下午讨论伍迪·艾伦的电影(纳尔齐斯·塞拉最近在纽约刚见过他,这又是另一段故事),或者聊聊惊悚小说,只有我和他,有时迪马斯·卢纳也会加入,那时候他还是个在服役的小孩子,现在他已经经营自己的酒吧了,我们也见过几次。"

"他90年代开始来我的音像店的。他对所有的电影都感兴趣。我们谈论着电影,度过了很多愉快的时光。他很喜欢英国导演亚力克斯·考克斯。我们也会聊其他东西,比如宗教、政治、文化等。"纳尔齐斯·塞拉说。

"在我记忆中,他是个简单的人,总是穿着长长的大衣,手臂下面夹着报纸,手上还拿着几本书。每次想起他,我最欣慰的是他永远都是那个罗贝托,出名前或者出名后都是一样的。

"他是我的朋友,我们总是一起去喝咖啡。一开始,我还挺吃惊:他到我店里,说他是个作家、诗人,但没人知道他是谁。他经常说,只为文学而活,否则他宁愿去死。我最后一次见他时,是在一个酒吧,当时有很多人,是他叫的我。我们聊了好一会儿。我离开酒吧时,有人拦住我,问我刚才跟我说话的是不是罗贝托·波拉尼奥。他当时在布拉内斯已经很出名了。

"我从电视上得知他去世的消息,我去了在巴塞罗那举行的葬礼,但之前我并没有去医院看望他,一切都太快了,我还没来得及。"

"我和罗贝托是很好的朋友,他每天都会来我家,他的死无疑是巨大的损失。"这话出自糕点师琼·普拉内斯口中。是他安排布拉内斯图书馆的档案厅以波拉尼奥的名字命名。

"他是个好父亲,也是位出色的丈夫,是我最好的朋友之一。在我看来,他是一位智者,他无所不知,像一口深不见底的井。他不仅了解文学,也通晓绘画、电影和其他的一切。"琼·普拉内斯回忆说。

"他常来我的店里给劳塔罗买一款不含糖的点心,还总拿自己的病开玩笑。得知他去世时,我人在瑞典,我在《国家报》的头版看到了这个消息。我很震惊,在我出发去北欧之前,他还告诉我:'你快点回来啊,毕竟我剩的日子不多了。'我当时还告诉他,别拿这种事情开玩笑,我现在才知道他并没有开玩笑。他从来没有因为生病而改变自己的生活方式,总是保持自己一贯的样子,慷慨大方,是位很好的朋友。"

据肝病学家维克托·巴尔加斯·布拉斯科向智利杂志《事件》证实的那样,波拉尼奥的病,跟饮酒没什么关系,更别说他从没碰过的海洛因了。他的病是免疫系统引起的问题。

"他的免疫系统紊乱了,胆管受到影响,从而对肝脏产生了损害。这是一种慢性疾病。一开始,他比任何人都更痛苦,然后他又好了一阵子。他因生病的事很焦虑,变得很敏感,随便一个检查都会让他痛苦万分。"维克托·巴尔加斯·布拉斯科说。《无法忍受的高乔人》就是波拉尼奥献给这位医生的。相比医患关系,他们更像朋友,经常一起讨论文学问题。

"我曾经很穷,流浪街头。但我觉得自己是个幸运儿,毕竟,我没有生什么重病,"糕点师普拉内斯说,"我经常换性伴侣,但也从未染过性病。我不停地阅读,但我从不期待自己成为一个成功的作家。对我来说,掉牙甚至都意味着在向加里·斯奈德[1]致敬,因为他的生活就如修禅一般,完全不在乎保护牙齿这类事情。但一切都还是会来的。"

一切确实都来了。

正如我们故事的开始。

---

[1] 加里·斯奈德(1930—),美国诗人、散文家、翻译家、禅宗信徒、环保主义者,"垮掉的一代"代表人物之一,1974年获得普利策诗歌奖,代表作品有《砌石与寒山诗》《山水无尽头》等。——译者注

译名对照表

人 名

A

阿布多尔·拉提夫·沙里夫　Abdel Latif Sharif

阿尔贝托·富格　Alberto Fuguet

阿尔贝托·鲁伊·桑切斯　Alberto Ruy Sánchez

阿尔贝托·奇马尔　Alberto Chimal

阿尔伯特·康普特　Albert Compte

阿尔弗雷多·加洛法诺　Alfredo Garófano

阿尔穆德娜·格兰德斯　Almudena Grandes

阿尔瓦罗·比萨马　Álvaro Bisama

阿尔瓦罗·恩里克　Álvaro Enrique

阿尔瓦罗·罗赛洛　Álvaro Rousselot

阿尔瓦罗·马图斯　Álvaro Matus

阿尔瓦罗·蒙塔内　Álvaro Montané

阿尔瓦罗·穆蒂斯　Álvaro Mutis

阿尔瓦罗·庞波　Álvaro Pombo

阿尔西拉·索斯托·斯卡福　Alcira Soust Scaffo

阿方索·雷耶斯　Alfonso Reyes

阿兰·保罗斯　Alan Pauls

阿纳托尔·法朗士　Anatole France

阿图罗·贝拉诺　Arturo Belano

阿图罗·佩雷斯-雷维特　Arturo Pérez-Reverte

埃德森·莱楚加　Edson Lechuga

埃迪斯·奥斯特　Edith Oster

埃尔米洛·阿布瑞尤·戈麦斯　Ermilo Abreu Gómez

埃尔南·拉文·塞尔达　Hernán Lavín Cerda

埃尔温·迪亚斯　Erwin Díaz

埃夫拉因·韦尔塔　Efraín Huerta

埃里克·哈斯诺特　Erik Haasnoot

埃内斯特·留奇　Ernest Lluch

译名对照表

埃内斯托·梅希亚·桑切斯　Ernesto Mejía Sánchez

埃内斯托·萨瓦托　Ernesto Sábato

埃兹拉·庞德　Ezra Pound

艾德娜·里博曼　Edna Lieberman

艾伦·金斯伯格　Allen Ginsberg

爱德华多·门多萨　Eduardo Mendoza

安德烈斯·戈麦斯·布拉沃　Andrés Gómez Bravo

安德烈斯·卡拉马罗　Andrés Calamaro

安德鲁·怀利　Andrew Wylie

安东尼·加西亚·波尔塔　Antoni García Porta

安东尼奥·贝尼特斯·罗霍　Antonio Benítez Rojo

安东尼奥·德贝内代托　Antonio de Benedetto

安东尼奥·斯卡尔梅达　Antonio Skármeta

安东尼奥·维加　Antonio Vega

安东尼奥·穆尼奥斯·莫利纳　Antonio Muñoz Molina

安赫尔·豪维　Ángel Jové

安赫莱斯·玛斯特尔塔　Ángeles Mastretta

安赫利卡·丰特　Angélica Font

安托南·阿尔托　Antonin Artaud

奥尔兰多·纪廉　Orlando Guillén

奥尔维多·加西亚·巴尔德斯　Olvido García Valdés

奥古斯托·罗亚·巴斯托斯　Augusto Roa Bastos

奥古斯托·皮诺切特　Augusto Pinochet

奥克塔维奥·帕斯　Octavio Paz

奥克西里奥·莱科图雷　Auxilio Lacouture

奥拉西奥·萨利纳斯　Horacio Salinas

奥雷洛·阿图罗　Aurelio Arturo

奥斯瓦尔多·雷尼内　Osvaldo Lenine

B

芭芭拉·德拉诺　Bárbara Délano

保罗·奥斯特　Paul Auster

保罗·德莫尼　Paul Demeny

保罗·科埃略　Paulo Coelho

保罗·索伦蒂诺　Paolo Sorrentino

贝尔纳多·阿恰加　Bernardo Atxaga

贝尔纳多·迪亚斯　Bernardo Díaz

贝尔特兰·莫拉莱斯　Beltrán Morales

贝拉·拉罗萨　Vera Larrosa

比奥莱塔·帕拉　Violeta Parra

比格斯·鲁纳　Bigas Luna

比森特·福克斯　Vicente Fox

比森特·维多夫罗　Vicente Huidobro

彼得·赛勒斯　Peter Sellars

彼得·汤森　Pete Townshend

波费里奥·迪亚斯　Porfirio Díaz

博洛迪亚·泰特尔鲍姆　Volodia Teitelboim

布莱姆·斯托克　Bram Stoker

布莱士·帕斯卡　Blaise Pascal

布鲁诺·蒙塔内　Bruno Montané

C

查尔斯·布可夫斯基　Charles Bukowski

D

达里奥·奥赛斯　Darío Oses

达里奥·加利西亚　Darío Galicia

丹尼尔·比特兰　Daniel Bitrán

丹尼尔·萨达　Daniel Sada

德·罗卡　De Rohka

迪马斯·卢纳　Dimas Luna

迪亚娜·贝尔莱西　Diana Bellessi

蒂托·李维　Tito Livio

E

恩里克·贝拉斯特基　Enrique Verástegui

恩里克·比拉-马塔斯　Enrique Vila-Matas

恩里克·波利·德拉诺　Enrique Poli Délano

恩里克·利恩　Enrique Lihn

F

法比耶娜·布拉杜　Fabienne Bradu

菲利普·奥尔特加　Felip Ortega

菲利普·K·迪克　Philip Dick

菲托·派斯　Fito Páez

费德里科·费里尼　Federico Fellini

费尔南多·巴列霍 Fernando Vallejo

费尔南多·涅托·卡德纳 Fernando Nieto Cadena

费尔南多·佩索阿 Fernando Pessoa

费利佩·里奥斯·巴埃萨 Felipe Ríos Baeza

费利佩·穆列尔 Felipe Müller

弗兰西斯科·塞戈维亚 Francisco Segovia

弗朗西斯科·毕尔巴鄂 Francisco Bilbao

弗耶 Feuillet

G

盖尔·贾西亚·贝纳 Gael García Bernal

格奥尔格·克利斯托夫·利希滕贝格 Georg Christoph Lichtenberg

格拉谢拉·斯佩兰萨 Graciela Speranza

格雷戈里·柯尔索 Gregory Corso

贡萨洛·埃拉尔德 Gonzalo Herralde

贡萨洛·加尔塞斯 Gonzalo Garcés

贡萨洛·罗哈斯 Gonzalo Rojas

贡萨洛·迈埃尔 Gonzalo Maier

H

哈维尔·阿帕里西奥　Javier Aparicio

哈维尔·马里亚斯　Javier Marías

哈维尔·塞尔卡斯　Javier Cercas

海梅·巴以利　Jaime Bayly

海梅·吉尔·德·别德马　Jaime Gil de Biedma

海梅·克萨达　Jaime Quezada

海梅·里维拉　Jaime Rivera

海梅·萨比尼斯　Jaime Sabines

汉·亨德里克斯　Jan Hendrix

豪尔赫·埃拉尔德　Jorge Herralde

豪尔赫·博尔皮　Jorge Volpi

豪尔赫·纪廉　Jorge Guillén

豪尔赫·莫拉雷斯　Jorge Morales

豪尔赫·皮门特尔　Jorge Pimentel

豪尔赫·特耶尔　Jorge Teiller

豪尔赫·伊瓦古恩戈伊蒂亚　Jorge Ibargüengoitia

何塞·阿尔费雷多·塞德哈斯·皮内达　José Alfredo

Zendejas Pineda

何塞·阿尔费雷多·希门尼斯　José Alfredo Jiménez

何塞·阿古斯丁　José Agustín

何塞·埃米利奥·帕切科　José Emilio Pacheco

何塞·巴斯克斯·阿玛拉尔　José Vázquez Amaral

何塞·比森特·安纳亚　José Vicente Anaya

何塞·比森特·兰赫尔　José Vicente Rangel

何塞·德拉·科利纳　José de la Colina

何塞·多诺索　José Donoso

何塞·戈罗斯蒂萨　José Gorostiza

何塞·克里斯蒂安·派斯　José Cristian Páez

何塞·拉蒙·门德斯·埃斯特拉达　José Ramón Méndez Estrada

何塞·莱萨玛·利马　José Lezama Lima

何塞·马蒂　José Martí

何塞·马利亚·埃斯皮那萨　José María Espinasa

何塞·马利亚·米可·胡安　José María Micó Juan

何塞·莫塔　José Mota

何塞·佩格罗　José Peguero

何塞·普拉特斯·萨里奥尔　José Prats Sariol

何塞普·马索特　Josep Massot

赫尔曼·戈林　Hermann Goering

赫克特·佩雷达　Héctor Pereda

赫苏斯·迪亚斯　Jesús Díaz

赫苏斯·费雷罗　Jesús Ferrero

胡安·巴勃罗·阿瓦洛　Juan Pablo Abalo

胡安·巴勃罗·维拉罗伯斯　Juan Pablo Villalobos

胡安·巴努埃洛斯　Juan Bañuelos

胡安·福恩　Juan Forn

胡安·戈伊蒂索洛　Juan Goytisolo

胡安·古斯塔沃·科沃·博尔达　Juan Gustavo Cobo Borda

胡安·何塞·赛尔　Juan José Saer

胡安·加西亚·庞塞　Juan García Ponce

胡安·拉莫斯·佩尼亚　Juan Ramos Peña

胡安·雷哈诺　Juan Rejano

胡安·鲁道夫·威尔科克　Juan Rodolfo Wilcock

胡安·马塞　Juan Marsé

胡安·曼努埃尔·塞拉特　Joan Manuel Serrat

胡安·帕斯科　Juan Pascoe

胡安·萨斯图赖因　Juan Sasturáin

胡安·塞维拉　Juan Cervera

胡安·维尧罗　Juan Villoro

胡安娜·伊内斯　Juana Inés

胡安娜·伊内斯·德拉·克鲁斯　Juana Inés de la Cruz

胡里奥·科塔萨尔　Julio Cortázar

胡利安·戈麦斯　Julián Gómez

霍华德·菲利普·洛夫克拉夫特　Howard Phillips Lovecraft

J

姬兰·特里巴斯　Guillem Terribas

吉列尔莫·吉哈斯　Guillermo Quijas

吉列尔莫·卡夫雷拉·因方特　Guillermo Cabrera Infante

加布里埃尔·费拉特　Gabriel Ferrater

加夫列拉·米斯特拉尔　Gabriela Mistral

加里·斯奈德　Gary Snyder

加西亚·洛尔迦　García Lorca

嘉丽·杜莉华　Claire Trevor

杰弗里·拉什　Geoffrey Rush

K

卡多·雷蒙　Kato Ramone

卡拉·里皮　Carla Rippey

卡罗利娜·罗哈斯　Carolina Rojas

卡罗利娜·洛佩斯　Carolina López

卡洛斯·富恩特斯·勒姆斯　Carlos Fuentes Lemus

卡洛斯·加德尔　Carlos Gardel

卡洛斯·诺格拉　Carlos Noguera

卡洛斯·佩佐·贝利斯　Carlos Pezoa Véliz

卡洛斯·维德尔　Carlos Wieder

卡门·博洛萨　Carmen Boullosa

卡门·佩雷斯·德维加　Carmen Pérez de Vega

卡米洛·塞斯托　Camilo Sesto

卡斯帕尔·豪泽尔　Kasper Houser

卡塔利娜·奥哈拉　Catalina O'Hara

凯丽·金　Kenny G

克里斯·洛克　Chris Rock

克里斯蒂安·沃肯　Cristián Warnken

肯·福特　Ken Follet

孔查·门德斯　Concha Méndez

孔苏埃洛·盖坦　Consuelo Gaytán

夸乌特莫克·门德斯　Cuauhtémoc Méndez

L

拉斐尔·巴里奥斯　Rafael Barrios

拉斐尔·桑切斯·费罗西奥　Rafael Sánchez Ferlosio

拉利·古奔　Laly Gubern

拉蒙·门德斯　Ramón Méndez

拉蒙·希劳　Ramón Xirau

拉伊·洛里加　Ray Lóriga

莱昂·波拉尼奥·卡尔内　León Bolaño Carné

莱奥波尔多·玛丽亚·帕内罗　Leopoldo María Panero

劳拉·豪雷吉　Laura Jáuregui

劳塔罗·波拉尼奥　Lautaro Bolaño

蕾维卡·洛佩斯·加西亚　Rebeca López García

里卡多·奥斯　Ricardo House

里卡多·帕斯科　Ricardo Pascoe

里卡多·皮格利亚　Ricardo Piglia

里瓦尼多·达·席尔瓦　Rivanildo da Silva

丽萨·约翰逊　Lisa Johnson

丽塔·海华丝　Rita Hayworth

利托·内比亚　Litto Nebbia

莉莉·贝里斯　Lily Beyliss

列夫·达维多维奇·托洛茨基　León Davidovich Trotski

刘易斯·巴塞特斯　Lluís Bassets

卢西亚诺　Luciano

卢多维科·阿里奥斯托　Ludovico Ariosto

鲁文·博尼法斯·努尼奥　Rubén Bonifaz Nuño

鲁文·梅迪纳　Rubén Medina

路易斯·阿尔维托·斯皮内达　Luis Alberto Spinetta

路易斯·安东尼奥·戈麦斯　Luis Antonio Gómez

路易斯·费利佩·法布尔　Luis Felipe Fabre

译名对照表

路易斯·卡多索·阿拉贡　Luis Cardoza y Aragón

路易斯·苏亚迪亚斯　Luis Suardíaz

罗贝托·阿尔特　Roberto Arlt

罗贝托·安布埃罗　Roberto Ampuero

罗伯特·德尼罗　Robert de Niro

罗伯特·马塔　Roberto Matta

罗德里戈·迪亚斯·科尔特斯　Rodrigo Díaz Cortez

罗德里戈·弗雷桑　Rodrigo Fresán

罗德里戈·基哈达　Rodrigo Quijada

罗德里戈·雷伊·罗莎　Rodrigo Rey Rosa

罗多尔福·福格威尔　Rodolfo Fogwill

罗基·达尔顿　Roque Dalton

罗兰多·加布里埃利　Rolando Gabrielli

M

马丁·艾米斯　Martin Amis

马丁·菲耶罗　Martín Fierro

马丁·卡帕罗斯　Martín Caparrós

马丁·索拉雷斯　Martín Solares

马尔科姆·劳瑞　Malcom Lowry

马格达·迪亚斯·莫拉莱斯　Magda Díazy Morales

马里奥·劳尔·古斯曼　Mario Raúl Guzmán

马里奥·圣地亚哥·巴巴斯奎罗　Mario Santiago Papasquiaro

马塞多尼奥·费尔南德斯　Macedonio Fernández

马塞尔·施沃布　Marcel Schwob

马塞拉·塞拉诺　Marcela Serrano

玛尔戈·格兰茨　Margo Glantz

玛尔塔·马塔斯　Marta Matas

玛拉·拉罗萨　Mara Larrosa

玛丽亚·路易莎·普加　María Luisa Puga

玛丽亚·萨落梅·波拉尼奥　María Salomé Bolaño

玛丽亚·特雷莎·卡德纳斯　María Teresa Cárdenas

玛丽亚·伊雷内·门多萨　María Irene Mendoza

曼努埃尔·杜兰　Manuel Durán

曼努埃尔·罗德里格斯　Manuel Rodríguez

曼努埃尔·罗哈斯　Manuel Rojas

曼努埃尔·马丁内斯·托雷斯　Manuel Martínez

译名对照表

Torres

曼努埃尔·穆希卡·莱内斯　Manuel Mujica Láinez

曼努埃尔·普伊格　Manuel Puig

梅丽娜·马里斯坦　Melina Maristain

米格尔·多诺索·帕雷哈　Miguel Donoso Pareja

米格尔·法哈多·科瑞艾　Miguel Fajardo Korea

米哈利·德斯　Mihály Dés

米歇尔·维勒贝克　Michel Houellebecq

莫格利　Mowgli

莫克特苏马·罗德里格斯　Moctezuma Rodríguez

莫妮卡·洛佩斯·奥康　Mónica López Ocón

莫妮卡·马里斯坦　Mónica Maristain

N

那扎·波普（乐队名）　Nacha Pop

纳尔齐斯·巴塔切　Narcís Batallé

纳尔齐斯·塞拉　Narcís Serra

纳图·波夫莱特　Natu Poblet

尼尔·宾斯　Niall Binns

尼尔·卡萨迪　Neal Cassady

尼卡诺尔·帕拉　Nicanor Parra

尼科拉·狄·巴里　Nicola di Bari

宁法·桑托斯　Ninfa Santos

P

帕蒂·史密斯　Patti Smith

帕洛马·迪亚斯　Paloma Díaz

帕斯·巴尔马塞达　Paz Balmaceda

帕特里西奥·哈拉　Patricio Jara

潘乔·罗德里格斯　Pancho Rodríguez

庞奇·普伊格德瓦　Ponç Puigdevall

庞乔·罗托　Poncho Roto

佩奥拉·蒂诺科　Paola Tinoco

佩德罗·阿莫多瓦　Pedro Almodóvar

佩德罗·加菲亚斯　Pedro Garfias

佩德罗·勒梅贝尔　Pedro Lemebel

佩雷·吉费尔勒　Pere Gimferrer

Q

乔纳森·勒瑟姆 Jonathan Lethem

乔治·佩雷克 Georges Perec

琼·普拉内斯 Joan Planells

R

若泽·萨拉马戈 José Saramago

S

萨尔瓦多·阿连德 Salvador Allende

萨尔瓦多·埃利松多 Salvador Elizondo

塞尔吉奥·冈萨雷斯·罗德里格斯 Sergio González Rodríguez

塞尔吉奥·拉米雷斯 Sergio Ramírez

塞尔吉奥·皮托尔 Sergio Pitol

塞萨尔·埃拉 César Aira

塞萨尔·巴列霍 César Vallejo

塞萨尔·特赫达 César Tejeda

圣地亚哥·奥赛隆　Santiago Auserón

斯蒂芬·霍普金斯　Stephen Hopkins

斯潘塞·特雷西　Spencer Tracy

索尔·索斯诺夫斯基　Saúl Sosnowski

T

托马斯·品钦　Thomas Pynchon

托马斯·塞戈维亚　Tomás Segovia

托尼·瑟维洛　Toni Servillo

W

瓦尔多·德·洛斯·里奥斯　Waldo de los Ríos

瓦莱里亚·布里尔　Valeria Bril

瓦莱里娅·路易塞莉　Valeria Luiselli

维多利亚·阿瓦洛斯　Victoria Ávalos

维多利亚·代·斯蒂法诺　Victoria de Stefano

维多利亚·索托　Victoria Soto

维托尔德·贡布罗维奇　Witold Gombrowicz

维克托·巴尔加斯·布拉斯科　Víctor Vargas Blasco

维克托·蒙哈拉斯·鲁伊斯　Víctor Monjarás-Ruiz

维罗妮卡·沃尔科　Verónica Volkow

沃尔夫勒姆·舒特　Wolfram Schütte

乌戈·阿丘加　Hugo Achugar

乌戈·德尔·加里尔　Hugo del Carril

乌拉勒姆·冈萨雷斯·德莱昂　Ulalume González de León

乌利塞斯·利马　Ulises Lima

X

西尔维娜·奥坎波　Silvina Ocampo

西尔维娜·弗列拉　Silvina Friera

西尔维娅·伊帕拉吉尔　Sylvia Iparraguirre

希莉娅　Celia

Y

雅各布·瓦瑟曼　Jacobo Wassermann

雅克·瓦谢　Jacques Vaché

亚力克斯·考克斯　Alex Cox

亚历杭德罗·奥拉　Alejandro Aura

亚历杭德罗·弗洛雷斯　Alejandro Flores

亚历杭德罗·冈萨雷斯·伊尼亚里图　Alejandro González Iñárritu

亚历杭德罗·派斯·巴莱拉　Alejandro Páez Varela

亚历杭德罗·桑布拉　Alejandro Zambra

亚历山卓·巴利科　Alessandro Baricco

亚历珊卓·波拉尼奥　Alexandra Bolaño

亚瑟·梅琴　Arthur Machen

亚松森·桑奇斯　Asunción Sanchís

亚西尔·阿拉法特　Yasser Arafat

耶里谢欧·阿尔贝多　Eliseo Alberto

伊格纳西奥·阿尔卡亚　Ignacio Arcaya

伊格纳西奥·埃切瓦里亚　Ignacio Echevarría

伊格纳西奥·巴赫特尔　Ignacio Bajter

伊格纳西奥·马丁内斯·德·皮松　Ignacio Martínez de Pisón

伊尼阿奇·埃切瓦尔内　Iñaki Echevarne

伊莎贝尔·阿连德　Isabel Allende

伊莎贝尔·皮萨诺　Isabel Pisano

约翰·格里森姆　John Grisham

约翰·肯尼迪·图尔　John Kennedy Toole

约翰·马克斯维尔·库切　J. M. Coetzee

约翰尼·卡什　Johnny Cash

约姆·巴尔科瓦　Jaume Vallcorba

约亚金·路伊拉　Joaquim Ruyra

Z

朱利安·赫伯特　Julián Herbert

朱利奥·安德烈奥蒂　Giulio Andreotti

朱诺·迪亚斯　Junot Díaz

朱塞培·翁加雷蒂　Giuseppe Ungaretti

地　名

A

阿卡普尔科　Acapulco

B

比奥比奥　Bio Bio

滨河洛拉　Lora del Río

波波卡特佩特火山　Popocatépetl

布拉内斯　Blanes

C

查普特佩克　Chapultepec

D

蒂华纳　Tijuana

G

瓜达卢佩特佩亚克　Guadalupe Tepeyac

H

哈拉帕　Xalapa

赫罗纳　Gerona

华雷斯　Juárez

译名对照表

J

吉根迪　Gigante

K

卡德雷塔　Cadereyta de Montes

考克内斯　Cauquenes

科约阿坎　Coyoacán

克雷塔罗　Querétaro

库埃纳瓦卡　Cuernavaca

L

拉坎德拉里亚　La Candelaria

拉塞雷纳　La Serena

拉斯克鲁塞斯　Las Cruces

雷乌斯　Reus

洛斯安赫莱斯　Los Ángeles

洛斯普拉雷斯山　Los Placeres

M

马尔加-马尔加　Marga-Marga

米却肯　Michoacán

米斯科阿克　Mixcoac

莫雷洛斯　Morelos

穆尔琴　Mulchén

P

帕瓦特兰　Pahuatlán

潘普洛纳　Pamplona

普埃布拉　Puebla

S

萨劳特斯　Zarautz

索里亚纳　Soriana

索诺拉　Sonora

T

塔尔卡瓦诺　Talcahuano

塔坎巴罗　Tacámbaro

W

瓦尔帕莱索　Valparaíso

瓦哈卡　Oaxaca

Y

伊达尔戈铁路　Ferrocarril Hidalgo

英菲尼罗　Infiernillo

Z

萨卡特卡斯　Zacatecas

出版物名

A

《阿尔福尔哈》 *Alforja*

《阿根廷历史》 *Historia Argentina*

《爱情是狗娘》 *Amores Perros*

《安静的一天》 *Un dia tranquil*

《安特卫普》 *Amberes*

《奥兰多》 *Orlando*

《奥斯卡·瓦尔短暂而奇妙的一生》 *La maravillosa vida breve de Oscar Wao*

B

《巴别塔》 *Babelia*

《白鲸》 *Moby Dick*

《宝拉》 *Paula*

《贝尔特·特雷帕》 *Berthe Trépat*

《笨蛋联盟》 *La conjura de los necios*

译名对照表

《比萨诗章》 *Los cantares de Pisa*

《彼得·赛勒斯的生与死》 *Llámame Peter*

《成为波拉尼奥前的波拉尼奥》 *Bolaño antes de Bolaño*

《玻利瓦尔的失眠》 *El insomnio de Bolívar*

《博马尔佐》 *Bomarzo*

《不幸》 *Las desventuras*

《布拉内斯街头公告人》 *Pregón de Blanes*

《布斯托斯·多梅克纪事》 *Crónicas de Bustos Domecq*

C

《侧边》 *Lateral*

《传染的谎言》 *Mentiras contagiosas*

《创造城市》 *Inventar ciudades*

《丛林故事》 *El libro de la selva*

D

《大牌明星》 *Il Divo*

《大作》 *Obra gruesa*

《但丁的地狱》 *La nave de Satán*

439

《地球上最后的夜晚》 *Ultimos atardeceres en la Tierra*

《帝国游戏》 *El Tercer Reich*

E

《恶棍列传》 *Historia universal de la infamia*

《恶狼:艺术与诗歌》 *El Llop Ferotge art i poesia*

F

《非公开谈话》 *Off the record*

《坟墓之歌》 *Canción de tumba*

《愤怒的公牛》 *Toro salvaje*

《风琴师的儿子》 *El hijo del acordeonista*

《疯狂的奥兰多》 *Orlando furioso*

G

《改革报》 *Reforma*

《干燥的沉默》 *Un silenci sec*

《高飞的麻雀》 *Gorriones cogiendo altura*

《告诉我关于古巴的一些事情》 *Dime algo sobre Cuba*

《格兰塔》 *Granta*

《格言集》 *Aforismos*

《国家报》 *El Nacional*

《国内之声报》 *La voz del interior*

《国土内外》 *Tierra Adentro y Vuelta*

H

《海下的诗人》 *Poeta bajo el mar*

《赫罗纳秋天散文》 *Prosa del otoño en Gerona*

《红红的小嘴巴》 *Boquitas pintadas*

《后博尔赫斯文学的漂流》 *Derivas de la pesada*

《护身符》 *Amuleto*

《荒野侦探》 *Los detectives salvajes*

《回到南极》 *Regreso a la Antártida*

《火彩虹下的赤裸少年》 *Muchachos desnudos bajo el arcoíris de fuego*

《火地岛》 *La tierra del fuego*

《火热的耐心》 *Ardiente paciencia*

《火星纪事》 *Crónicas Marcianas*

《加尔梅斯相册》 *Àlbum Galmés*

J

《解放报》 *Liberation*

K

《克雷塔罗报》 *El Periódico de Querétaro*
《克苏鲁神话》 *Los mitos de Chlthú*
《肯辛顿花园》 *Jardines de Kensington*
《括号间》 *Entre paréntesis*

L

《拉丁美洲的伟大小说》 *La gran novela latinoamericana*
《浪漫主义狗》 *Los perros románticos*
《劳动周刊》 *La jornada semanal*
《冷汤》 *Ajoblanco*
《连接》 *Nexos*
《凌晨的聚会》 *Fiesta en la madriguera*
《溜冰场》 *La Pista de Hielo*

《龙的温柔》 *La ternura del dragón*

《罗马史》 *La historia de Roma*

《逻辑哲学论》 *Tractatus lógico-philosophicus*

M

《玛格丽特,大海多美》 *Margarita, está linda la mar*

《玛丽埃尔》 *Mariel*

《埋葬死者》 *Enterrar a los muertos*

《满月》 *Plenilunio*

《没有个性的人》 *El hombre sin atributos*

《每日报》 *La Jornada*

《美洲纳粹文学》 *La literatura nazi en América*

《美洲言论》 *Palabras de América*

《民族报》 *La Nación*

《莫雷尔的发明》 *La invención de Morel*

《莫里森信徒致乔伊斯粉丝的忠告》 *Consejos de un discípulo de Morrison a un fanático de Joyce*

N

《娜嘉》 *Nadja*

《男孩》 *Los boy*

《你好！》 *Hola!*

《女性的时间》 *El tiempo de las mujeres*

O

《偶像毁坏寺》 *La sinagoga de los iconoclastas*

P

《普埃布拉情歌》 *Arráncame la vida*

Q

《千年报》 *Milenio*

《前庭》 *Zaguán*

《穷人的小调》 *Las musiquillas de las pobres esferas*

《布列查》 *Brecha*

R

《热鸟》 *Pájaro de calor*

《人工呼吸》 *Respiración artificial*

《人生拼图版》 *La vida instrucciones de uso*

S

《萨蒂里卡》 *El Satiricón*

《萨拉米斯的士兵》 *Soldados de Salamina*

《是塞维利亚杀了我》 *Sevilla me mata*

《三》 *Tres*

《杀人的婊子》 *Putas asesinas*

《沙漠中的尸骨》 *Huesos en el desierto*

《商报》 *El comercio*

《圣人的脸》 *Jeta de santo*

《12页》 *Página 12*

《时代评论者报》 *La Tercera*

《事件》 *Qué pasa*

《事物的速度》 *La velocidad de las cosas*

《是个秘密》 *Era un secret*

《手工制品》 *Artefactos*

《书信集》 *Las cartas*

《水星报》 *El Mercurio*

《水星泪滴》 *Gotas de Mercurio*

《思想录》 *Pensamientos*

《虽然我们一无所知》 *Aunque no entendamos nada*

《堂吉诃德》 *Don Quijote*

T

《体面》 *Decencia*

《天鹅的嗥叫》 *Aullido de cisne*

《天天日报》 *El Día*

《通话》 *Llamadas telefónicas*

《佩思先生》 *Mounsier Pain*

《图里亚》 *Turia*

W

《未来的战役》 *La batalla futura*

《未知大学》 *Universidad desconocida*

《文学日志》 *Cuadernos de Literatura*

《蜗牛海滩，一只孟加拉虎》 *Caracol Beach*

《我们的土地》 *Terra nostra*

《我们是》 *Somos*

《我梦见了被焚烧的雪》 *Soñé que la nieve ardía*

《无法忍受的高乔人》 *El gaucho insufrible*

《无宽容日报》 *Intolerancia*

《无名出版物》 *Ediciones sin nombres*

X

《先锋报》 *La Vanguardia*

《现实以下主义通讯》 *Correspondencia infra*

《现实以下主义宣言》 *Manifiesto infrarrealista*

《象宫鸳劫》 *La senda de los elefantes*

《消息报》 *Novedades*

《硝酸银》 *Nitrato de Plata*

《"小眼"席尔瓦》 *El ojo Silva*

《新时代》 *Nueva Época*

《新闻报》 *La prensa*

《修道院纪事》 *Memorial del convento*

《虚构的生活》 *Vidas imaginarias*

《寻找克林索尔》 *En Busca de Klingsor*

《讯息报》 *El informador*

Y

《遥远的星辰》 *Estrella Distante*

《夜间目标》 *Blanco nocturno*

《一切都可被允许的国家》 *Le Pays où tout est permis*

《艺术的法则》 *Las reglas del arte*

《艺术与垃圾:马里奥·圣地亚哥·巴巴斯奎罗诗选》 *Arte y basura：Una antología poética de Mario Santiago Papasquiaro*

《银三叉戟》 *Tridente del plata*

《英雄与坟墓》 *Sobre héroes y tumbas*

《萤火虫的光》 *Luz de luciérnagas*

《永恒的吻》 *Beso eterno*

《宇宙报》 *El Universal*

《远征》 *Anábasis*

Z

《再造爱情》 *Reinventar el amor*

《在火山下》 *Bajo el volcán*

《真警察的麻烦》 *Los sinsabores del verdadero policía*

《织影者》 *La tejedora de sombras*

《至上报》 *Excélsior*

《致幽灵的信》 *Cartas a mi fantasma*

《智利之夜》 *Nocturno de Chile*

《追讨者》 *Repo man*

《自杀者》 *Los suicidas*

《自由文学》 *Letras libres*

《走近波拉尼奥》 *Bolaño cercano*

《最糟糕的战士》 *El peor de los guerreros*

机构奖项名称

阿纳格拉玛出版社 Editorial Anagrama

阿坎提拉多出版社　Acantilado

埃拉尔德小说奖　Premio Herralde

巴西文学出版公司　Companhia das Letras

翠鸟出版社　Martín Pescador Editorial

迭戈·波塔莱斯大学　Universidad Diego Portales

杜斯格兹出版社　Editorial Tusquets

加拉克西亚·古登博格出版社　Galaxia Gutenberg

加泰罗尼亚出版社　Editorial Catalonia

简明图书奖　Premio Biblioteca Breve

罗慕洛·加拉戈斯文学奖　Premio Rómulo Gallegos

蒙福孔研究中心　Montfaucon Research Center

木筏出版社　Editorial Almadía

逆时出版社　Editorial Extemporáneos

普埃布拉大学　Universidad de Puebla

塞依斯·巴拉尔出版社　Editorial Seix Barral

陶瓦出版社　Editorial Terracota

旺泉出版社　Alfaguara

亚松森·桑奇斯出版社　Asunción Sanchís

轴心出版社　Editorial Axial